明日の授業に使える
中学校社会科

歴史

【第2版】

歴史教育者協議会 編

大月書店

『明日の授業に使える中学校社会科』第２版
シリーズ刊行にあたって

2017（平成29）年３月、2006年教育基本法下で２度目となる学習指導要領が改訂（第９次）されました。総則で2006年教育基本法に沿った目標を掲げ、道徳教育を要にしています。さらに、カリキュラム・マネジメントの実現と評価体制から、「育成すべき資質・能力（コンピテンシー）」とアクティブ・ラーニングを置き換えた「主体的・対話的で深い学び」を柱にしています。これを受けて、社会科では、さまざまな学び方と教育内容が求められています。

歴史教育者協議会は、1978年から学習指導要領改訂のたびに『たのしくわかる社会科の授業』『新たのしくわかる社会科・生活科の授業』シリーズ、『わかってたのしい社会科・生活科の授業』シリーズを刊行してきました。前回の学習指導要領改訂では、教材の提供など教育現場の状況に対応するかたちで『明日の授業に使える社会科・生活科』シリーズとして刊行しました。今回は、中学校社会科の改訂版になります。これまでのシリーズと同様に、社会科が担っている平和で民主的な主権者を育成するという原点を大事にして編集しました。

今日、教育の「デジタル化」が進んでいますが、授業は画一化と効率化だけでは成り立ちません。授業は、教員の教材研究や授業づくりと、学びあう生徒とのあいだでつくられていきます。カリキュラムの自主編成は、それぞれの教員の手によって進められていくものです。

この10年余、東日本大震災や原発事故、紛争の絶えない世界、核兵器廃絶の動き、地球温暖化、女性の権利、性の多様性、歴史改竄の動き、新型コロナを機にした経済や働き方の問題など、世界は新たな課題に直面しています。今回の改訂版シリーズは、そうした課題も受けとめています。読者のみなさんの授業づくりに役に立つことを願っています。

2022年３月

一般社団法人　歴史教育者協議会

『明日の授業に使える中学校社会科』シリーズ編集委員会

▶ 明日の授業に使える中学校社会科　歴史　もくじ

I　歴史学習のはじめに

II　原始・古代

III　中世

IV　近世

C O N T E N T S

▶社会科でこそ多様な「主体的・対話的で深い学び」を

「主体的・対話的で深い学び」に「スタンダード」はあるのか？

2017年改訂の学習指導要領が、中学校ではすでに完全実施されています。この学習指導要領では、「主体的・対話的で深い学びを実現するための授業改善の推進」が強く打ち出されています。これを受けて、どの学校でも「主体的・対話的で深い学び」とはどういうことなのか、それを実現するとはどのような授業を実践することなのか、その模索が続いています。

毎年夏に開催している歴史教育者協議会（歴教協）の全国大会でも、各学校現場でのさまざまな工夫が、悩みも含めて率直に語りあわれています。あるとき、中学校歴史分科会で、こんな発言がありました。いわゆる「ベテラン」の域に達する参加者が、若い同僚から、授業のことでこう相談されたというのです。

「とにかく、授業開始から10分以内に話し合い活動を入れなければダメだと指導されました。どうすればよいでしょうか」

この発言に刺激されて、他の参加者からも同様の「実態」が語られました。

「授業のはじめにかならず『めあて』を提示し、その後『課題』を提示し、最後はかならず『まとめ』と『振り返り』を入れる方法を、全教科統一の方法としてやることになっています」「板書の仕方を、学校全体で揃えることになりました」

「主体的・対話的で深い学び」を授業の中で実現しようと、懸命に知恵を出しあう職場。そこで導き出された「答え」が、「どの先生も同じ方法で、同じように」授業を実践する方向に向かっているのは、どうしてなのでしょうか。

一定の授業方法（授業スタイル）が「スタンダード」とされると、それに当てはまらない授業では「主体的・対話的で深い学び」は実現されないかのような印象になりがちです。同時に、一定の形式を整えさえすれば、その授業では「主体的・対話的で深い学び」が実現されたと評価されるかもしれません。

しかし、本当にそうなのでしょうか。そのような画一的な授業づくりをめざすことで、本当に授業を「主体的・対話的で深い学び」の場とすることができるのでしょうか。

今度の学習指導要領につながる2016年の中教審の答申でも、以下のように述べられています。

「（前略）資質・能力の育成に向けては、学習指導要領等に基づき、目の前の子供たちの現状を踏まえた具体的な目標の設定や指導の在り方について、学校や教員の裁量に基づく多様な創意工夫が前提とされているものであり、特定の目標や方法に画一化されるものではない。」

今度の学習指導要領も、決して画一化された授業方法を求めてはいないのです。やはり授業は、一人ひとりの教師が、目の前の生徒の実態をふまえて、自分ならではの授業をつくるという「主体性」をおおいに発揮してこそ、生徒にとって学びの実感のあるものとすることができるはずです。

歴史教育者協議会は、全国の会員が、各地でそれぞれの現場に即しながら、長年にわたって「創意工夫」を積み重ねてきました。本書はその積み重ねの一部をまとめ上げたものということもできるでしょう。

社会科の学習は自ずと「主体的・対話的で深い学び」を引き出す

卒業目前の中学３年生に、「あなたは社会科の学習を通じて、どんなことを学び取りましたか」というテーマで作文を書いてもらいます。すると、たくさんのキラキラと輝くような言葉を彼らは紡ぎ出してくれます。そこには、「社会科とは何か」「学ぶとはどういうことか」という問いに対する、学んだ当事者としての実感のこもった「答え」があらわれています。

○私が３年間、社会科の学習で学んだことは、考える、意見を持つ重要性です。私はとにかく考えました。このように行動した目的は何だろう、どうしていくのか、そう頭を悩ませるたびに充実感を味わうことができました。そして周りからの意見にも影響を絶えず受け続けました。

○結果も大事だけど、どうしてそうなったのかという理由が大切だと学びました。結果だけを見るのはあまりよくないことだと学び、結果だけで判断するのではなく相手の考えも尊重し、自分の意見を言うことが必要だと思った。いろいろな視点から物事を見ていこうと思いました。

中教審答申は、「主体的・対話的で深い学び」について次のように述べています。

・主体的……「学ぶことに興味や関心を持ち、自己のキャリア形成の方向性と関連付けながら、見通しを持って粘り強く取り組み、自己の学習活動を振り返って次につなげる」

・対話的……「子供同士の協働、教職員や地域の人との対話、先哲の考え方を手掛かりに考えること等を通じ、自己の考えを広げ深める」

・深い学び……「習得・活用・探究という学びの過程の中で、各教科等の特質に応じた『見方・考え方』を働かせながら、知識を相互に関連付けてより深く理解したり、情報を精査して考えを形成したり、問題を見いだして解決策を考えたり、思いや考えを基に創造したりすることに向かう」

なお、歴史的分野の「見方・考え方」は「社会的事象を、時期や推移などに着目して捉え、類似や差異などを明確にしたり、事象同士を因果関係などで関連付けたりすること」としています。

この生徒たちの言葉からは、社会科の学習の中で、自然なかたちで「主体的・対話的で深い学び」がおこなわれていた実感が読み取れます。そして、それは結果として「自分なりの意見を持つ」というかたちに結びついています。このことは、社会科の学習内容それ自体が、生徒にとって、主体的に考えたくなる、仲間と考えを言いあいたくなる、一度考えたことをさらに見直したくなるような本質を持っているということなのでしょう。ということは、社会科という教科は、生徒が学習内容にしっかりと出会うことができれば、自然とそこに「主体的・対話的で深い学び」が生まれるということなのではないでしょうか。

生徒の中に問いを生むこと

ところが、長いあいだ社会科は「暗記教科」だと言われ続けてきました。歴史学習についても、そのような印象を持っている人は少なくありません。本来「主体的」に学びたくなる内容に恵まれ、「対話的」な学びを通じてさらに「主体的」に考えを「深め」たくなる歴史学習であるはずなのにです。たしかに、機械的な暗記は苦痛以外の何ものでもありません。では、そこにおちいらない授業にするには、どうすればよいのでしょうか。次の生徒の言葉に、その大きな鍵があるように思います。

○「なぜ？」という言葉が社会科でとても役に立つ言葉だということです。「なぜ？」という言葉は僕たちの考えをより深いものへと変えてくれます。

授業の冒頭（導入）や単元の最初の授業で、この「なぜ」を生徒の中に生み出すことができれば、知識を身につけることも「機械的な暗記」とは感じられなくなるのではないでしょうか。

○３年間を通して、学年が上がるごとに知識を学ぶごとに意見を持つようになりました。ひとつの視点ではなく、いろいろな視点から見ると新たな問題を発見し、自分で考え、解決へとなっていけたらいいと思いました。

この生徒は、知識を身につけることの意味を、自分自身がより深まりのある意見を形成できるようになることとして捉えています。そして、その知識が自分の中に新たな視点を生み出し、新たな課題に気づき、さらに思考を深めることへとつながっていく実感を述べています。こうなれば、何かを「覚える」ことも、意味の実感できない文字の羅列の機械的暗記ではなくなります。

平和を希求する歴史学習へ

○日本の歴史にたくさん触れ、戦争の悲惨さを知り、二度と起こしてはならないできごとだと思いました。その戦争を起こさないために、忘れないためには、私たち一人一人が政治に参加し、自分の意見を強く持つことが大事だと思います。

○今、私たちが生きている時代まで、何度戦争をしてきたでしょうか。戦争は、小規模でも大規模でもみんな同じで、とても残酷なものです。歴史から私が一番大切だと思ったことは「平和」です。今までの歴史で犯した戦争という過ちをもう二度と繰り返さぬよう、私たちが世の中に呼びかけていくべきだと思いました。

○どうすれば平和になることができるのか、そのためにはもっと見る範囲を広くする必要があると思います。そして、様々な意見を尊重するべきだと思います。

○たくさんの失敗を忘れずに、もっと世界と自分の身の回りをしっかり見て、平和な世界を全員でつくっていきたいと思います。それが、これからの人の進化するべき方向だと思います。

学習指導要領は、社会科の目標の中で、生徒を将来の「平和で民主的な国家及び社会の形成者」と捉えています。これは2006年教育基本法の第１条に定められた「教育の目的」で述べられているものです。生徒たちの言葉を読むと、その姿が形づくられつつあることがうかがえます。

○数多くの失敗と成功、教訓が分かり、今の世界のしくみを知って、これから自分がしなければいけないことは何か、深く考えることができました。

○今の世界には問題がたくさんあるけど、僕が社会のためにできることはたくさんあることも学びました。

○自分はまだ無力で、自分の考えを書くことしかできませんが、初めて本気で人の役に立ちたいなと思いました。

社会科の学習には、「自分にもできることがある」との実感をもたらす力があるのでしょう。この感覚こそが主権者としての土台になるのではないでしょうか。私たちは、社会科という教科が本来持っている、主権者としての自立を促す力に確信を持って、日々の授業実践に取り組んでいきたいと思います。

本書の構成について

本書は、学習指導要領の改訂を受けて、2013年発行の『明日の授業に使える中学校社会科　歴史』を構成し直して編纂されました。

今度の学習指導要領では、歴史的分野の内容は以下のように構成されています。

A　歴史との対話
　(1) 私たちと歴史
　(2) 身近な地域の歴史
B　近世までの日本とアジア
　(1) 古代までの日本
　(2) 中世の日本
　(3) 近世の日本
C　近現代の日本と世界
　(1) 近代の日本と世界
　(2) 現代の日本と世界

「A　歴史との対話」に対応するものとして、「歴史学習のはじめに」の項目を設けました。歴教協は、地域の歴史の掘り起こしに長年各地で取り組み、それを授業実践に生かしてきました。その中から、2つの実践を取り上げて掲載しています。

生徒にとって、自分とのつながりを実感しやすいのが地元の歴史です。自分とのつながりを感じることで、さらに学びたいという意欲が呼び起こされます。それぞれの地域ならではの実践を生み出すヒントとして、おおいに参考にしていただきたいと思います。

「B　近世までの日本とアジア」「C　近現代の日本と世界」に対応する部分については、2013年発行の旧版を基本に、それを見直して構成しました。

また、「主体的・対話的で深い学び」を実践するヒントとして、生徒の活動に重点を置いた実践を「学習活動」として掲載しました。授業で学習したことをさらに深めてまとめたり、学習したことを相互に交流したり、教室にとどまらず、さまざまな人とかかわりながら表現したり、いろいろな工夫を凝らして生徒自身が学びを深める学習は、学びの実感を大きく高めます。本書に掲載した実践をぜひ参考にしていただければと思います。

多忙化に歯止めがかからない学校現場

学校という職場が、いかに過酷な労働によって支えられているか、ここ数年でようやく多くの人びとに認識されるようになってきました。教師は仕事に追いまくられているのが現実です。しかも、その「仕事」の中身はたいていの場合、授業に関することではありません。本来、一番の「勝負」の場である授業のために時間と労力を割くことが難しいのが、今の学校という職場の現実でもあります。とりわけ、過去の「蓄積」を持たない若手の先生たちは、毎回の授業づくりに追い立てられてしまいがちです。

本書の編集にあたっては、そんな「明日の授業をどうしたら……？」という悩みに応えたいという願いを込めました。じっくりと教材研究に取り組む余裕がなくても、まず本書を手に取ることで、明日の授業は組み立てられる、そんな本にしたいと考えました。

しかし一方で、前述のように、本来授業とは、実践者一人ひとりが、目の前の生徒との「対話」の中からそれぞれの持ち味をにじませていくことが、その「醍醐味」でもあります。

本書を手にとられたみなさんが、まずは本書の授業案を足がかりに授業を実践し、そこからさらに自身の持ち味を加えて、実践を重ねていかれることを願っています。そして、そんなお互いの実践を持ち寄る場として、歴史教育者協議会はあります。本書をきっかけに、教育実践の新たな交流が生まれることを願ってやみません。

（岩田彦太郎）

デジタル資料集の使い方

本書のなかで デジタル資料集 のマークのある図画資料やワークシート類は、インターネット上の専用サイト「デジタル資料集」で閲覧・ダウンロードできます。下記のアドレスからご登録の上、ご利用ください。

https://data.otsukishoten.co.jp/jugyo/

大月書店ホームページ（http://www.otsukishoten.co.jp）にもリンクがあります。

図画資料

カラー画像をプロジェクターや電子黒板で大きく掲示すれば、生徒たちの注目が集まります。一般的な画像ファイル（JPEG形式）ですので、カラー印刷や、パソコンでの自由なレイアウトが可能です。

文章資料・ワークシート例

パソコンから印刷して配布することができます。ワークシートは、各時の授業案の執筆者が実際のクラスでの利用を考慮して作成したものです。参考例として、地域やクラスの実態にあわせて適宜変更してご利用ください。

著作権に関するご注意

図書館での利用について

「デジタル資料集」の利用は本書を購入した個人のみ可能です。図書館での購入および貸出しの場合はご利用いただくことはできません。学校内などでのアカウントおよびパスワードの共有もご遠慮ください。

I

歴史学習のはじめに

年代の表し方
あなたは何年生まれ?

1 時間

ねらい

●地球の歴史と人間の歴史の長さの違いを実感する。

●年代の表し方には、さまざまなものがあることを知る。

●西暦と世紀の表し方のしくみをつかみ、使いこなせるようになる。

授業の展開

(1) 地球の歴史と人間の歴史

●「これから歴史の学習が始まる。地球の歴史と人間の歴史の長さをくらべてみよう」

地球の誕生は約 46 億年前。人類の登場は約 700 万年前。1 億年を 1 メートルに例えると、46 億年は 46 メートル、700 万年はたったの 7 センチメートル。しかしその短い中で、数え切れないほどの人たちが努力し生きてきた歴史の延長上に私たちがいる。

(2) あなたは何年生まれ？

●「ところで、みなさんは何年《なんねん》生まれですか？」

西暦と元号の 2 つが出てくる。

「では、みなさんは何年《なにどし》ですか？ と聞かれたら？」

生徒は干支を答える。教科書には十干十二支の表が載っているので、それを活用して説明する。「甲子園」「戊辰戦争」などの由来にふれてもよい。

台湾の硬貨の写真（**資料 1**）を提示する。「民国○○年」とある。おとなりの台湾では、西暦だけでなく、中華民国が建国された西暦 1912 年を元年とする表し方も使われている。「他の地域ではどうなのだろうか？」

・ヒジュラ暦（イスラム暦）：イスラム教徒の多い地域で使われている。西暦 622 年が元年となる。

・仏滅紀元：タイやラオスで使われている。釈迦が亡くなった日（紀元前 544 年）をもとに数える。

他にもユダヤ教に基づくユダヤ暦（イスラエル）、ヒンドゥー教に基づくシャカ紀元（インド）などがある。

「それぞれの地域で、その地域に生活している人びとにとって大切なことを基準に、年代を数えるようにしたのですね」

(3) 元号と西暦

●「みなさんが生まれた平成○年は、何を基準に数えているのでしょう?」

元号のしくみを確認する。

資料 1　台湾の硬貨

(CC by Winstonelee)

・古代中国で始まったしくみ。日本では飛鳥時代に「大化」と定めたのが始まり。現在は、元号を定めているのは日本だけ。

・明治より前は、天災などさまざまな理由で元号を頻繁に変えていた。

・明治になったときに、天皇１人についてひとつの元号と決めた。平成31年は４月30日まで、令和元年は５月１日から始まった。

「では西暦は、何を基準に数えているのでしょうか」

ヨーロッパで考え出された数え方。キリストが生まれたとされた年を紀元１年とした。やがて、それ以前の時代を表すために、その前年を紀元前１年としてさかのぼる方法が導入された。

●「それでは、徳川家康によって江戸幕府が開かれたのは何年でしょう?」

西暦1603年。元号では慶長８年。「ということは、今からだいたい何年前ですか？」(「400年ちょっと前」)

「今、それを計算するのに西暦を利用しましたね。西暦を使うと、今からだいたいどれくらい以前のできごとなのかがイメージしやすい。そこで、これからの歴史の授業では、主に西暦を使って年代を表していきます」

(4) 今は何世紀？

●「ところで、今は何世紀ですか？」(「21世紀」)「では、先ほどの1603年は何世紀？」16世紀という誤答が出てくるとよい。

西暦の100年をひとまとまりにしたのが世紀。紀元１年から100年までが１世紀。101年から200年までが２世紀。小学校で学習したできごとの西暦年が何世紀かを、いくつか問うてみる。

大化の改新…645年
平安京に都が移される…794年
元との戦い（1回目）…1274年
ザビエルが日本に到着…1549年
関ヶ原の戦い…1600年　など

(5) 時代を区切るのはなぜ？

●「1603年に江戸幕府が開かれた後を、なぜ江戸時代というのでしょう?」

江戸に政治の中心地が置かれたから。さまざまな時代名を挙げさせ、多くが政治の中心地と関わりがあることに気づかせる。

「そもそもなぜ、わざわざ時代を区切るのでしょうか？」と問い、社会のしくみが変化し特徴が異なるからこそ時代区分することに気づかせる。

教科書の年表で、縄文時代と弥生時代の区切りが斜めの線になっていることに注目させ、「日本」がまるごと一気に変化したわけではないことに気づかせる。また、現在の沖縄と北海道は、それぞれ独自の社会の変化をたどっていることにもふれる。

留意点

●西暦からの「○世紀」の割り出し方は、この１時間ではなかなか身につかないので、折にふれて問うようにする。

●ある視点からの歴史を絶対視しない感覚をにじませたい。そのために、元号と西暦以外の紀年法にもふれる。時代区分の「揺れ」や、沖縄・北海道の視点もかならずふれるようにしたい。　　　　(岩田彦太郎)

参考文献

宮瀧交二監修『調べる学習百科　元号ってなんだろう――大化から令和まで』(岩崎書店)

身近な地域の歴史（学習活動例1）
わたしたちの学校の歴史と学制

1 時間

ねらい

- 校区の歴史から学制の問題を考える。
- 当時の民衆の視点から明治政府の改革を考える。
- 自分たちの地域や学校を知ることで、地域、学校への愛着を育む契機とする。

授業の展開

(1) 明治の学制についての説明と問いかけ（小学校づくりはうまくいったのか）

●「1872 年に学制が発布されてから、小学校が各地でつくられたけど、当時の人びとはみんなどう感じていたと思う？」

・喜んでいた……「明治の世になり、みんな新しい勉強を楽しみにしたと思う」「新しい校舎に広いグランドがあり、通いたいとわくわくしていたんじゃない?」

・嫌がっていた……「強制的に通わされるのは嫌だったんじゃない？」「そもそも勉強したくないもんなぁ」

明治の三大改革のひとつである学制について概要を説明した後、本校の地域（京都府京田辺市）の例をもちだす。

(2) 本校の校名「培良《ばいりょう》」の由来と歴史について考える

●「この培良中の地域ではどうだったんだろう?」と発問し、この学校の良さについて考えさせる。「培良中学校にしかない良さってなんだと思う?」

生徒からは「部活動が活発」「制服が緑」などがあげられる。

同時に、「培良」という学校名の不思議さについて問いかける。京都府の中学校一覧を見せ、他の学校の多くが市町村名由来なのに対し、「培良」が地名ではないことを気づかせ、この校名が明治期の人びとの思いからつけられたことを伝える。

資料１　現在の培良中学校

(3) クイズを通して、明治にできた「培良校」について考える

・４人班となり、培良校ができた当初について考える。

①どうやって学校を建てたのだろう？（お金はどうしたの？）

②建てられた学校は現在の校区のどこにあるでしょう？（校区マップを渡して考えさせる）

③学校ができた当初（明治11年）から困った問題が起きた。それは何だろう?

①②について：生徒から「募金で集めたんじゃない？」「ローンを組んだとか？」「政府が出したんじゃない？」などの答えがあがる。当初の培良校の跡地と、校区のお寺である法泉寺の画像を見せる。

当初は、お寺（法泉寺）の敷地で授業をしていたこと。その敷地は、村の人たちがお金を出しあって買い上げたことを説明する。

③について：生徒から「もしかして、火事？」「事件とかかな？」「そもそも当時の人って『学校』って言葉も知らないんじゃない。だから不審に思って学校に行かなかったとか……」などがあがる。

資料2　培良校の跡地

現在は業務スーパーになっている。

明治初期の京田辺市内の就学率の資料（『京田辺市史』より）を見せ、設立当初はほとんど学校に行く生徒がいなかったことを説明（京田辺市は男子20%、女子10%）し、さらに追発問をおこなう。

●「なぜ学校に行かないのかな？」

女子の就学率が低いことに注目させ、班で考えを複数あげさせる。追発問のやりとりで当時のようす、とくに労働力として子どもが必要であったことを説明する。「勉強をするよりも農家の手伝いをすることが大切だと思っていたから、親たちが行かせなかったんだ。当時の豪農や村長たちが親を説得して、少しずつ集まってきたんだって」

さらに授業料を徴収していたこと（当時の京田辺地域の学校の授業料は現在の価値でおよそ1万円、培良校は2000円）や、教師が2人だけだったことを伝えて興味をひく。

授業では、多くの生徒が現在の義務教育は無償だと知らないことに驚かされた。

この3つの学校クイズと追発問を通じて、「学制」への困惑と、新しい時代への人びとの抵抗を実感させる。

(4)「培良」という名前の由来と当時の人びとの思い

最後の発問として、「なぜ『培良』という名前になったと思うか？」を考えさせる。

「学校名の由来」と「現在の校歌」などから、新しい時代に良い人材をこの地域から出したいという思いからつけられたものであることを伝え、明治時代が地域にとっても大きな変革の時であったことを実感させる。

留意点

●現在の学校と当時の学校の場所は200メートルほど異なるのだが、授業後に見に行ってみるという生徒もおり、学校のルーツに少しでも興味をもってもらえたのではないかと感じた。地域の学校という切り口から、政府の改革の課題と、地方の人びとの苦心と思いが実感できるようにしたい。

●各学校、とくに小学校の歴史では、各学校の沿革誌を参考にすると開校当時の実情がよくわかる。校史を参考に、地域の視点から時代を読みとらせる授業展開としたい。

●学制発布当時、資金集めや教師の確保などに苦心しながらも、新時代において子どもたちを学ばせたいという地域の思いがあったことにふれたい。

（天野洋平）

参考文献

『京田辺市史』（京田辺市史編さん室）

身近な地域の歴史（学習活動例2）
『津和野百景図』を歩く

2時間

ねらい

●**幕末と現在をくらべながら城下町である校区を歩き、地域史への関心を高める。**

授業の展開

(1)『津和野百景図』について確認する

「『津和野百景図』って知ってるよね。150年あまり前の幕末、つまり江戸幕府の終わりごろの津和野藩領の風景や行事などが、絵と解説で100枚にまとめられたものだ。この作者が誰か知ってる？」(「栗本格齋《かくさい》」)

日本遺産は、地域の歴史的魅力や特色を通じて、日本の文化や伝統を語るストーリーを文化庁が設定するものである。

『津和野百景図』は、2015年4月に日本遺産に認定され、校区内の小学校でも学習するなど、生徒たちにもなじみ深い。

「格齋は、藩主である亀井氏の近くに仕えていた人なんだ。明治時代になって京都に移り住んだけど、そのころに津和野のようすを思い出しながら『津和野百景図』をまとめたんだ」

(2)『津和野百景図』とくらべながら津和野を歩く

●津和野中学校前の道路が近世山陰道であることを確認する。

「この『津和野百景図』とくらべながら津和野を歩いてみようと思うけど、まずは中学校前の道路を確認しておきたい。中学校の前から坂道が続いているけど、この先にはあまり行ったことがないんじゃないかな。進んでいくとやがて石畳が現れる。実は、この道路が近世山陰道なんだ。ほぼ真っすぐ伸びていて、どこかにつながっているけど、どこだと思う？」(山口市阿東町徳佐)

資料1　近世山陰道と「野坂峠」（第60図）

「日本地図を作った伊能忠敬もここを測量したし、森鷗外はこの道を通って東京へと旅立った。『津和野百景図』にも野坂峠が描かれているよ（**資料1**）」

●藩主である亀井氏の邸宅を確認する。

「では実際に歩いてみよう。藩主の亀井氏はどこで暮らしていたの？」(嘉楽園など)

「亀井氏が暮らしたのは嘉楽園や現在の津和野高校のグラウンドがあるあたりだよ。津和野城だと思ったかもしれないけど、あんな山の上で暮らしたわけではないんだ。『津和野百景図』にも藩侯館前の風景が描かれているよ（資料2）」

●殿町周辺をくらべる。

「津和野大橋まで来た。このたもとにある松の木も、『津和野百景図』に描かれているね（資料3）」

「津和野大橋を渡って殿町に来たけど、このあたりはかつての風情をよく残しているよね。『津和野百景図』（資料4）とくらべて何か気づくことがないかな？」（「掘割がない」）

「津和野を象徴する掘割がないよね。この掘割は明治時代にできたものなんだ。その後、小学生を楽しませるために鯉を放したのが今に受け継がれているんだ」

「最後に殿町から本町方面を眺めてみよう。『津和野百景図』には、このあたりにあった総門が描かれているね（資料5）。かつて武士と町人は明確に居住地を分けられていたんだ」

(3) まとめ

「『津和野百景図』に描かれた風景などが現在もその面影を残していることがわかったよね。これ以外にも身近な場所が描かれているので、くらべながら歩いてみると楽しいよ。これから歴史の学習を進めていくけど、津和野の歴史とも関連させながら学んでいくことにしよう」

資料2　津和野高校と「藩侯館前」（第12図）

資料3　津和野大橋と「大橋」（第22図）

資料4　殿町の街並みと「殿町」（第23図）

資料5　殿町から見た本町方面と「殿町総門」（第26図）

（『津和野百景図』津和野町教育委員会提供。写真は筆者撮影）

留意点

●歴史学習の導入としてフィールドワークを取り入れたが、地域や学校の実態に合わせ、可能なところで取り入れたい。各地域の教育委員会の文化財担当者などと連携が図れるとよい。この授業プランは津和野町日本遺産センターに協力いただいた。（山本悦生）

Ⅱ

原始・古代

1 ヒトとサルのちがいは何か? 人類の登場

1時間

ねらい

●歴史の最初の授業で「ヒトとサルの本質的なちがいは何か」という問いを考え、クラスで議論することによって、次のことを「ねらい」としたい。

①「この授業では自由に意見が言える」という雰囲気をつくるスタートとする。

②ものごとの本質とは何かを追究する姿勢を養う。

③論理的思考力を養い、筋道立ててものごとを説明する練習の場とする。

④人類の進化をたどる道すじについて、自分なりの考え方を形成し、それを他者の意見や教科書の記述等と比較する材料を生徒個々が得る。

授業の展開

(1) ヒトとサルのちがいは何だと思う？

●「ヒトの祖先は何？　どんなことでもいいから言ってみて」(「ネズミ、アメーバ、サル……」無数に出てくる)

「いろいろ挙がったね。まぁ、ふつうは『ヒトの祖先はサルだ』といわれるね。じゃ、動物園のサルはいつヒトになるの？」(「100万年後……」「ならない」)

「そう、ならないんだね。その話はまたあとで。では、(Q1) ヒトとサルのちがいは何？　どんなことでもいいから挙げてみて」

微細なものも含めて“無限”に出てくるので板書していく。

●「(Q2) この中で、特に大事だと考えられるもの3つに手を挙げて」

少し考える時間をとってから挙手させると、たいてい「脳の大きさ」「道具を使う（つくる）」「火を使う」「直立二足歩行」「言語を使う」が多数を占める。

●「(Q3) この5つの中で、もっとも本質的なちがいだと思うものを選び、それをスタート地点にして、他の項目がどのように関連したり、つながっているのか、矢印などを使って図解してみてください」

図1・2「生徒の意見の例」参照。上段が最初の考え方。出発点は、ほとんどの場合「脳の大きさ」と「直立二足歩行」に分かれるので、「どちらが本当の出発点なのか」について議論することになる。

(2) ヒトとサルの本質的なちがいは何だと思う？

「出てきた意見をもとに議論していこうか」

時間の許す限り、それぞれの立場の意見を聞いたのちに、もう一度この問題について自分はどう考えるか、みんなから出た意見をふまえながら書かせる。かならずしも生徒の大半が「直立二足歩行が本質的なちがいである」と考えるとは限らない。

(3) 歴史学者・人類学者はどう考えているのか

教科書の記述等も参考にしながら、次のことがらについて解説する。

・現在、一般的には直立二足歩行が類人猿との本質的なちがいであると考えられていること。
・ただし、どんな学問的な考え方もさまざまな理由で今後変わることがあること。
・だから、教科書に書いてあるからといって鵜呑みにしてはいけないこと。
・自分の頭で考えることが大切であること。

その後、議論で出た意見等にも適宜ふれながら、人類進化について解説する。なお、三井誠『人類進化の700万年——書き換えられる「ヒトの起源」』(講談社現代新書、2005年) によれば、「人類が獲得した特徴と時期」は

・700万年前〜　直立二足歩行
・250万年前〜　石器の製作・脳の大型化が始まる
・80万年前〜　火の使用？
・7.5万年前〜　言語の使用？　となる。

生徒の再考した結果の例は、図1・2の中央部の線の下段になる。

図1　生徒の意見の例(1)

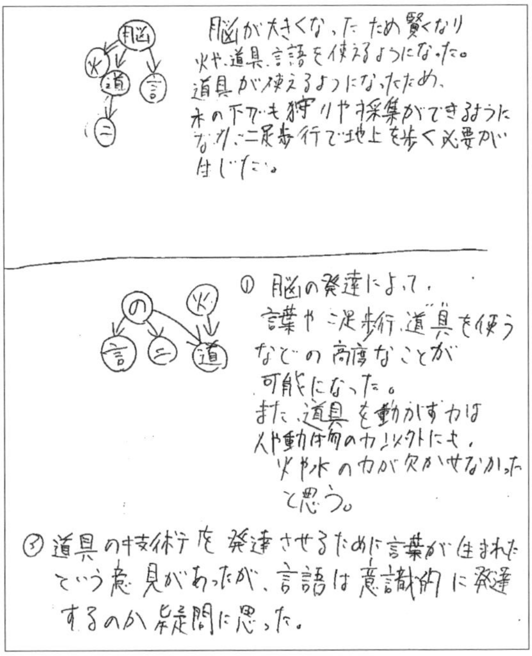

図2　生徒の意見の例 (2)

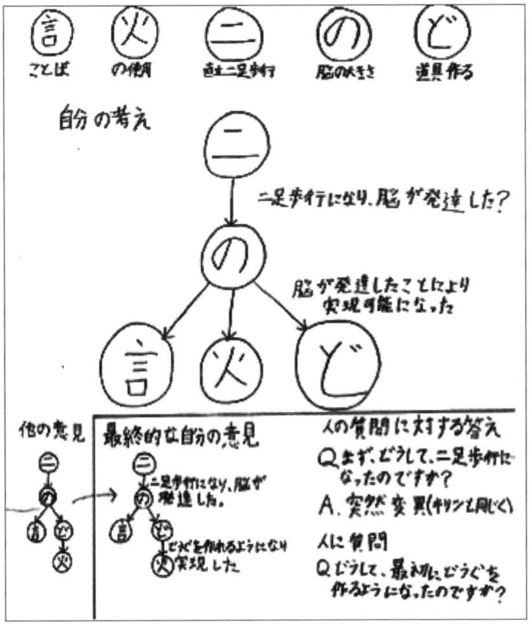

留意点

●最初の授業であり、できるだけ多数の生徒に意見表明をさせたいので、無理に1時間に収めようとしないほうがよい。

●「根拠や理由を挙げながら説得的に持論を展開する」というのは難しいことなので、少しずつ上達していけばよいということを生徒に理解させたい。少しでもそのような発言があれば、おおいに褒めることが大切である。

●図版や写真などが豊富にあるテーマなので、それらを豊かに用意することで、生徒の理解はより進むであろう。

(武田 章)

2 世界の古代文明
エジプト・メソポタミア・インダス

1時間

ねらい

- エジプト文明が「ナイルの賜物《たまもの》」と呼ばれた意味について理解する。
- メソポタミア文明が栄えたのは、今の国でいうとどこかと問いかけ、戦争が長く続いたイラクに、かつて古代文明があったことに気づく。
- アーリア人の侵入とバラモン教（のちのヒンドゥー教）の広がりにより、インドにカースト制が確立されたこと、カーストに対して人間の平等を求めたシャカが仏教を始めたことを学ぶ。

授業の展開

(1) エジプト文明

●資料１を見せながら、「これは何でしょう？」と聞く。(「ピラミッド」)「どのようにしてつくったのでしょうか？」(「山から石を切り出して運んだ」「たくさんの人たちが働いた」「きれいな三角形をしている」「測量技術が発達していた」)

「これだけ大きな建造物をつくるためには、どんな力が必要でしょうか？」と問う。(「富がたくさん王に集まっている」「王が神のように尊敬されている」「王が恐れられている」「科学が発達していた」)

「ピラミッドはどんな目的でつくられたのでしょうか？」と問う。諸説あるが、ピラミッドは王の墓ではなく、王権の力を示すものだったという説が有力になっていることを紹介する。

資料１　ピラミッド

資料２を見せ、「これは『死者の書』といいます。古代エジプト人の、死についてのどんな考えかたがわかりますか？」と聞く。(「死後の世界を信じていたことがわかる」)

資料２　死者の書

資料３を見せ、「このイラストから、どんなことがわかりますか？」と問う。ナイル川の氾濫がエジプトの農業と深くかかわっていることを説明する。

資料３　ナイル川の氾濫と古代エジプトの農業

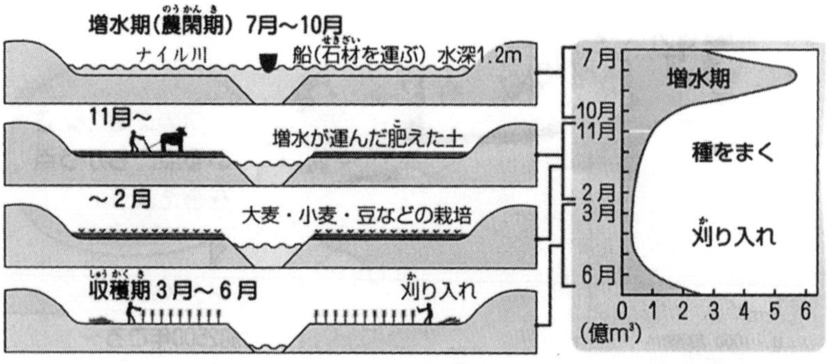

（『世界の歴史２　古代オリエント』河出書房新社などから作成）

●「『エジプトはナイルの賜物』という言葉があります。それはどういう意味でしょう？」と問う。

四大文明が大河の流域に発達した背景には、大河のもたらした豊かな水と土をもとにした農業生産力があったことを理解させる。

(2) メソポタミア文明とインダス文明

●「チグリス川とユーフラテス川にはさまれた地域は、農業がさかんでした。この地域に生まれた文明は？」と問う。(「メソポタミア文明」)

「メソポタミアは今の国でいうとどこ？」と問う。わからなければ、「アメリカと戦争をした国」などヒントを与える。(「イラク」)

メソポタミア文明について、ハンムラビ法典、くさび形文字、天文学、太陰暦（太陽の測定による暦が太陽暦、月の満ち欠けによる暦が太陰暦)、60 進法、七曜制など、身近なものを例に説明する。

インダス文明について教科書に沿って説明したあと、インドの身分制度について**資料４**のように板書する。「この身分制度を批判して、新しい宗教をおこした人は誰？」と問う。(「仏教を起こしたシャカ（釈迦)」)

資料４　カースト制

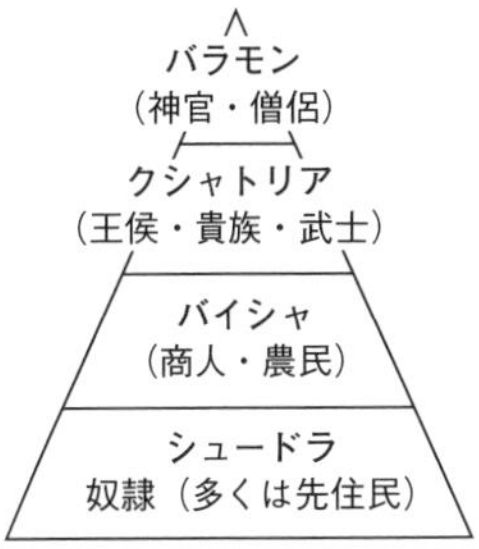

シャカの言葉（**資料５**）を読む。

資料５　仏教をおこしたシャカの言葉

> 「ゴータマ（シャカ）さま。賤民《せんみん》とは何か、説明《せつめい》してください。」
> 「バラモンよ、聞かせてあげよう。およそ生きものに害《がい》を加え、生きものにあわれみをかけないもの、これが賤民《せんみん》とするがよい。金持ちでありながら、老衰《ろうすい》した父母を扶養《ふよう》しないもの、これが賤民《せんみん》とするがよい。あらゆるものが幸福《こうふく》に、安全《あんぜん》に、楽しくなるようにしよう。」(『ブッダのことば』岩波文庫より)

当時は厳しい身分制度があり、賤民とはもっともしいたげられていた人びとのことを指していたが、シャカは本当の賤民は金持ちや身分が上の人たちの中にもいると説き、貧富や貴賤にかかわらず人びとは平等であると説いたことを説明する。

留意点

●最初に四大文明について、簡単に学習するとわかりやすい。4つの文明を等しくあつかうのではなく、焦点をしぼって教えるようにする。ここではエジプト文明に焦点をあてた。

●現代につながる測量技術や七曜制、60 進法などから生徒の興味関心を喚起する。ピラミッドは、日本の古墳のように王の墓と考えられてきたが、近年では王権を示すものという説が有力になってきた。

●古代身分制度を批判するなかで生まれた仏教が世界宗教になったのは、その根底に平等思想があったからであることに気づかせる。（本庄 豊）

3 中国文明の広がり

殷・秦・漢

1時間

ねらい

- 殷《いん》王朝については、具体的な遺跡のイラストを見せながら、他の古代文明との共通点に気づかせる。
- 日本と関係の深い中国文明が、シルクロードで世界とつながっていたことを理解する。
- 秦と漢については、現代の文化につながる点（儒教、漢字など）を重点的に学習する。

授業の展開

(1) 殷王朝

●「これは何でしょう？」と言いながら、**資料1**を見せる。

「そうだね、これは甲骨文字です」と言いながら板書する。甲骨文字とはどんなものなのかについても、詳しく説明する。

「それでは、それぞれの文字の意味を答えてみよう」（上から人・上・河）「現在の漢字のもとにもなっていますね」と、「漢王朝の文字」が漢字であることに気づかせる。

「**資料2**は殷王の墓のイラストです。このような墓ができたのは、どんなことが信じられていたからですか」と問う。自由に意見を発表させたあと、「死者の復活」という答えを引きだし、前時で学んだエジプトの「死者の書」のことを復習する。

「他の古代文明と同様、殷は大河流域に生まれました。何という川でしょう」（「黄河」）

地図で黄河の場所を確認する。

資料1　甲骨文字

（『ファミリー版世界と日本の歴史2』大月書店）

(2) 秦・漢

●「**資料3**は何でしょう」と聞く。自由に意見を発表させたあと、教科書で調べさせ、「始皇帝稜兵《へい》馬《ば》俑《よう》」という答えを引きだす。

「始皇帝は何という国の王でしょう」（「秦」）

「始皇帝稜は、エジプトのピラミッドに匹敵する建造物だった。それほ

資料2　殷王の墓

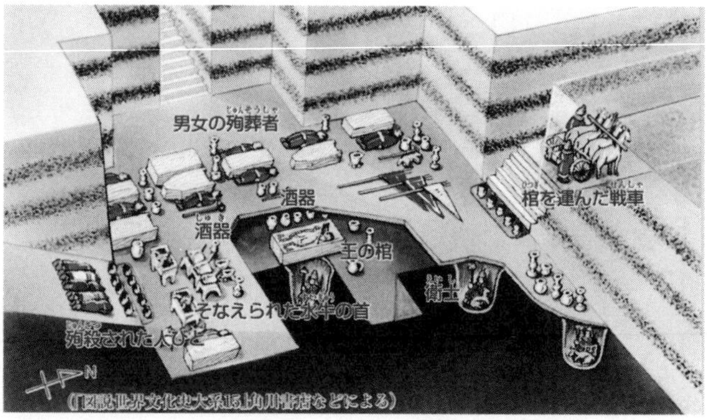

（『グラフィックワイド歴史』東京法令出版）

どに巨大な富と力をもった王が中国に出現したのです」とむすぶ。

「秦による統一の前、中国は春秋戦国時代とよばれる時代でした。この時代の思想家の言葉を読んでみよう」と言いながら、**資料5**を読む。「この人は誰だろう。また、この人の教えを何というでしょう」(「孔子」「儒教」)

資料3　兵馬俑

(CC by Maros Mraz)

資料4　万里の長城（1907年頃の写真）

資料5　孔子の教え

> 「義を見てせざるは勇なきなり」
> （人として当然行うべき正義と知りながら実行しないのは、勇気がないからである）
> 「過ぎたるはなお及ばざるがごとし」
> （物事には程度というものがあり、それを超えることは足りないのと同じように良くない）　　（『論語』より）

資料6　シルクロード

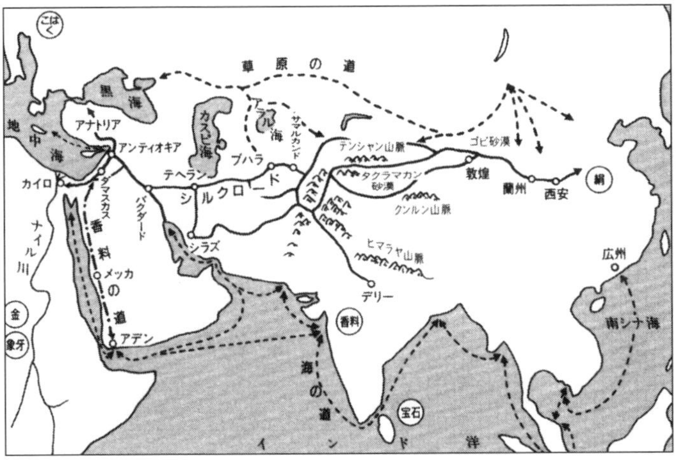

(『これならわかる世界の歴史 Q&A ①』大月書店)

●**資料6**の地図を見ながら、「古代のヨーロッパと中国とをむすぶ道に着色しよう。また、この道を何と呼びますか？」と問い、カラーマーカーで着色させる。(「シルクロード」)

「ローマから漢に、また漢からローマに、どんなものが運ばれましたか？」(「ぶどう酒」「馬」「絹」「生糸」)

留意点

●教科書などの地図を活用し、殷・秦・漢の場所に着色させるなど、中国文明の広がりについて理解させる。シルクロードや古代ローマ帝国などもカラーマーカーで着色するようにする。

●中国文明は日本にも大きな影響を与えていることについて、これからの授業で学習していくことに言及しておく。　　(本庄 豊)

4 ギリシャ・ローマの社会と文明

1時間

ねらい

- **古代のギリシャとローマの社会と文明の特色を理解する。**
- **古代のギリシャとローマにおいて、政治参加の権利を持つ市民と労働を担う奴隷に着目し、古代社会の特色を適切に表現できるようになる。**

授業の展開

(1) ギリシャ、ローマが栄えた時代

パルテノン神殿（アテネ）、コロッセオ（ローマ）の画像を示す。

●「これらの建造物について知っていることは？　どこにある遺跡？」

ギリシャやローマの位置を地図で、古代文明が繁栄した時期を年表で確認する。共に地中海に面し、大河のない山がちな地域ということに気づく。山がちな地域で各所に都市国家（ポリス）が成立していた。現在の国家としてはギリシャとイタリアだが、当時はアテネやローマ等の「都市国家」だった。

(2) ギリシャの政治と文化

●古代ギリシャの壺絵（**資料1**）を示して「これは何を描いた絵だろう？」と問い、気づいたことや予想を発表させる。（「走っている」「裸だよ」）

各ポリスからオリンピアに集まった男たちが競う古代オリンピック。「古代オリンピックでは男たちが全裸で競いあった。どうしてだろう？」

何も身につけないことで、家柄や地位にとらわれず、人間として対等に競うこと、その鍛え上げられた肉体にも価値があると考えられていた。

「ありのままの人間として競いあう社会は、どうして生まれたのかな」

・教科書から、成人男子は戦闘の義務を果たしたこと、またアテネでは市民が政治に参加する「民主政」が成立していたことを知る。

資料1　古代ギリシャの壺絵

デジタル資料集

●こんな人物がいる、と**資料2**を生徒に読み聞かせる。

・アテネでは、成人の男たちが「民会」で「より善い政治とは」「より善く生きるとは」を競うように議論していた。ギリシャでは、このように男性が国家の重要な役割を担い、人間のあり方や価値を考えるなかで「哲学」が生まれ、理想の人間像を追求する文化が生まれた。

●「ところで、肉体的にも精神的にも日々自分を鍛えたギリシャの男たちだが、生活はどうして

資料2　ソクラテスの言葉

> その人と対話をしていて私にはこう思われたのです。（中略）「この人は、他の多くの人間たちに知恵ある者だと思われ、とりわけ自分自身でそう思い込んでいるが、実際はそうではない」と。私は帰りながら、自分を相手にこう推論しました。「私はこの人間よりは知恵がある。この人は知らないのに知っていると思っているのに対して、私のほうは、知らないので、ちょうどそのとおり、知らないと思っているのだから。どうやら、なにかほんの小さな点で、私はこの人よりも知恵があるようだ。つまり、私は、知らないことを、知らないと思っているという点で」と。
>
> （プラトン『ソクラテスの弁明』光文社古典翻訳文庫、納富信留訳）

いたのだろう？」

女性に市民としての権利がなかったことや、農耕や建築など必要な労働の多くは奴隷が担うことで社会が成り立っていたことを理解する。

(3) ローマの政治と文化

●「このギリシャを、紀元前30年に征服したのがローマだ」と領土拡大の経過を教科書の地図で確認し、あらためてコロッセオの写真を示す。

・長径188メートル、短径156メートル、外周壁の高さ49メートルなど、その規模を知り、これを建造した技術の高さとともに、建造に従事したのはどんな人だったのか想像してみる。（「征服した地域の人たちだよね」「ギリシャで地位があった人もいたかもしれない」）

資料3　ローマ街道の遺跡

デジタル資料集

（CC by VIATOR IMPERI）

●「コロッセオでローマ市民は何を観て楽しんだのだろう」

模擬海戦、剣闘士による試合、猛獣との試合などに興ずる市民の姿と、そこで命を落とす奴隷たちに想像をめぐらせる。

●ローマ街道の写真（**資料3**）を示し、「これも古代ローマの重要な遺跡です。何だと思う？」と問う。

古代の道路であること、石を堅固に敷き詰めた造りであることを確認し、この道路を行き来した物や人を想像させる。ここまでの堅固さを必要とした移動、大勢の人びと、馬車や騎馬、徴税品などを思い描くことで、ローマ帝国の戦闘や支配の拡大に街道が重要な役割を果たしたことを理解する。

資料4　ローマ街道の地図

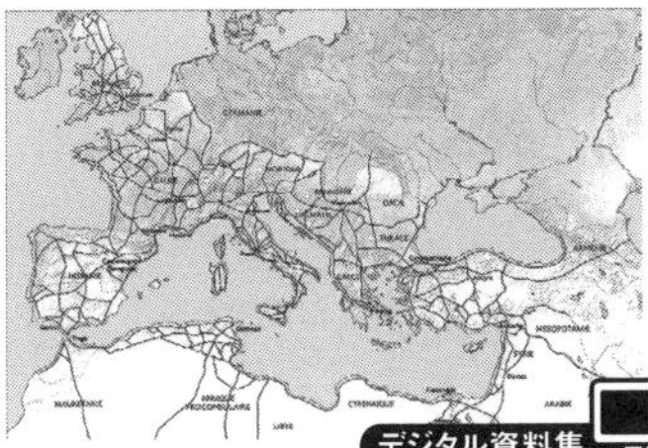

デジタル資料集

（CC by O H 237）

ローマ街道の地図（**資料4**）に重ね、教科書の図からローマ帝国拡大のようすを知る。現在のエジプトもギリシャもパレスチナもイギリスも、と示すことで、当時のローマの勢いを実感する。

●最後に、「食べるために吐き、吐くために食べる」という哲学者セネカの言葉を紹介する。「どんなようすなのだろう」「鳥の羽根で喉をくすぐって吐いたらしい。どうしてだろう」と、この言葉から想像をふくらませる。

ローマ帝国の上流階級が、臥台に肘枕で横たわり、食卓から指でつまみ食事をとる。アフリカやアラビアなど広大な支配地域からもたらされる珍味を、満腹してもなお、舌の欲を追うために故意に吐いたようすを説明する。

コロッセオで見世物に興じ、宴会で横たわり延々と食べる上流階級と、その欲望のために費やされる多くの戦場の犠牲者や奴隷たちとの関係を考察し、「ローマ帝国とは」というテーマで、自分で考えた「哲学的名言」にまとめさせて学習を終える。

留意点

●古代ギリシャもローマも、生徒の興味をそそる話題は多い。世界遺産として残る建造物や芸術などを視覚的に取り入れながら授業を進める。

●両者の共通点として、戦争と支配、市民と奴隷という古代社会の構図が理解できるように焦点を絞って指導する。　　　　（平井敦子）

5 日本列島の旧石器時代
野尻湖・岩宿遺跡

1 時間

ねらい

- 『「岩宿」の発見』を読みながら、考古学を研究しようとした相沢忠洋《ただひろ》の生いたちや生きかたを知るとともに、岩宿遺跡発見の意義について理解する。
- ナウマンゾウやオオツノジカのイラストから、旧石器時代の日本のようすをイメージする。

授業の展開

(1) 岩宿の発見

●資料１の写真を見せ、「これはなんでしょう」と問う。(「石器」)

「そうだね、石器だね。前に勉強した打製石器だ」と、旧石器時代の石器について説明する。

「20 世紀なかばまで、日本には旧石器時代はないと信じられてきた。ところがその説を打ちやぶったのが、無名の青年の発見した、この写真の石器だった」

相沢忠洋『「岩宿」の発見』を読ませる（**資料２**）。家庭的に恵まれなかった相沢少年が、助けあって暮らしていた原始・古代の人びとに思いをよせるようになったエピソードなどをまじえながら、相沢さんの生いたちを説明する。

資料１　岩宿遺跡の打製石器

デジタル資料集
（相澤忠洋記念館）

資料２　石器の発見

山寺山にのぼる細い道の近くまできて、赤土の断面に目を向けたとき、私はそこに見なれないものが、なかば突きささるような状態で見えているのに気がついた。近寄って指をふれてみた。指先で少し動かしてみた。ほんの少し赤土がくずれただけでそれはすぐ取れた。それを目の前で見たとき、私は危《あやう》く声をだすところだった。じつにみごとというほかない、黒曜石の槍先形をした石器ではないか。完全な形をもった石器なのであった。われとわが目を疑った。考える余裕さえなくただ茫然として見つめるばかりだった。（中略）それは堅い赤土層のなかに、はっきりとその石器の型がついていることによってもわかった。

もう間違いない。赤城山麓の赤土（関東ローム層）のなかに、土器をいまだ知らず、石器だけを使って生活した祖先の生きた跡があったのだ。ここにそれが発見され、ここに最古の土器文化よりもっともっと古い時代の人類の歩んできた跡があったのだ。

（相沢忠洋『「岩宿」の発見——幻の旧石器を求めて』講談社文庫）

●関東地方特有の火山灰土である関東ローム層について説明し、地図で岩宿遺跡の場所（群馬県みどり市）を示す。

(2) ナウマンゾウとオオツノジカ

●資料３を見せながら、「これはなんだろう」と聞き、自由に発言させる。正解がない場合には、教師が「ナウマンゾウの歯だ」と答える（B5の用紙に拡大するとほぼ実物大となる）。

資料３　ナウマンゾウの歯

（野尻湖ナウマンゾウ博物館）

資料４のイラストを見せながら、「氷河時代（約15万年前）の日本のかたちは？」「長野県の野尻湖遺跡では、どんな動物の化石が見つかっていますか？」「日本にはどのような種類のゾウがいましたか？」などと質問し、答えさせる。（「日本は大陸とつながっていた」「ナウマンゾウやオオツノジカがいた」「ナウマンゾウやマンモスなどがいた」）

資料５は野尻湖遺跡の想像図である。これを見せ、「野尻湖遺跡には人間がいたとされていますが、それはなぜわかるのですか」と質問する。（「動物の骨の化石とともに石器が発見されるから」）

資料５のイラストから気づいた点を自由に述べさせる。（「火を使っている」「共同して動物の狩りをしている」など）

資料４　氷河時代の日本

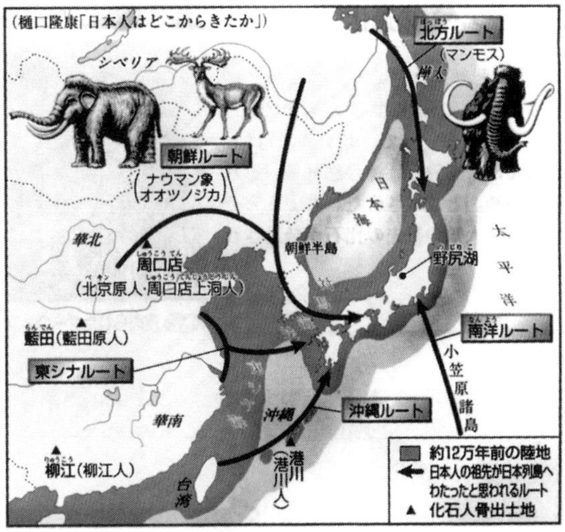

（『グラフィックワイド歴史』東京法令出版）

資料５　野尻湖遺跡の想像図

（『絵で読む日本の歴史①』大月書店）

留意点

●日本列島に旧石器時代がないと考えられてきた背景には、戦前の神話教育の影響もあった。モノから歴史を推理する考古学の方法の意味と意義について、しっかりと押さえておきたい（近代史の学習のときに、近代遺跡・戦争遺跡につなげるため）。

●気の遠くなるほど長く続いた旧石器時代は、ケガや病気、栄養不良もあり、人びとの平均寿命はとても短く、30歳を超えれば「長老」だった。人びとは力を合わせて狩りをしていた。モノからしか推測できないが、想像力をはたらかせることで、この時代のイメージを豊かにふくらませることができることに気づかせたい。

●歴史学習の入り口として、身近な旧石器時代の遺跡についてふれ、夏休みの課題などにしてみるのもよい。　　（本庄 豊）

ナウマンゾウとマンモス

ナウマンゾウは約２万年前まで日本、朝鮮半島、中国に分布していたゾウである。マンモスにくらべやや小型で、氷河期に適応するため全身は体毛でおおわれていたと考えられている。マンモスは氷期に絶滅したゾウである。ユーラシア大陸北部からアラスカ・カナダ東部にかけて分布。体高約3.5メートルと大型で、長い体毛におおわれていた。

6 土偶の謎に向きあう
縄文時代の人たちの思いは?

1時間

ねらい

- 土偶の表情豊かな顔から、研究の成果をもとに、歴史のロマンを広げ、人びとの願いを想像し、話しあっていく歴史学習の楽しさを体感する。
- 研究の成果をもとに、その時代を生きた人たちの生活を考える。

授業の展開

(1)「氷河期が終わり、あたたかくなった。縄文時代について、小学校でどんなことを習ったかな？」(復習する)

「貝塚のようすや、住まいの跡などをもとにして描いた縄文時代の絵を見てみよう」「今までの旧石器時代では見られなかった（なかった）ものを探し、それをノートに書いてみよう」(竪穴住居、丸木舟、網、縄文土器、釣り針、貝塚など)

「人がかついでいる動物は何だろう」(今までの道具である槍ではなく、すばしっこい小動物や鳥も捕えられる弓矢の発明に注目させる)

(2)「1万年前に人びとが食べていたものは、どうしたらわかるだろうか？」と問い、化石化した糞石の写真（**資料1**）を見せる。(「えー！」「形までわかるの」)

「縄文時代、人びとはどんなものを食べていたのだろうか？」糞石の研究からわかった食べ物名（**資料2**）を示す。(「オットセイって、あの水族館にいる？」「ハクチョウ食べるの、かわいそう」「テンって何？」「オオカミにやられないの？」)

資料1　糞石

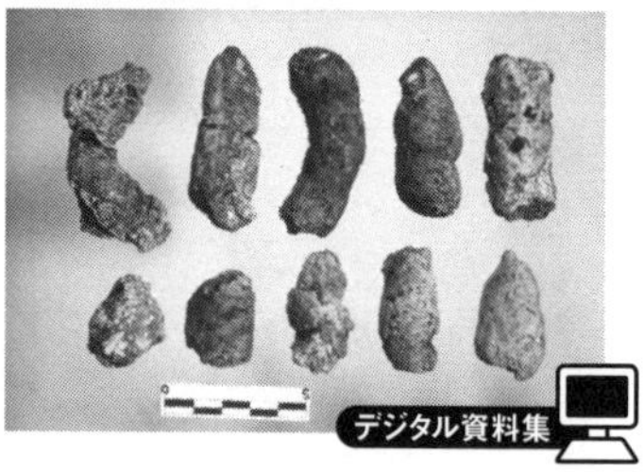

（福井県立若狭歴史博物館蔵）

(3)「食べ物はおよそ何種類くらいあっただろうか？」と予想させる。

答えは500種類以上で、生徒の予想を大きくくつがえした。土器の利用法も考えさせた。煮る・ゆでる・保存する・沸かすなどに使ったことを確認する。

資料2　縄文時代の食べ物

魚類	コイ、ナマズ、ウナギ、フナ、イワシ、ブリ、マグロ、カツオ、タイ、フグ、サメ、サワラ
貝類	タニシ、カワニナ、カラスガイ、シジミ、アカガイ、カキ、サザエ、アワビ、ハマグリ
ほ乳動物	イノシシ、シカ、カモシカ、サル、ノウサギ、タヌキ、ツキノワグマ、アナグマ、オオカミ、ヤマネコ、アシカ、オットセイ、テン、クジラ、イルカ、シャチ
木の実など	ドングリ、クルミ、クリ、ブドウ、イチゴ、ヤマイモ、ヒシ、ミツバ、ゼンマイ、フキ、ヒシ、ユリネ
鳥類	カモ、オオハクチョウ、ウミウ、ワシ
その他	ヒョウタン、シソ、エゴマ、アズキ、ウリ、ゴボウ

(4)「縄文時代は、どんな時代だったんだろう？」という問いに、生徒からは「平和」「楽しそう」「満足」「ぜいたく」「気楽そう」「幸せそう」「ストレスなさそう」などの声があがる。その理由をノートに書かせる。

しかし、高い乳児死亡率、15歳まで生き

た人の平均余命約16年、骨に飢餓線（横須賀・平坂貝塚の人骨からは11本）が見つかったことなどの事実から、予想を再考させていく。

(5)「どうして早く亡くなるんだろうか？　どうして飢餓線ができるんだろうか？」

豊富な種類の食料があった一方で、食料不足や厳しい環境の中で生き抜いた人びとのことを想像させる。

(6)「縄文時代の人びとがつくった土偶（**資料3**）を見てください」(「えーっ」「かわいい」「目が大きい」「口が小さい。驚いているようだ」）土偶のいろいろなポーズも紹介する。

(7)「全国各地から、このようなたくさんの土偶が発見されている。ばらばらに割られて発見された土偶が多い。なかにはていねいに埋められたようなものもある。いったいどうして、このような土偶をつくったんだろう？」

100年を超える考古学の土偶研究の中で、①子どものおもちゃ、②身を飾るもの、③女神としてお祈りする、④病気やけがや災害の身代わり、⑤死者と一緒に埋められたもの、⑥宗教儀式のときのお祭り道具、⑦お守り札、などの諸説があることを紹介する。

そのうえで、心に残ったひとつの土偶を選ばせ、土偶に秘められた人びとの願いを考えさせ、書かせる。出土状況、さまざまな形、割れ方などから、何のためにつくられたのか、縄文時代の食生活、生活環境を思い出させ、さまざまな面から当時の生活をより深く考えさせる。

〈発展〉 次時に「土偶をつくったわけ」の発表会をしてもよい。

留意点

● 謎の多い土偶について、史実をもとに自由な発想をさせたい。考古学者のように、さまざまな説を自由に出しあって時代を考え、交流する楽しさを大切にしたい。生徒は感受性豊かに、知的好奇心と謎解きのわくわく感をもって史実を解き明かそうとしていく。その過程を大切にしたい。（持田早苗）

資料3　土偶の顔

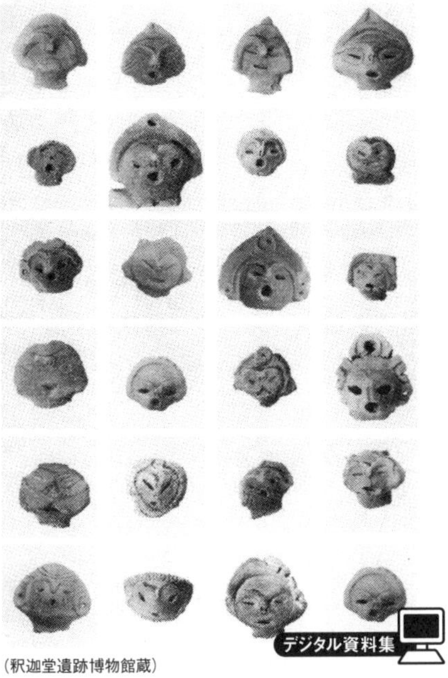

（釈迦堂遺跡博物館蔵）

資料4　釈迦堂の土偶

（釈迦堂遺跡博物館蔵、塚原明生氏撮影）

資料5　土偶の出土状況

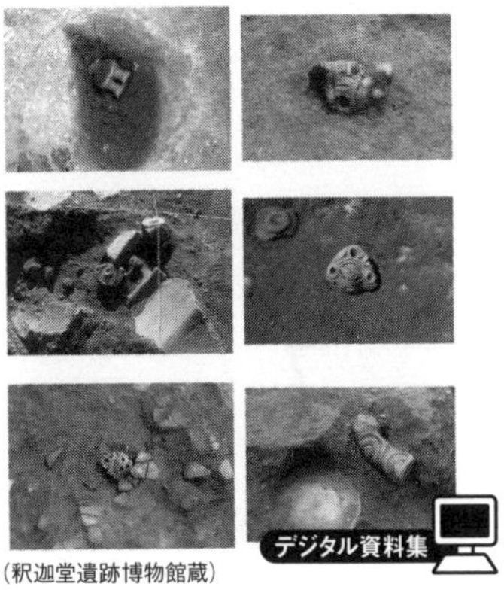

（釈迦堂遺跡博物館蔵）

7 戦う村
稲作の広がりと弥生文化

1時間

ねらい

●弥生時代が、大陸から伝来した本格的な水稲栽培を中心とする農耕社会であることを、縄文時代とちがいを比較しながら学び、「戦争が始まり支配者が出現した時代」という時代の特色を理解する。

資料1　縄文時代と弥生時代の矢じり

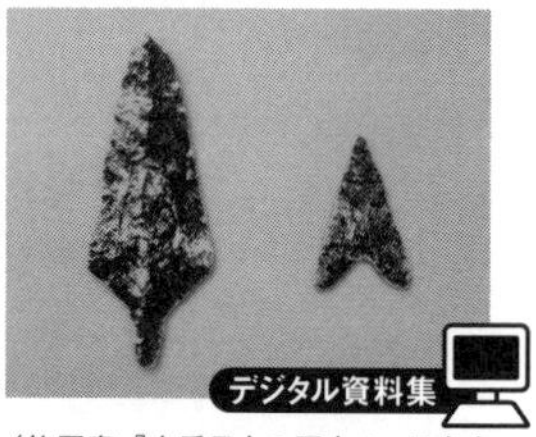

（佐原真『大系日本の歴史1　日本人の誕生』小学館ライブラリー）
授業では大きく模写したものを掲示した。

授業の展開

(1) 生徒が学習課題を発見する。「どうして弥生時代の矢じりは大きいのだろう」

● A（左）とB（右）、2つの矢じり（**資料1**）を見せて問う。

「AとB、どちらが縄文、どちらが弥生か？」

全部の班が、Aを縄文、Bを弥生、と答える。理由は「Bが弥生。技術が発達し、より小さく精巧になった」「Aが縄文。大きい動物を捕らえるため」「Bが弥生。小さくて鋭い。細かい加工ができているから」など。

予想を発表させたあと、「正解は、A＝弥生、B＝縄文」と話す。

●「どうして縄文時代より弥生時代の矢じりのほうが大きいのだろうか」(**学習課題①**)

(2) 予想を立て、予想を検証する。

●弥生時代のほうが矢じりが大きい理由を、学習班（4人）で話しあい、予想を立てる。予想を、歴史事実に基づいて検証する。

ワークシート（**資料2**）の吉野ヶ里遺跡全体図を見て、気づくことを発表する。(「敵から身を守る」「敵を防ぐ柵」「物見やぐら。敵を見つける」) すでにここで「敵」という言葉が飛び出している。拡大した全体図を黒板に貼り、絵の中の物見やぐら、空堀、柵に丸をつけ、注目させる。

資料2　ワークシート（例）

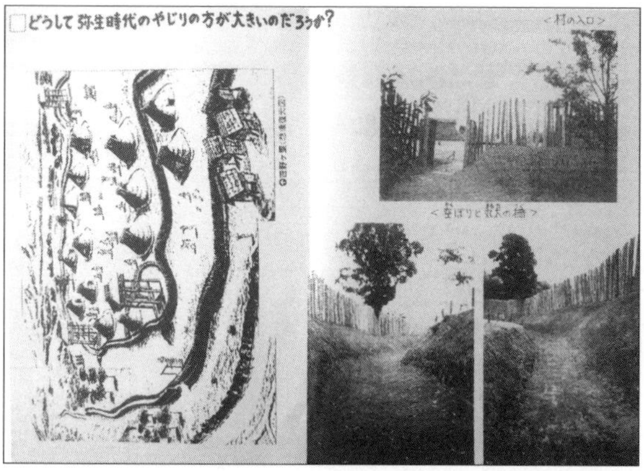

・物見やぐら（**資料3**）

「大きさはどれくらいだろう」(8メートル・10メートル・15メートル)

「なぜこんな大きな建物をつくったのだろう」

「敵ってだれだろう？」(「となり村」「米を盗む人」)

・空堀、柵（**資料4**）

「村の周囲に堀をつくり、丸太の柵があるのはなぜだろう」

資料3　物見やぐら（吉野ヶ里遺跡）

高さ12メートル。

以上を追究しながら、弥生時代の村は戦いに備えていたことが、次第にわかってきた。

そこで、ふたたび「なぜ弥生時代の矢じりのほうが大きいのだろう」と問う。「争いの中で、米を守るために、この矢じりで倒した」という声が上がる。

「15本の矢じりのくい込んだ人骨」の写真（**資料5**）を見せ、弥生時代の人は戦っていたことをみんなで確認する。

資料4　空堀と柵

大塚・歳勝土遺跡（横浜市）で撮影

資料5　15本の矢じりのくい込んだ人骨

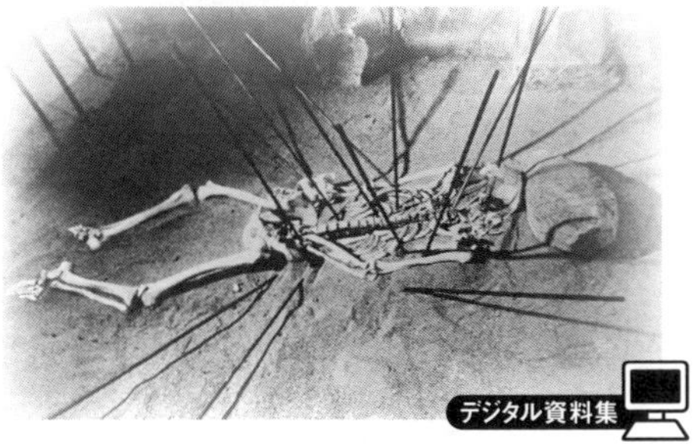

鏃の痕跡をもとに、矢が刺さった状態を復元した人骨。
（土井ヶ浜遺跡・人類学ミュージアム）

●「戦う村」と黒板に題名を書く。

ここまでの学習をまとめて板書する。板書しながら、新たな疑問（課題）を３つ示す。（弥生時代の人は戦った――だれと？　きっかけは？　その結果？）

(3)「なぜ弥生時代の人びとは戦ったのだろうか」（**学習課題②**）

●首のない人骨の写真（**資料6**）を全員に配る。

「この人骨には首がない。どうしたのだろうか。予想してお話をつくろう」（「この人の首をとって、ほかの人に見せつけるため。えらい人だった」「この人はきっと村で一番えらい人だったから敵に首をとられた」「敵に首はとられちゃったけど、仲間がお墓にうめてくれた」）

それらのストーリーを受けて「なぜ弥生時代の人びとは戦ったのだろうか」への答えを各自ノートに書き、発表する。

(4) 戦いの結果、弥生時代の村はどうなっていくだろうか。

●金印（漢委奴國王）（次時資料１）を見せる。

「弥生時代、中国へ使者を派遣して、金のハンコをもらう国王が出てきた。どうやって中国へ行ったのだろう。たいへんな苦労をして金印を手に入れたと推測されるが、この国王はなぜこんなことをしたと思いますか」と、次時の予告をして終わる。

資料6　首のない人骨

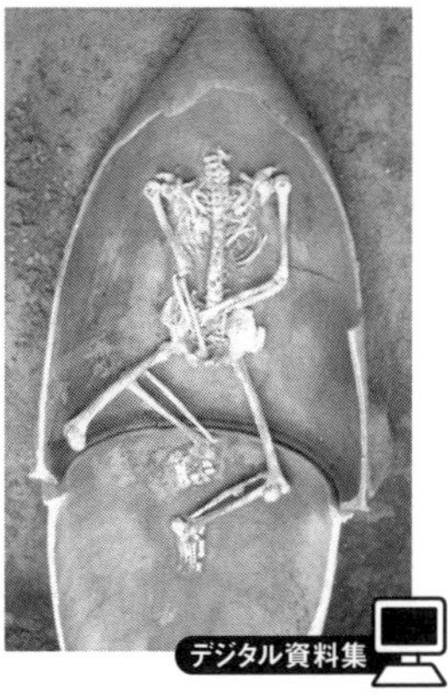

吉野ケ里遺跡から出土した首なし人骨。
（佐賀県提供）

留意点

●原始・古代は、言ってみれば「歴史学習の大きな導入」である。「歴史的な見方」はまだ身についていない。歴史的な見方のその1、「各時代を比較して見る」ということを、ここで初めて学ぶのである。

●そしてもうひとつ、平和と戦争の問題である。縄文時代までの人間社会は歴史の中で唯一「戦争」のない時代であった。平和と戦争の問題は、歴史学習を通して重要なキーワードのひとつである。「戦争が始まった弥生時代」という点をふくめて、弥生時代の特徴をつかませなければならない。

（小堀俊夫）

8 なぞの金印
ムラからクニへ

1時間

ねらい

- 日本に国ぐにが誕生し、次第に大きな国にまとめられていったようすを学習する。「どうして弥生時代のほうが矢じりが大きいのか」「なぜ弥生時代の人びとは戦ったのか」という前時の学習課題をさらに追究する。
- 金印、魏志倭人伝などの史料をもとに当時の人びとのくらしを想像する。

授業の展開

(1) 金印（資料1）を見せる。「何か知りたいことや疑問はありませんか」

（「これは本物ですか」「金印ということはハンコですか」「字は何と書いてありますか」）

金印発見の物語を教師が話し、さらに疑問を出させる。

> （福岡県志賀島の百姓・甚兵衛の口上書より）1784年のこと。田んぼの境の溝の水はけが悪かったので、先月、溝の形を修理しようと岸を切り落としていたところ、小さい石がだんだん出てきて、そのうち二人持ちほどの石にぶつかりました。この石をかなてこで取りのぞいたら、石の間に光るものがあり、取り上げて水ですすぎ洗いしてみたところ、金の印判のようなものでした。

資料1　金印（レプリカ）

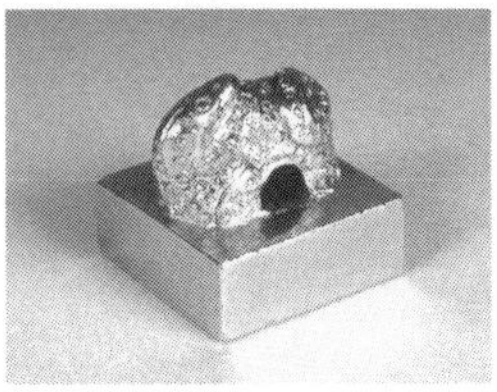

（「金印はどこから志賀島に来たのですか」「いつの時代のものですか」）

(2) 1世紀中国から来たと知り、なぜそんなことがあったのか考える。

- 金印に刻まれた文字を読む。

「漢委奴国王」とノートに書き、学習班で読み方を推理する。

- 「金印を発見した甚兵衛さんはどうしたでしょうか？」

（ア）納戸にかくした　　（イ）うわさが広がり役人につかまった

（ウ）殿様（藩主）に差し出し、ほうびをもらった

「正解はウでした。甚兵衛は正直に金印を届けて、ほうびとして白銀5枚をもらいました。金印は福岡藩が家宝として保存しますが、それとともに藩内の学者に命じて論文を提出させました。その一人、亀《かめ》井《い》南冥《なんめい》は、金印のことが『後漢書』に書かれていることを見抜きました。『後漢書』（資料2）の記述を皆で読みましょう」

「建武中元二年　倭奴国　奉貢朝賀使人　自称大夫　倭国之極南界也　光武賜以印綬」（建武中元2年〔紀元57年〕倭の奴国が貢ぎものを持ってやってきた。使いの者は、自分のことを大夫と言っていた。光武帝〔後漢の皇帝〕は、この使いの者に印綬をたまわった）

資料2　後漢書の記述

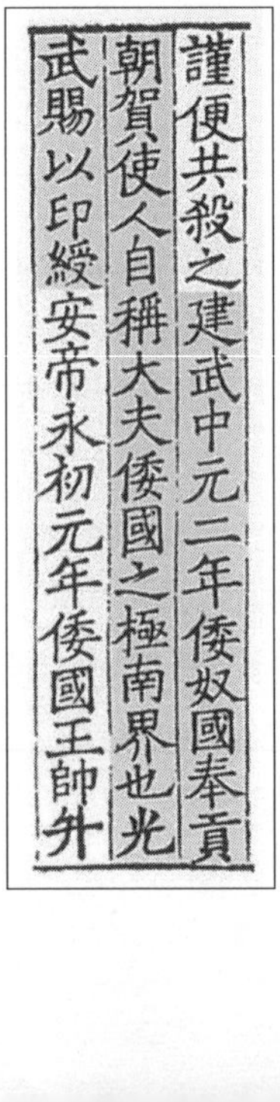
謹便共殺之建武中元二年倭奴國奉貢
朝賀使人自稱大夫倭國之極南界也光
武賜以印綬安帝永初元年倭國王帥升

- 「奴国の使者は、後漢の首都洛陽《らくよう》まで往復4000キロの道を（海も越え

て）踏破して金印を運んだ。なぜそれほどたいへんな苦労をして金印をもらったのだろう」

「奴国王が金印を持っていることに対し、まわりの国はどう思っただろうか」(「すごいなぁ」「いいなぁ」)

「漢という強大な国からもらったと聞いて」(「びびるなぁ」)

教科書をもとに、中国の歴史書に当時の日本列島のことがどう書かれているか、まとめる。

・『漢書』紀元前1世紀。「倭（日本）には100余りの国がある」
・『後漢書』1世紀半ば。「倭の奴国の王が、後漢に使いを送り、金印を授けられた」
・『魏書』3世紀。「倭には邪馬台国という国があり、魏に朝貢した。邪馬台国の女王卑弥呼は、倭の30ほどの小さな国を従えていた」

(3) 邪馬台国と卑弥呼

邪馬台国について教科書などからまとめる。卑弥呼も、「親魏倭王」という称号と金印を授けられ（金印は未発見）、銅鏡100枚をもらい受けた。「100枚もの銅鏡を、どうしたと予想しますか？」と問い、学習班で話しあわせる。

意見を発表させた後、次の興味深い事実を紹介する。

「『景初三年』の紀年銘を持つ銅鏡が、和泉黄金塚古墳（大阪府）や神原神社古墳（島根県）から出土した。『景初三年』といえば西暦239年。女王卑弥呼の使節団が、魏の皇帝への献上品である男女の生口（奴隷）10人などを乗せた船団を組んで対馬海峡を渡り、都の洛陽に到達。皇帝から金印と銅鏡100枚を授かった年である。卑弥呼使節団のメモリアルイヤーである『景初三年』を刻んだ鏡は、なぜ出雲の『神々の郷』にあったのか」

留意点

- まだ文字（歴史書）を知らない日本列島の国ぐにのようすを、発掘された遺物と中国の歴史書を照らしあわせて追究していくという、あたかも歴史研究者のように学習する楽しさを味わわせたい。
- 新たな疑問がわいてくる楽しさを感じながら終わる授業も大切である。「歴史は暗記もの」という常識を打破する工夫が、授業づくりと並行してなされるとよい。とにかく原始・古代の学習は、たくさん疑問を引き出す授業でありたい。
- 「国家」がどのように形成されたか、中学生でも自分の意見として持てるような授業をどうつくったらよいだろうか。「初めから国家があったわけではない」ことに気づかせるだけでも、国家を相対的に見る歴史観を養う一歩になる。　(小堀俊夫)

9 仁徳天皇陵(大仙古墳)はなぜ大和につくられなかったのか

古墳・大王・大和王権

1時間

ねらい

● **巨大な前方後円墳の所在地や建造目的に着目させ、大和王権の成り立ちを考える。**

授業の展開

(1) 初代の天皇は誰だろう？

●「現在の天皇は何代目だろう？」「初代の天皇の名前は？　即位したのはいつ？　場所は？」と質問していく。

現在の天皇は126代目。初代の天皇は神武天皇で、『日本書紀』によると、紀元前660年元日に、現在の奈良県橿原《かしはら》市で即位（この日を太陽暦で換算した2月11日が建国記念の日になっている)、在位76年127歳で亡くなったとされる。墓は畝傍《うねび》山にあり、麓《ふもと》の橿原神宮に祀《まつ》られている。

「紀元前660年というと、何時代？」(「縄文時代の終わりごろ」) 縄文時代に天皇がいて、日本全国を治めていたと考えるのは無理があることを考えさせる。

神武天皇だけでなく、9代目までの天皇については、実在が疑われている。しかし三輪山の周辺に築かれた10代崇神天皇陵（行燈山古墳・全長242メートル）や、12代景行天皇陵（渋谷向山古墳・全長約300メートル）は実在の天皇の陵墓の可能性があり、この崇神天皇が、実在する最初の天皇ではないかという説もある（ただし、天皇ではなく大王《おおきみ》と呼ばれていた。天皇と呼ばれるようになるのは天武天皇からという説が有力)。

資料1　三輪山周辺の主要古墳

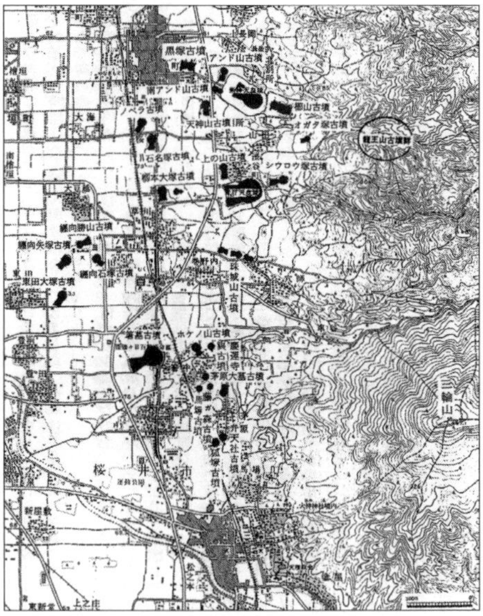

（網干善教ほか『三輪山の考古学』学生社）

3世紀後半に、巨大な前方後円墳が三輪山周辺にあいついで建造される（**資料1**)。「大王をリーダーとし、大和・三輪山周辺を本拠に成立した政権を何といいますか？」(「大和王権」)「三輪山とはどんな山なのでしょうか？」そこには神が宿り、その神の娘を神武天皇が皇后にしたという伝説が残る。現在ある大神《おおみわ》神社には神殿はなく、三輪山が御神体である。

(2) 巨大古墳の謎——なぜ大和から河内へ？

巨大な前方後円墳は、4世紀の終わりに奈良盆地北部（現在の奈良市）に、さらに5世紀になると大阪平野南部に次々と出現。なぜ巨大な前方後円墳は、大和ではなく、大仙古墳（伝仁徳陵）に代表されるように、大阪・河内（古市古墳群・百舌鳥古墳群）につくられるようになったのだろう。**資料2**を見せ考えさせる。発言がなければ選択肢をつくり、自分の考えに近いものを選ばせる。（「大王の地位を、大和と河内の有力豪族が交代してつとめていて、河内の有力豪族に新しい大王の地位をゆずったから」「それまで大和にいた大王が、河内出身の豪族に大王の地位を奪われたから」「大和出身の大王が、大阪のほうが海に出るのに便利だと思い、大阪に政治の中心を移した」「政治の中心は大和にあったけど、大阪にお墓だけをつくった」など）

資料2　大阪平野の古墳群

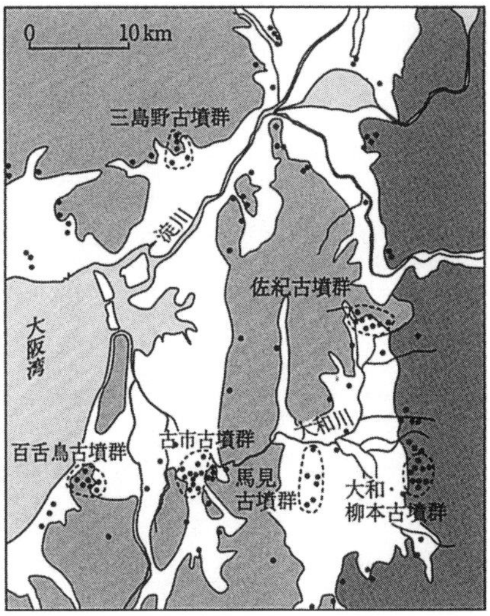

（都出比呂志『古代国家はいつ成立したか』岩波新書）

●「巨大な前方後円墳はなぜつくられたのでしょうか？」

現存する前方後円墳は木々におおわれ静寂なイメージがあるが、建造当時はひときわ目立つ巨大“モニュメント”であったことも説明する。（「亡くなった大王を弔うため」「大王に死後も自分たちを守ってほしいと思った」「大きな古墳をつくる技術をもっていることを見せつけるため」など）

朝鮮や中国からの使者は、瀬戸内海を通り、大阪湾から大和川へ入り大和へ着く。大阪湾から見えるところや大和川水系に巨大な古墳をつくり、自分たちの力を誇示したと考えると納得できる。大和と河内は大和川によってつながり、大和川は河内湖（今はない）を経由して大阪湾にそそいだ。大和～河内～大阪湾～瀬戸内海～中国・朝鮮という流れを押さえる。

(3) 大和王権の勢力の広がり

・教科書にある前方後円墳の分布図を見せる。もともとは大和で見られた前方後円墳が、5世紀後半になると、九州北部から関東地方にかけて見られるようになる。これは各地の王が大和王権に従うようになった証である。

・ワカタケル大王の名を刻んだ鉄剣（**資料3**）を見せる。古墳に埋葬された関東地方の豪族が、生前に大王に仕えていたことがわかる。大王は中国の南朝にたびたび使いを送った。「その目的は？」（「倭の国の王であることや、朝鮮支配を認めてもらうため」）

・527年には新羅《しらぎ》とむすんだ北九州の豪族の磐井が大和王権による新羅への出兵命令を拒否し、反乱をおこしている。

資料3　稲荷山古墳出土金錯銘鉄剣（裏面）

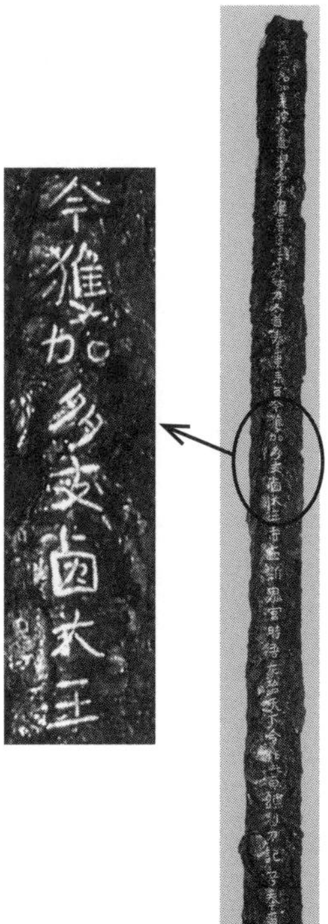

（所有：文化庁、写真提供：埼玉県立さきたま史跡の博物館）

留意点

●大和王権の巨大な前方後円墳の建造地が、なぜ大和から河内に移動したのかについては、考古学者と歴史学者のあいだで意見が分かれている。子どもたちにも自由に議論させたい。

（森口洋一）

10 埴輪は何を伝えようとしているのか
古墳文化

1時間

ねらい

- 古墳の埋葬品・副葬品のなかで、子どもたちの興味をひきやすい埴輪《はにわ》に注目し、古墳文化に関心をもつ。
- 埴輪を単体としてではなく群としてとらえ、古墳時代の人びとの風習・精神生活を考えさせる手がかりとする。

授業の展開

(1) なぜ大量の埴輪が見つかったのか

資料1　保渡田八幡塚古墳の埴輪群（再現）

●保渡田《ほどだ》八幡塚《はちまんづか》古墳の埴輪群の写真（資料1）を見せる。

「ここに写っているのは何でしょう？」（「埴輪」）群馬県にある保渡田八幡塚古墳のもので、5世紀後半のものとされる。発掘された埴輪を復元し、埋葬当時と同じ位置や向きに置いている。埴輪は古墳の墳丘上や周辺の堤など、目に見えるところに置かれていたので、盗まれてしまったり、運よく保存されていたとしても、正確な埋葬時の位置や向きの記録が残されていない場合が多い。ところが保渡田八幡塚古墳は、榛名山の噴火により灰が降りそそいだ山麓にあり、埴輪群はそのすがたを火山灰の下にとどめ、貴重な姿を残してくれている。

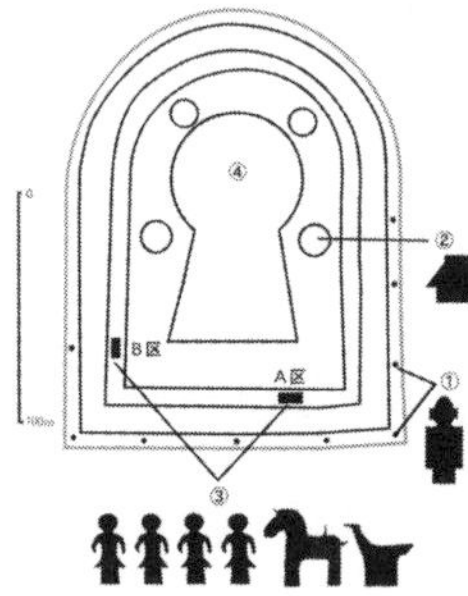

資料2　埴輪配列図

保渡田八幡塚古墳の埴輪配列図（資料2）を配る。内堀と外堀がめぐらされ、埴輪群は内堤のA区とB区から出土。残りのよいA区のものが復元されている。

(2) 埴輪は何のためにつくられたのか

外堤にあった盾持ち埴輪（資料3）を見せて、「これは何？　どういう意味があるのだろう？」（「悪霊が古墳内に侵入しないように」など）

次に、中堤のA区の埴輪群像写真（資料4・5）をシーンごとに見せ、何を意味しているのかを考えさせる。

資料3　盾持ち埴輪

「シーン1は？」（「王から教えをうけている」）「シーン2は？」（「王を見守っている」）「シーン3は？」（「鳥の世界をあらわす」「王がペットにしていた鳥」「鳥を食料にする」など。水鳥は死者の魂を運ぶと考えられた）「シーン4・5は？」（「イノシシ狩り」戦の前に狩りをして、その収穫量により勝ち負けを占った）「シーン6は？」（「王に敬礼している」「猟に行くときに使う馬」武人と甲冑《かっちゅう》型埴輪が見える。馬は裸馬と飾り馬の両方がいる。甲冑は大和王

資料4　埴輪群像の各シーン

シーン1

シーン2

シーン3

シーン4・5

シーン6

シーン7

資料5　各シーンの配置

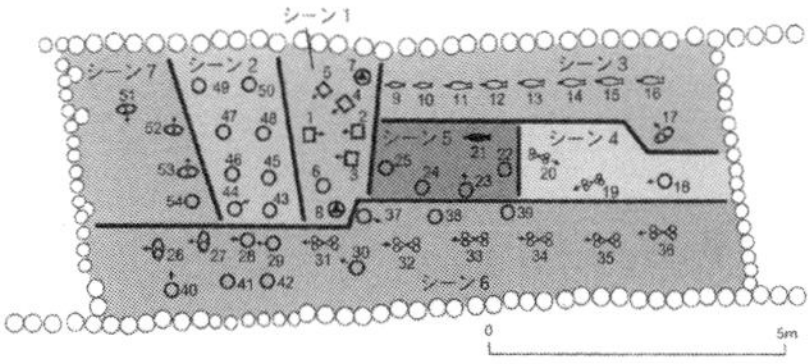

（本時の資料はいずれも高崎市教育委員会蔵、かみつけの里博物館写真提供）

権から伝えられた貴重な財物。馬は5世紀に渡来人により日本にもたらされたばかりの高級なもので、飾り馬は豪華な馬具を備えている。財物の表示と考えられる）「シーン7は？」（「力士がいる」相撲は儀式に関係する）

● 「埴輪群像が伝えようとしていたメッセージはなんだろう？」（「王の生きていた時代を後世に伝える」「古墳に眠っている王に見せようとした」「全体のメッセージはなく、シーンごとに伝えたいことが分かれているのではないか」など）

保渡田八幡塚古墳のＡ区の埴輪群は、全体で特定の儀式をあらわしているのではなく、①儀式（シーン1・2）、②行事や遊び（シーン3・4・5）、③有力者の占有する財物（シーン6）の3つの場面から成り立っているという説が有力（若狭徹・明治大学准教授）。埴輪は王の生前につくられたようである。

●儀式について、現在考えられている説を紹介してまとめとする。

①王位継承の儀式。②王の業績をたたえる儀式。③亡き王が死後の世界で困らないように、生活に必要なものやゆかりのものをつくって供える儀式。④「もがり」……死後に魂はしばらく浮遊すると考えられた。その魂をしずめる儀式。

留意点

●教科書や資料集には人物埴輪、円筒埴輪、家形埴輪などが単体で掲載されていることが多い。しかし、埴輪は群としてとらえさせることが大切である。そして埴輪の意味するところを読みとるには、位置関係や向きについても正確さが求められる。その意味で、埴輪群が復元されている保渡田八幡塚古墳は貴重であり、教材としても最適である。

●資料は最初にプリントにまとめて配布するのではなく、授業の進行にそって、そのつど配るほうがよい。　（森口洋一）

参考文献

『はにわ群像を読み解く』（かみつけの里博物館）

11 聖徳太子はなぜ天皇にならなかったのか

聖徳太子（厩戸皇子）・大化の改新

1 時間

ねらい

● **6 世紀後半の政治状況を客観的に把握しながら、聖徳太子（厩戸皇子《うまやどのおうじ》）の実像にせまる。**

授業の展開

(1) 聖徳太子にまつわる伝説と業績

●「今までにもっとも多くのお札に登場した人物は誰でしょう？」（「聖徳太子」）

百円札（1930 年発行）、千円札（1950 年発行）、五千円札（1957 年発行）、一万円札（1958 年発行）など 7 種類のお札に登場している。太子が描かれた本物のお札（またはその写真）を見せる。いずれも各時代の最高金額のお札である。

戦後 GHQ は、戦前のお札は軍国主義にむすびつく人物が採用されていると指摘し、お札のデザインは一新された。しかし当時の日銀総裁が「十七条憲法」をつくった太子は平和主義者であると説得して、唯一戦後もひきつづいて採用されたという。肖像画のもととなっている「唐本御影」には奈良時代の服装が描かれていることから、太子像ではないという説も出ている。

●聖徳太子（厩戸皇子）の業績をあげさせる。小学校での既習事項なので発言しやすい。（「冠位十二階や十七条憲法の制定」「法隆寺・四天王寺の建立」「遣隋使の派遣」）

聖徳太子には、「生まれてすぐに言葉を話した」「一度に 10 人の話を聞き分けた」「百済《くだら》の皇族が聖徳太子と会談したとき、太子は眉間《みけん》から光を放った」といった伝説も伝えられている。「本当だと思う人はいますか？」

太子の家系図（**資料 1**）を見せて、気づいたことを発表させる。（「奥さんが 3 人もいる」「お父さんは用明天皇。推古天皇はおばさんにあたる」「蘇我氏との関係が深い。奥さんの一人は馬子の娘」「父方の祖母も母方の祖母も蘇我氏の出身」）

(2) なぜ聖徳太子は天皇（大王）にならなかったのか？

●「数々の業績をあげた聖徳太子なのに、なぜ天皇（大

資料 1　聖徳太子の家系図

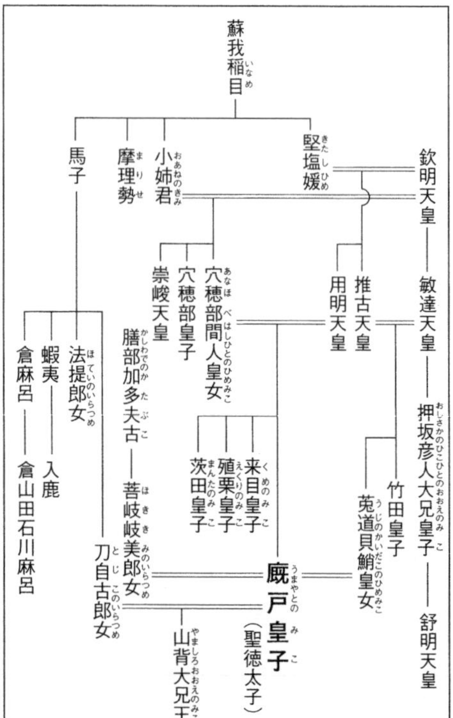

（上田正明・千田稔共編著『聖徳太子の歴史を読む』文英堂）

王）にならなかったのだろうか、もしくはなれなかったのだろうか」を考えさせる。生徒の意見が出れば、史実と関連性をもたせ、発言が単なる思いつきではないことを伝え、生徒に自信をもたせたい。

・天皇になって目立つと蘇我氏に殺されてしまうかもしれないから。皇太子・摂政ならばいいが、天皇位に就くと絶対的な権限をもつので、蘇我氏に警戒されて危険だ（実際、蘇我氏と対立した崇峻天皇は暗殺された）。

・推古天皇の太子として（摂政という地位が成立していたかは議論があるが）実務を取りしきっていたので、天皇にならなくても満足していた（隋への手紙には、みずからを王と名乗っている）。

・現実の政治よりも仏教に関心が移り、政治への関心がうすれた（飛鳥から離れた斑鳩《いかるが》に移り住んで法隆寺を建てた）

・聖徳太子以外にも有力な大王候補がいた（押坂彦人大兄皇子〔天智・天武天皇の祖父にあたる〕や推古天皇の息子である竹田皇子が有力な後継者と目された。資料２参照）。

資料２　大王家の系図

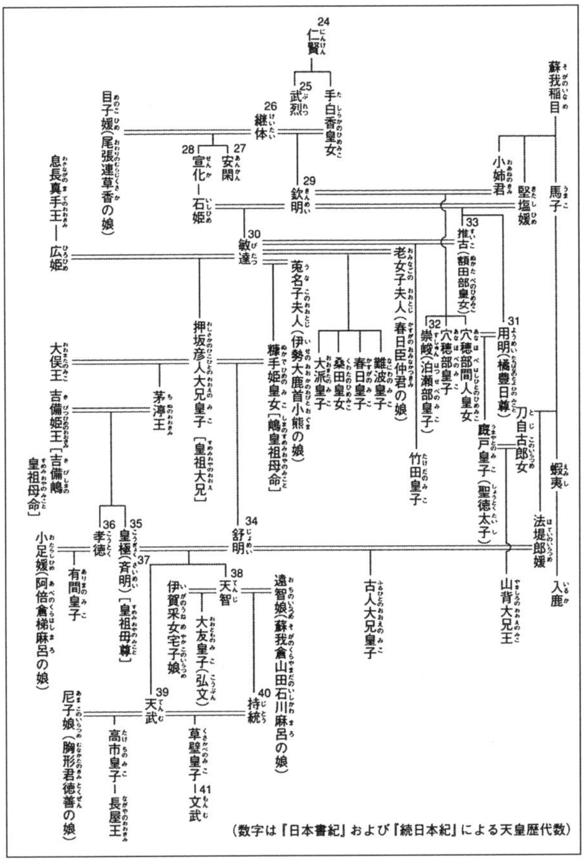

（上田正昭・千田稔共編著『聖徳太子の歴史を読む』文英堂）

・推古天皇からゆずられるのを待っていたが、先に死んでしまった（推古天皇＝554～628年、在位は592～628年。聖徳太子＝574～622年）。

聖徳太子の死後、息子の山背大兄皇子一家は蘇我氏により滅ぼされ、太子の子孫は断絶する。しかしその蘇我氏も乙巳の変により滅ぼされ（ただし滅んだのは蘇我本家であり、傍系の蘇我石川麻呂は生きのびる）、645年より中大兄皇子と中臣鎌足による大化の改新が始まる。

留意点

●蘇我氏と物部氏との争いのときに、蘇我氏側に太子は加担している。また７世紀初頭には、任那《みまな》復興をめざして新羅を攻撃するための軍派遣が二度計画され、太子の２人の弟が将軍に起用された。太子が現実の政治を生きぬいていることに着目させる。

●太子は蘇我氏と深い血縁関係をもつが、蘇我氏と関係をもたない押坂《おしざか》王家（皇極→天智・天武→現在の天皇家につながる）が有力な勢力として存在したことに気づかせる。

（森口洋一）

12 平城京跡から読み解く律令国家の成立

1時間

ねらい

●律令国家成立への歩みを、「壬申の乱」「平城京」の２つの事項を通じて学習する。「戦乱がなぜ律令国家成立へとつながるのか」という疑問から、各地の豪族が２つに分かれて争いをしたことにより、勝った側が各地のの豪族への支配権を確立したという「壬申の乱」の意義を確認する。

●平板な学習にならないよう、「奈良の商業施設ミ・ナーラの地下には何があるか」「長屋王のおじいさんのやったこと」「なぜ奈良というのか」など興味をひく事実や、平城京の地図づくりの作業を通じて学習する。

授業の展開

(1) 平城京跡にできたデパート

●「この写真（資料１）は奈良市にある複合商業施設「ミ・ナーラ」です。この建物の地下には何があるでしょう？」(「食品売り場」「駐車場」など)

答えは「平城京の遺跡」。前身である奈良そごうデパートを建設する際に発掘調査がおこなわれ、大量の木簡とともに長屋王の邸宅跡が発見された。そのため地下フロアは作られなかったことを説明する。

資料１　ミ・ナーラ

(CC by Tokumeigakarinoaoshima)

(2) 長屋王のおじいさん

●長屋王邸の復元写真（資料２）を見せる。「復元された長屋王邸の模型です。総面積は約６万平方メートルという広さでした。長屋王は有力な貴族で、天武天皇の孫です。天武天皇は、大化の改新をおこなった天智天皇の弟です」

資料２　長屋王邸宅跡（復元模型）

(奈良文化財研究所)

●「大化の改新のねらいは？」(「公地公民で天皇中心の政治をする」)「これはうまくいったのでしょうか」(「豪族なども反対し、うまくいかなかった」)「公地公民制を確立し、天皇中心の政治をしたのが天武天皇です。これは天智天皇の子どもとの跡継ぎ争いである壬申の乱（672年）により完成しました。伯父と甥の争いがなぜ、そのような政治体制を完成させることにつながるのでしょうか」(「勝ったら力をもてるから」)「この争いは、全国の豪族が真っ二つに分かれて争いました。敗者は勝者に従わざるをえないから、この戦いで天武天皇は支配を確立したのです」

(3)「奈良」という地名の語源は？

●「なぜ、“奈良”というのでしょうか。次から２つ選んでください」

(ア)「ナラ」の言葉は朝鮮語で「クニ」を意味するから

(イ)「ガンダーラ」という仏教美術をあらわす言葉が変化した

（ウ）「ナラ」の木がしげっていたから

（エ）なだらかな平地にあったから

（オ）建物がナラんでいたから

（カ）人がナラんで買いものをしていたから

答えはアとエの二説がある。奈良の都という知識の定着と、すべての生徒に授業に意欲的に参加させるための手だてとして、こうしたクイズも有効だ。

資料3　復元された平城京（大極殿）

デジタル資料集

(4) 平城京の地図を完成させよう

●平城京の写真（資料3）を見せる。「710年に平城京に都がつくられました。覚えかたは？」生徒は「ナントきれいな平城京」と既習知識から答える。確かに建物は整然ときれいに並んでいたが、役人をはじめ多くの人びとが生活しており、今のようなゴミ処理ができないため、かなり汚れていたことを伝える。したがって、正しくは「ナント汚い平城京」である。

●平城京の白地図（資料4）を配布し、次の「門」「寺」「邸宅」「市」などを書きこませる。「二条大路南、東六坊大路東には興福寺」などと教師が読みあげ、どんどん書きこませていく。「わからない」「どこどこ」という声は無視し、最後にいくつ正確に書けたかを競う。

・羅城門・朱雀大路・東大寺・興福寺・唐招提寺

・薬師寺東市・西市・長屋王邸宅

東西4.3キロメートル、南北4.8キロメートルの平城京の広さと、りっぱな門や広い道路、役人の邸宅などを確認する。長屋王の住居跡や木簡から、当時の貴族の生活はかなりぜいたくだったことを、具体的な給与（現在の約4億円）や食べものから想像させる。

資料4　平城京の地図

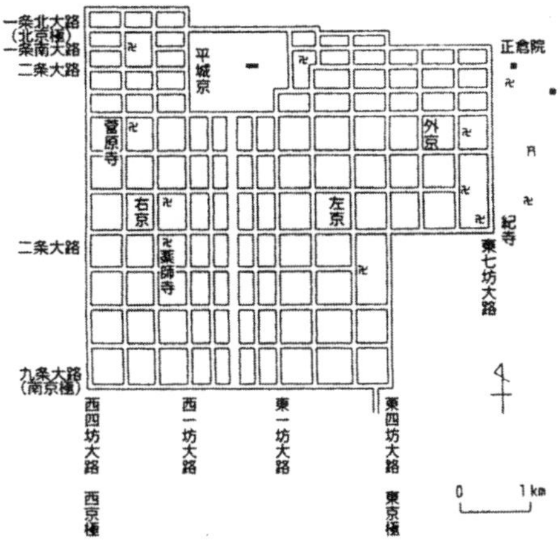

●「なぜ、このような平城京をつくろうとしたのでしょうか」と問い、多様な意見を出させ、律令国家成立に向けたねらいを確認する。

留意点

●勉強の得意でない生徒も授業に食いつき、飽きさせない工夫として、クイズや地図づくりで興味関心を喚起する。

●白地図に門、路、寺、市、住居を書きこむことを通じて、それぞれの場所や大きさから、なぜ律令国家が平城京をつくろうとしたのかを考えさせる。中央集権的な官僚制の整備のためであり、大きな都の建設と広い路は、唐や新羅などの外国に対抗するためでもある。

●長屋王の邸宅、食事、給与から、当時の貴族が豊かな生活をしていたことを押さえておき、次時の農民の生活への布石とする。　（河原和之）

13 女性が多い戸籍
律令制のしくみと奈良時代の農民

1時間

ねらい

●律令制のしくみをワークショップ形式で実感的に学習する。「わが家の口分田の割りあて」の計算や、貧窮問答歌から想像する農民の生活を描く、「農民の負担でイヤなこと」のランキングづくりなど、参加体験型学習で律令制のしくみについて考える。

●消極的ではあるが、農民の逃亡などの抵抗から、律令体制がゆらいできたことを学習する。

授業の展開

(1) きみの家族の口分田は？

・701年に大宝律令により、6歳以上の男女に口分田を割りあて、租庸調の税や労役が課されたことを説明する。

●**〈計算しよう〉**「6歳以上の男子には2反、女子にはその3分の2の口分田が割りあてられた。きみの家族の口分田は何反になるか、計算してみよう」

・班ごとに集計し、自分たちの班がクラス中で何位なのかを当てさせる。

(2)「貧窮問答歌」の絵を描く

山上憶良「貧窮問答歌」を紹介する。

●**〈絵を描く〉**「この歌から想像される、当時の農民の生活の絵を描こう」

5分程度で描き、お互いの作品を批評する。

(3)「農民の生活、こんなことがイヤ！」ランキングづくり

・「農民の負担」の表（資料1）を示し、それぞれを説明する。

●**〈グループ討議〉**「農民の生活三大“苦しさ”ランキングを作成しよう」

グループ討議の過程で、それぞれのグループからの質問に答える。「防人に行く交通費は出るのか」「死んだら補償があるの？」「布はどこで織るのか」「調を持っていく交通費は出るのか」「防人には全員行くのか」など。

〈例〉1班　①防人　②庸　③調
　　 2班　①調　②防人　③衛士
　　 3班　①雑徭　②防人　③庸

それぞれ理由を発表させる。

資料1　農民の負担

税	租	1段につき稲2束2把（約3%）（国府へ）
税	調	諸国の産物（朝廷へ）
税	庸	布2丈6尺（歳役の代わり・中央へ）
税	出挙	借りた苗の利息（5割）（国府へ）
税	義倉	凶作の備えの粟（2石1斗）
労役	雑徭	毎年60日以下（国府）
労役	仕丁	3年間（50戸につき2人）
兵役	衛士	1年間（都の警備）
兵役	防人	3年間（北九州警備）
兵役	各国に配置	（正丁の3分の1）

（注）出挙・義倉は戸ごとに負担。

・「防人は3年間も行かなくてはいけないし、いつ死ぬかわからない」
・「庸は、布とはいえ、それぞれの家に機織り機があるわけじゃないし、作るだけでも大変」
・「調は、交通費も出ないし、運んでいくだけでも大変。奈良までは遠い」
・「衛士は、1年間とはいえ、家を離れて奈良で警備するなんて大変」

意見交換のあと挙手させる。正解はない。話し合いの過程で農民の負担が明らかになればよい。

資料2　ある村の男女別人口構成

年齢	在帳者数			逃亡者数		
	男	女	計	男	女	計
66歳以上	6	13	19	1	4	5
61〜65歳	1	6	7	0	0	0
21〜60歳	60	101	161	8	20	28
17〜20歳	5	12	17	1	1	2
16歳以下	72	60	132	0	2	2

（北山茂夫『大仏開眼』福村書店）

(4)　農民の逃亡と墾田永年私財法

●〈書く〉 資料2を見せ、「この表は、奈良時代のある村の男女別・年齢別人口構成です。気づいたことを書こう」

指名し発表させる。(「女の人が多い」「16歳以下は男が多いのに、17歳以上になると女が多くなる」「逃亡する人がいる」)

「戸籍には“ほくろ”など顔の特徴を書いていました。なぜか」(「口分田をだましてとらないように」「税金を払わない人がいるから」)

●〈考えよう〉「どうして男性より女性が多いのか」(「防人などに行って亡くなる人が多いから」)「でも、あまりにも多すぎない？」(「防人以外に、労役や調を持っていくときに、襲われたり、食べ物がなくなったりするから」「男なのに女と届けている」)「どうして？」(「男のほうが負担が多いから」)

●〈考えよう〉「生活が苦しい農民は、男を女と偽ったり、逃亡したりしました。逃亡したときにすぐ見つけられるように、戸籍に“ほくろ”などと書くようにしたのです。逃亡すると、口分田はどうなるか？」(「口分田が荒れる」)

「人口も増え、口分田が荒れると、口分田が不足するので、朝廷は開墾すれば私有を認めるようにしました。これが墾田永年私財法です」

留意点

●すべての生徒を授業に参加させるため、グループでの話し合いなどを通じて、授業のねらいが達成できるよう工夫する。

●「貧窮問答歌」「農民の負担」「男女別年齢別人口構成」の3つの資料を有効に活用しながら、奈良時代の農民像にせまる。　(河原和之)

14 東大寺になくて普通の寺にあるものは?
鎮護国家と律令体制

1時間

ねらい

- **地方の干ばつや反乱、さらには天然痘が広まり多くの人が亡くなるといった社会不安を仏教で救おうと、東大寺がつくられた。これを「鎮護国家」という。個人の死を弔う寺ではないので「墓」はない。墓がないということから、東大寺のつくられたねらいを考える。**
- **「なぜ巨大な大仏をつくることができたのか」という問いから、当時の社会のシステム（律令体制）について考える。**

授業の展開

(1) 東大寺（資料1）ってどんな寺？

- 〈発問〉「きみたちの家の近くのお寺にはあるのに、東大寺にないものがある。何かな？」（「鐘」「賽銭箱」「樹木」「墓」）答えは「墓」である。
  「どうして墓がないのか？」（「骨は、家の近くのお寺に納めるのでは」「遠い奈良までは墓参りに行けない」）

資料1　東大寺大仏殿

- 〈考えよう〉「東大寺は何のためにつくられたのか」（「聖武天皇の趣味」「国全体のため」）「国全体のためってどういうこと？」（「国が栄えますように」「国がよくなりますように」）

　普通の寺は個人を弔うために建立される。しかし東大寺は、「鎮護国家」つまり、災害やききん、疫病などの国家の災難をしずめるために建立されたことを説明する。

(2) 国分寺と国分尼寺

　聖武天皇は国ごとに国分寺や国分尼寺をつくった（資料2）。地図帳で「国分」「国分寺」などの地名を探す。国分（鹿児島）、国分寺（香川、東京、栃木）、河内国分（大阪）のような地名が残っている。

資料2　各地の国分寺

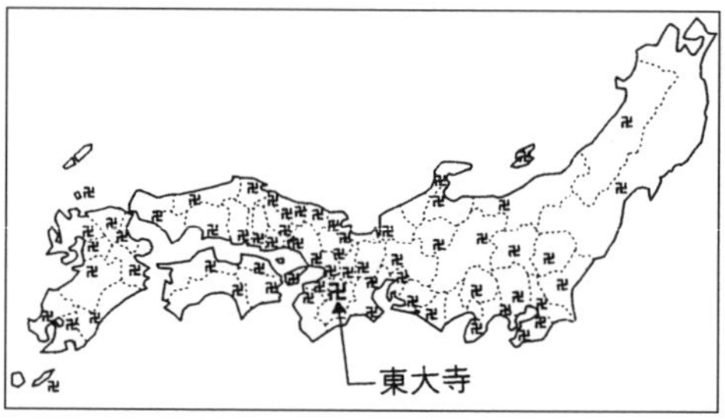

(3) なぜ大仏をつくれたのか

　黒板に、各グループの代表によって実物大の「大仏の目」を描く。目の直径は115センチメートルである。「耳の長さは？」と問う。正解は250センチメートル。

- 〈考えよう〉「聖徳太子（厩戸皇子）の時代にはつくれなかった巨大な大仏を、なぜ聖武天皇はつくることができたのか」（「やる気があった」「仏教が広がってきたから」「権力をもってきたから」）答えは言わない。
  「大仏づくりに必要なものは何かな」

資料3　大仏の建造

（『ファミリー版世界と日本の歴史3』大月書店）

「人」「銅」「粘土」「金」「水銀」「すず」など。また、銅を溶かす技術者、働く人、寄付を集める人などが必要である。聖武天皇は庶民の協力を得ようとしたことにもふれる。

「行基《ぎょうき》に協力してもらったから、みんなの支持を得られたのでは」と、小学校の既習知識を活かして発言する生徒もいる。

●〈考えよう〉「大仏をつくるためには、お金もいるし、働く人もいる。どのように集めたのか」

既習の「租」「調」「庸」の内容を確認する。また「どのように税金を集めたのか」を問い、「国司」「郡司」「里長」の役割を復習する。

●〈考えよう〉「聖徳太子の時代と何が変わったのか」（「全国に天皇の力が広まっている」「税金を納めるようになった」「自分の家来を全国に派遣している」）

「大和王権は、奈良盆地を中心とした限られた地域での豪族連合体だった。奈良時代は、中央に太政官・国司、地方には郡司・里長という官僚制を全国に整備することで租税収入を確保できた。命令を全国に発し、税および寄付というかたちで財政を確保し、そのための道路整備がおこなわれ、『駅』もつくられた」

(4) 造立詔と墾田永年私財法が同じ年に発令されたわけ

743年5月に墾田永年私財法を制定、盧舎那仏造立詔は同年10月である。農業生産を高め、農民に土地の私有を認める「墾田永年私財法」は、天変地異のダメージからの回復をめざす社会復興策という一面がある。それまでは課される税金の負担も重くなり、災害や疫病により農民の暮らしは苦しくなる一方だった。働けば働くほど多くの収穫を得ることができ、しかもその土地は自分のものとなるので、労働意欲が増していく。国としても、荒れ地が耕され、農民が働いた分の税金を徴収することができるので、双方にとってよい制度であった。

留意点

●「東大寺になくて普通の寺にあるものは？」という「なぞなぞ」、「国分」「国分寺」などの地域の「地名探し」、「大仏を描く」など、生徒の活動を重視した授業方法が大切である。

●仏像造立の大変さから、過酷な農民収奪の実態にせまることで、律令体制を説明する授業が多い。また、行基の活躍や民衆のお布施と聖武天皇の慈悲、国家を救おうとする熱意から説明することもある。しかし、どちらも一面的であり、それらが可能になった社会のシステム（律令制）を考えることが大切である。

（河原和之）

15 平安の都と東北支配

1時間

ねらい

●桓武天皇の政策は、新都の造営と東北経営だったことを理解する。

●平安京における国家の位置づけを理解する。

授業の展開

(1) 平安時代の東北地方

● 「資料1の面を見て、どんなことを感じる？」(「なんか怖そう」「刺青《いれずみ》のようなものを入れている」)

「この面は、東北に住む蝦夷《えみし》の英雄アテルイを模したものと言われています。当時の都の人びとは、蝦夷のような人びとを、どんなイメージで見たのだろう？」(「得体の知れない人」「なんか不気味」「都に住む人間とはちがう」)「なぜ清水寺にアテルイの碑があるんだろう」

「政府は、現在の宮城県につくった多賀城を拠点に、蝦夷と呼ばれる東北の人びとに圧政をしいていました。政府のやりかたに対して、何度か蝦夷たちは立ちあがりましたが、桓武天皇は坂上田村麻呂を征夷大将軍として派遣し、蝦夷を制圧し、東北経営を安定化させました」「清水寺は田村麻呂がつくった寺なので、市民が1994年にアテルイの碑を立てました」

「政府はどうして東北の蝦夷を従わせて、東北に力を伸ばしたんだろう」(「支配する土地を増やす」「口分田を増やす」) むずかしい質問なので、班で話しあわせたり、ヒントを出しながら、じっくり考えさせる。

(2) 平安京の造営

● 「さて、東北に大規模な遠征軍を送った桓武天皇。彼はほかにどんなことをしたの？」(「平安京をつくった」)

「奈良に都があるのに、どうして？　教科書にはどんな理由が書いてある？」(「貴族や僧の権力争いで政治が混乱した」)「でも、都を新しくつくるとなると、どんなことが必要になる？」(「お金」「材木やいろんな資材」「労働力」)「さあ、桓武天皇には当てがあったのかな？」(「……」)

「実は桓武天皇は、渡来系氏族の母をもち、母の実家は非常にすぐれた土木技術をもっていて、今は観光地として有名な桂川などを整備した一族です」(「だから、その一族が桓武天皇に京都に来るようにアドバイスしたのか！」)

● 「最初から平安京だったの？」(「長岡京って書いてある」)

「長岡京に都をつくったものの、そこでさまざまな事件が起きたために、

資料1　アテルイ(悪路王)の面

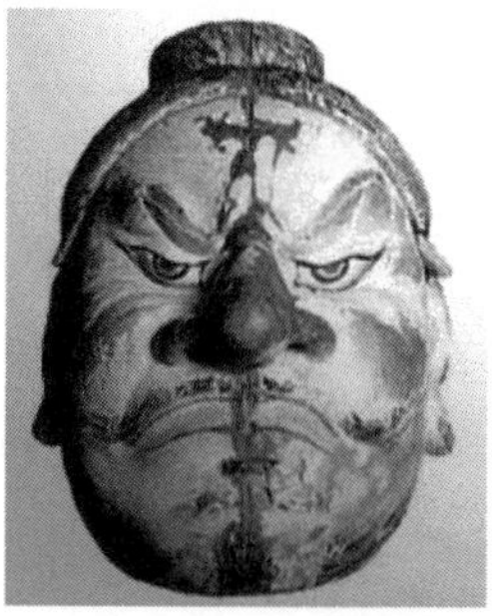

(鹿島神宮蔵)

資料2　アテルイの碑(清水寺)

資料３　平安仏教の比較

名前	最澄《さいちょう》 	空海《くうかい》 
宗派	天台宗	真言宗
お寺	比叡山延暦寺	高野山金剛峯寺
共通点	深い山の中で厳しい修行を積み、国家の安定や人びとの幸せを祈ることが目的	

資料４　平安京と長岡京

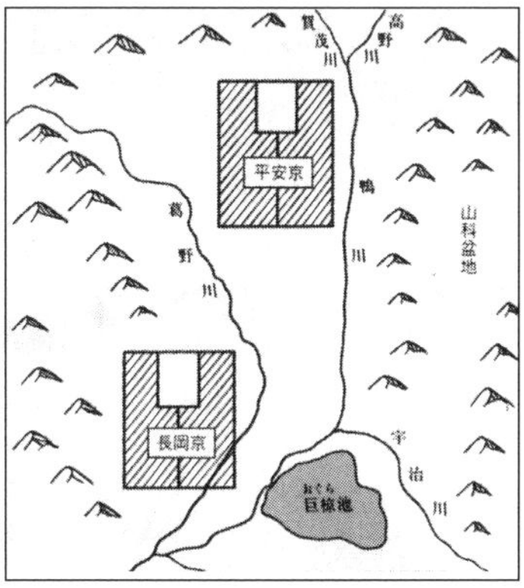

（『ファミリー版世界と日本の歴史３』大月書店）

平安京に移りました」（「ということは、２回も都をつくり直したの？」）「そうですね、そんなことしたらどうなる？」（「戦争はするし、都もつくるし、お金がいくらあっても足りない！」「農民たちは苦しんだ」）

「そうです。そこでとうとう桓武天皇も、都の造営と東北遠征を打ち切ることにしました」

(3)　平安仏教

● 「仏教と政治を切り離すために平安京にやってきたけれど、もう仏教は必要ないのかな？」（「仏教は国を守るものだから必要」「政治に口出しする僧はいらない」）

「東大寺は平安京に移転したかったようですが、それは許されなかったようです」（「新しい都にお寺はつくらないの？」）「教科書にはなんてある？」（「最澄は延暦寺、空海は金剛峯寺を開いたってある」）

「そうです。唐で修行した最澄や空海は、都から離れた土地にお寺を建てたのです」（「やっぱり都にお寺はいらないんだ」「ちがうよ。いるけど、都にはつくらないってことでしょ？」）「どうして？」（「政治には口出しさせないけど、国のために祈るのが仏教の役割だから、都から離れててもいいんじゃないのかな？」）

都に寺院が必要なのかどうか、このあたりは、議論させてもおもしろいだろう。

留意点

- 政府がみずからの支配に服さない地域を侵略しようとするとき、その地に住む人びとが、何か得体の知れない恐ろしい存在であると人びとに思わせ、敵であると認識させることによって、その侵略行為を正当化しようとすることに気づかせたい。中央国家から見れば「東北地方の平定」と言われるが、東北地方とそこに住んだ「蝦夷」と呼ばれる人びとは、中央国家によって侵略された人びとであることをつかませたい。
- 仏教が国家から自立しながら権力を持ち、宮廷との関係は密接になっていくことを確認させたい。

（平井美津子）

16 摂関政治
この世をばわが世とぞ思う

1時間

ねらい

- 摂関政治がどのような構造かを理解する。
- 摂関政治を支えた財政基盤は、朝廷の高官としての収入以外に、それに取り入ろうとする受領層の寄進や贈収賄行為によるものだったことを理解する。
- 以上のことを背景に、988年の「尾張国《おわりのくに》郡《ぐん》司《じ》百姓《ひゃくしょう》等《らの》解文《げぶみ》」を読み解く。

授業の展開

(1) 摂関政治とはどんな政治だろう？

●資料1「おもな天皇の即位年齢」を見せ、「この表から、どんなことがわかりますか？」と問う。(「9歳で天皇になってる！」「おじいちゃんがみんな藤原氏」「こんな小さい子が政治なんかできるの？」)

「じゃあ、実際に政治を取りしきったのは誰？」(「おじいちゃん」「藤原氏」「でも、大きくなるまででしょ？」)

「清和天皇は18年間天皇の座にいました。引退したのは何歳？」(「26歳」)「陽成天皇は8年間。引退したのは何歳？」(「17歳」)「ということは、どういうことを意味しているのだと思う？」(「小さくて言うことを聞くときは天皇で、大きくなったら退位させられた」)

●「資料2（紫式部日記絵巻）を見て。道長の娘（彰子）に男子が生まれて、よろこんだ道長が孫に会いに行く場面です。なんて言ってるの？」(「おじいちゃんですよ～！早く天皇になってね」「おじいちゃんの言うことをよく聞いてね」)

「天皇が幼いときは摂政、大きくなったら関白という立場になって、天皇の外祖父が政治を取りしきったのが摂関政治です。彰子のような貴族の女性たちは、どんな役割をしたのかな」(「天皇と結婚して子ども（男子）を生む」)

「それだけだったのではないのです。一条天皇が死んだ後も87歳まで生きた彰子は、

資料1　おもな天皇の即位年齢

代	天皇	即位年齢	退位年齢	摂政	関係
56	清和	9歳	26歳	藤原良房	外祖父
57	陽成	9歳	17歳	藤原長良	外祖父
60	醍醐	13歳	46歳	藤原高藤	外祖父
61	朱雀	8歳	24歳	藤原基経	外祖父
62	村上	21歳	42歳	藤原基経	外祖父
66	一条	7歳	32歳	藤原兼家	外祖父
67	三条	36歳	41歳	藤原兼家	外祖父
68	後一条	9歳	29歳	藤原道長	外祖父

資料2　紫式部日記絵巻断簡（国宝）

デジタル資料集

(出典：ColBase https://colbase.nich.go.jp/collection_items/tnm/A-12091)

天皇の母として人事の決定などにも関わっていたことがわかってきました。その意味で摂関政治を支える役割も果たしました」

「このころは結婚すると、女性の実家が住む家を用意したり、たくさんのお付きの者を用意したりしました。ということは、娘を天皇と結婚させるには莫大なお金がいります。そのお金はどうしたのだろう？」（「奈良時代に貴族はすごく高い給料をもらっていたから、そんな収入かな？」「でも、租庸調とかもだんだん減ってきているから、そんなに収入はないよ」「なにか賄賂とかもらっていたのかな？」）

(2) あくどい国司に対抗した農民

資料３「尾張国郡司百姓等解文」についての文章資料を読みあう。

資料３　「尾張国郡司百姓等解文」のエピソード

> 988 年、尾張の国の郡司と農民は、国司の藤原元命《もとなが》の暴政を朝廷に訴えました。その訴状「尾張国郡司百姓等解文《おわりのくにぐんじひゃくしょうらのげぶみ》」によると、いろいろな名目で税の額を増やし、国の買い上げだと言って、絹・麻布・油などをひどく値切って買い集め、元命の子や家来は郡司や農民からいろいろなものを取り上げ、たくわえた財宝は農民を使って都の元命の屋敷まで運ばせたなど、31 か条にわたって述べられています。　（『国史大辞典 2』吉川弘文館より要約）

「尾張の国司はどんなことを農民にしたって書いてある？」（「いろんな名目の税をとった」「いろんなものを値切って買い集めた」「自分の私腹を肥やした」）

「尾張は豊かな国で、当時の国司をめざす貴族にとってはあこがれの任地だったそうです。豊かな国の国司になるか、貧しい国の国司になるかは誰が決めたのかな？」（「藤原氏」「摂関家だ」）

藤原氏が貴族の任免権を持っていたので、豊かな国の国司になるために、賄賂を送るなどして取り入ろうとした貴族が多かったことに気づかせる。

「尾張の国司を訴えた農民の願いは聞きいれられたのかな？」

藤原元命は 989 年に国司を解任された。

奈良時代からの農民のすがたを復習して、この当時の農民がどのように成長していったと思うか、グループで話しあわせる。

留意点

- 男性社会のもとで利用される女性という視点にとどまらず、このころの貴族社会を担っていく女性という視点に気づかせたい。
- このころは律令体制の変質期にあたり、国家財政の悪化により、約１万人といわれた貴族官人たちは、みずからの経済基盤をあらゆる形で切りひらかなければならない事態におちいっていたことに留意しよう。
- 摂関政治が、律令体制を変容させて生まれたものであり、国司たちの行動もその変容をうながす形でおこなわれていることに気づかせる。

（平井美津子）

参考文献

服藤早苗『藤原彰子』（吉川弘文館）

▶▶東京国立博物館ホームページ・名品ギャラリー

www.tnm.jp/modules/r_collection/

『紫式部日記絵巻断簡』ほか、授業で使える絵巻物教材がたくさんある。

17 国風文化

1時間

ねらい

- **「遣唐使の廃止によって日本独自の文化が生まれた」といわれるが、唐風文化を土台にして生まれた日本独自の文化としてとらえる。**
- **摂関政治を基盤にした王朝文化にしか現れなかった女性文化であり、平安京という都市の成熟を舞台に生まれた貴族中心の文化として理解する。**

授業の展開

資料1　百人一首

(1) 仮名文字の登場

- 「百人一首には十二単を着た女性たちがたくさん出てきます。百人一首はどんな文字で書かれていますか？」と、百人一首の取り札を見せる。

「万葉集は万葉仮名という漢字で書かれていました。なんで仮名文字が登場したのかな」(「漢字は難しい」「早く書くため」「続けて書くうちにできた」など)

(2) 清少納言と紫式部

- 「清少納言や紫式部って知っていますか？　彼女たちがどんな文学を残したのか教科書で調べてみて。国語便覧にも載っているよね」(「枕草子」「源氏物語」) ※国語便覧は活用したい。

「彼女たちは、天皇の后に女房として仕えていました。彼女たちが働いた場所は、入内した娘のために摂関家の藤原氏が建てた寝殿造りの宮殿で、後宮と呼ばれました。そこで、どんな仕事をしたのでしょう」当時の天皇の婚姻年齢の低さや、道長が容姿や教養、立ち居振る舞いの優雅な女性を女房として選考したことから、彼女たちに求められていたことを班で話しあう。

- 「清少納言の随筆から、このころの女性の意識を考えてみよう」

清少納言は『枕草子』一八一段の中で、「女は、ぱっとしない。宮中で帝の乳母になって、位を得る女性もいるが少数だ。受領の妻になる女性を並みの家柄の女性の最高の幸福だとうらやんだりする人もいる。しかしそれよりも、普通の家柄の娘が身分の高い貴族と結婚し、生まれた姫君が入内して后になることが最高の幸せだ」(現代語訳) と書いている。

「清少納言は女の幸せをどう考えていたのかな？」(「いい身分の人と結婚すること」「娘を后にすること」)

「清少納言自身は、一条天皇と結婚した定子に女房として仕えるなかで、日常のことなどを『枕草子』として書き記しました。清少納言にとって、理想とする女性の人生と実際の人生はちがっていたようですね。彼女は

『枕草子』を書くことによって、どんなことを自分のなかで実現させようとしたのでしょう？」

平安時代の女性の生き方を問うところなので、班でじっくり話しあわせてみたい。平安時代、宮廷に関わる人びとの中には明確に身分階層があり、貴族の女性も后になれる身分と、天皇の近くで働く女性官人（女房）、下級女性官人（女官）などに分かれていた。清少納言や紫式部は女房だった。彼女たちは、社会的な視野をもって仕事をするだけでなく、宮廷で見聞きしたことを書き記したり、それを小説にするなどして、みずからの才能を開花させていった。このような女性は、清少納言以外にも紫式部や和泉式部などがいた。

●「紫式部や清少納言って本名なの？」

「実は彼女たちの本名はわかっていません。貴族社会では、幼いころの名前と成人してからの名前が変わることは当たり前でした。女性の場合、后になるような女性は天皇家の記録としてその名前が記されますが、一般の女性は公式の記録に載るような官人にならない限り記されませんでした。清少納言などは、官人でも后に仕える私的な存在だったので、実際の名前は記録されていません。清少納言の場合は清原氏という姓から、紫式部の場合は『源氏物語』の主人公・紫の上からつけられた呼び名です」

(3)「仮名文字を使ったのはどんな人たちだろう？」

貴族の日記には相変わらず漢文が用いられていることをヒントに考えさせる。紀貫之の『土佐日記』の冒頭を出すのもいいだろう。そこから、男性は公式には真名（漢字）を使い、女性や非公式の場では仮名文字が使われたことに気づかせる。

留意点

- 国風文化は、古代律令制と中世封建制のはざまにあった王朝時代（10世紀初め～11世紀後半）に花開いた文化である。摂関政治のもと、摂関家の盤石な財政基盤こそが、宮廷文化を開花させ、女性たちによる華やかな文化の創造を可能にしたことに留意したい。
- 当時の貴族の結婚は一夫多妻制で、婿取婚に移行する時期だった。貴族男性から見た良い結婚の条件は、実家に経済力のある女性との結婚。和泉式部のように女性が夫以外の男性と関係をもったり、藤原道綱の母のように男性が通ってこなくなれば離婚というように、女性の立場は不安定だった。ここから、当時の女性の置かれた状況を考えるのもいいだろう。
- 当時の貴族社会は男性社会で、漢詩中心のハレの文化があった。しかし女性たちが集う後宮では仮名文字によるケの文化が繰り広げられた。摂関政治という基盤があったからこそ女性文化が開花したことを理解させるとともに、才能がありながら官位を持てない女性たちの焦燥も感じ取らせたい。

（平井美津子）

参考文献

服藤早苗『平安朝　女の生き方』（小学館）
久留島典子ほか編『歴史を読み替える ジェンダーから見た日本史』（大月書店）

18 仏にすがった人びと
浄土信仰

1時間

ねらい

- 王朝時代の京都には、女流文学や貴族の優雅な暮らしといった華やかな側面の一方、地震などの天災や治安悪化・疫病などの深刻な問題に苦しめられた側面もあった。その両面を別個に考えるのではなく、平安京という都市で人びとが生活を営むなかで、同じ根から生まれたものとしてとらえる。
- 近年の陰陽師《おんみょうじ》ブームは、生徒たちが国風文化に関心をもつきっかけをつくった。陰陽師の活動から、当時の貴族の死生観や生活文化を知る手がかりを得て、そのイメージを広げる。

授業の展開

(1)「陰陽師」の登場

●「陰陽師って知ってる？」(「アニメで見た」「まじないをする人」)

「豆まきも、陰陽師が始めたものです。あの鬼は何かな？」

(2) 社会問題の発生

鴨川の氾濫、火災、地震、盗賊の横行、疫病、捨て子、病者や死体の遺棄などが頻繁にあった都市としての平安京のようすを紹介する。

●「当時の人びとは、疫病がはやったり、鴨川が氾濫したり、恐ろしいことが起こったとき、その原因をどう考えたのかな」(「たたり？」)

「当時の人びとは、病気や天災をたたりや呪いと考えたらしい。また、災いをもたらす鬼のしわざと思っていたようです。鎌倉時代に描かれたたこの絵（**資料１**『春日《かすが》権現《ごんげん》験記《げんき》絵《え》』）にも、伝染病に苦しむ人が描かれています。家の前に火をたいています。これは何を意味していると思う？」

答えは（ウ）。

（ア）寒いので、たき火をしている

（イ）伝染病になった人のいる家を燃やそうとしている

（ウ）伝染病をなくすために、火をたいて“おはらい”をしている

資料１　春日権現験記絵

（国立国会図書館デジタルコレクション）

「この絵の屋根の上からのぞきこんでいるのは何?」(「鬼かな?」)「この鬼はどんな存在かな?」(「この家にとりつくのかな」「寝ている人もいる。病気?　この人の病気も鬼のしわざ?」)

「豆まきって、どんな行事?」(「鬼をはらう」)

「陰陽師の安倍晴明《あべのせいめい》は、鬼がもたらす災厄から都

を守るために『追儺《ついな》』という行事をおこないました。当時は『桃の弓』『葦矢』『桃の杖』で鬼を追いはらったそうですが、いつからか豆まきへと変わったらしい」(「安倍晴明って実在したんだ！」)

「そうです。藤原道長の時代に活躍しました。その道長も苦しんだのが病気。貴族たちは病気をどうやって治したのかな？」(「それも陰陽師？」)

(3) 仏にすがった人びと

「医師、験者（加持祈祷《かじきとう》をおこなう密教の僧）、陰陽師です。特に陰陽師は、たたりなどで起こる病気を治しました。晴明は一条天皇の病気も治したそうです。でも何をやっても治らなかったら？」(「死ぬ」)

「道長のような貴族も庶民も、死後の世界があると思っていました。今まで見てきたように、平安京が美しい夢のような都ではなかったから、死後は美しい世界に生まれ変わりたいと思っていたみたいです。10円玉に描かれている建物は何？」(「平等院！」)

「平等院は阿弥陀仏をまつり、極楽浄土をイメージしたものです。道長が法成寺という阿弥陀堂を建てたのもそのためです」(「庶民も平等院に行けたの？」)「遠くから見たかも。この写真（**資料2**）は、庶民たちに浄土教の教えをわかりやすく説いた空也の像です。この口から出ているものは何かわかる？」(「もしかして、仏さん？」)

「空也は『市の聖』とよばれ、庶民に念仏を説いて回り、疫病で死んだ人びとを南無阿弥陀仏と唱えながら供養し、橋を架けたり、井戸を掘ったりしました。彼が念仏を唱えると口から6体の阿弥陀仏が出てきたといわれています。空也が井戸を掘ったりしたのはなぜかな？」(「疫病対策のために水がいる」「不潔だと病気がはやる」)

「念仏を唱えることだけでなく、今でいえば公衆衛生のようなこともやっていた僧といえるね。さて、平安京という都市に生きた人びとについて、どんな感想を持ちましたか」

道長は糖尿病で亡くなった。病のなかで最後にすがったのが極楽浄土に行くことだった。病や死は身分の上下にかかわらず訪れたのである。

資料2　空也の像

（六波羅蜜寺蔵）

留意点

● 政治的都市としてだけでなく、経済的都市として平安京が成立したのが9世紀中ごろといわれている。都に人びとが集住しはじめることで、さまざまな都市問題が発生する。路上に放置される病者や捨て子、頻発する鴨川の氾濫と疫病。このような都市問題に悩まされたのも平安京の姿だったことを理解させたい。疫病を「怨霊《おんりょう》」のしわざと考えた当時の人びとは、その解決策のひとつとして、その怨霊をしずめるために、国家をあげて、祇園祭のもとである御霊会をおこなったことなどを挙げれば、生徒の関心がわくだろう。　（平井美津子）

『春日権現験記絵』は西山良平『都市平安京』（京都大学学術出版会）にカラー写真があるので活用したい。
『餓鬼草子』『春日権現験記絵』などの絵巻物から当時の平安京のようすを読みとらせるのも楽しい。

学習活動　原始人日記を書こう

ねらい

- **歴史学習のオリエンテーションとして「原始人日記」を書き、クラスで意見交流をおこなうことで、歴史学習に主体的に取り組み、学ぶ楽しさを体験する。**

授業の展開

(1) 人類の誕生、旧石器・新石器時代の２時間を学習したあとに、「原始人日記を書こう」と生徒に提起する。タイトル（「原始人日記」）と記名欄だけの用紙（A4）を全員に配布する。

- 「習ったことを活かして日記を書いてください」と生徒に助言する。書く時間を１時間保障する。希望する生徒には、家庭で書いてきて翌日提出でもよいことを話す。

(2) 生徒が書いた「日記」をパソコンで打ち直し、出席番号と異なる番号を付して通覧できる状態にしたプリントを配り、読む時間を１時間設定する。生徒が安心して意見発表できるよう配慮する。

生徒の書く「日記」の特徴（例）

> 6：00　起きる
> 6：30　昨日とった動物などを火で調理。
> 7：00　朝ごはん。食べ終わり。狩りに行く準備。

①原始時代に時刻はある？

時刻や時間を書くのは、中学生が日常生活でいつも時間に追われているからだろう。

> 私はホモ・サピエンスで 30 人で生活をしています。私は女です。今日の朝ごはんは昨日かりをした魚です。魚は焼いて食べます。食べ終わりました。今日の予定もかりをして、食料をとります。私の服はワラでつくったワンピースです。首には動物の骨でつくった首かざりをしています。

②原始人と自分を重ねる

この日記を書いた女子生徒は旧石器時代の人びとの食事、狩り、道具、住居などさまざまな生活場面をとりあげ、そこにみずからの生活観や思いを反映させている。

(3)「日記のベスト３を決めよう」と提起し、教師は次の２つの指示をする。

・他の生徒の日記への質問や意見をプリントに書く。

・「今までの学習を活かしているか」（歴史的事実に基づくか）「ストーリーを楽しめるか」（物語になっているか）、「ユニークな記述があるか」（発想の面白さ）の３点の基準から、ベスト３の日記を選ぶ。

４人班で各自の質問と意見を交流し、班のベスト３を選ぶ。各班の質問と意見を発表させ板書する。生徒間の意見のちがい（争点）を浮き彫りにする。班から個人に戻って挙手でベスト３を決める。生徒は３回手を挙げ、黒板に票数を記入。ベスト３が決まったらクラス全員で拍手をして終わる。

留意点

- 個人―班―個人のサイクルで日記を味わい、生徒は学びの歩みを楽しむ。
- NHK スペシャル『人類誕生』全３回シリーズ（2018 年放映）「こうしてヒトが生まれた」「最強ライバルとの出会い　そして別れ」「ホモ・サピエンスついに日本へ！」の映像を生徒に視聴させるのもよい。
- 時代区分ごとに「歴史日記」の単元を３時間で設定したい。

（小林 朗）

Ⅲ

中世

19 武士の登場

1時間

ねらい

●武士が、武芸を専門とする職能集団として登場してくることを理解する。

●武士は最初から社会的に認知された存在ではなかったが、地方の反乱をおさえたり、朝廷に仕えたりして、中央政府とむすびつき、力をもっていったことを理解する。

授業の展開

(1) 武士のイメージ

● 「武士って聞いて、どんなイメージ？」と聞くと、生徒の数だけ答えが出てくるだろう。(「かっこいい」「勇ましい」「幕府」「戦国大名」「織田信長」「切腹」など)

「歴史のうえで、武士が登場してくるのは平安時代の中ごろです。教科書にどんなふうに書いてある？」(「弓矢や騎馬にすぐれた者が、国司に仕えて警備にあたり、武士と呼ばれた」)

「弓矢や騎馬にすぐれた者って、どんな感じ？」(「普通の人はそんなことできない」「怖い」「戦うことが好きな人？」「専門的に訓練している」)

「そう、やっぱり訓練された人たちの集団ですね」

● 「実際に、当時の人たちは登場してきたばかりの武士をどんなふうに思ったのか、**資料1**や**資料2**から考えて、感じたことを言ってみよう」

資料1　武士に対する見方

> 故《こ》義家《よしいえ》朝《あ》臣《そん》は年来武者の長者として多く無罪の人を殺す。　（『中右記』1108年正月条）
>
> 頼親《よりちか》（義家の祖父の弟）は殺人の上手なり。
>
> （『御堂関白記』藤原道長の日記）

資料2　凱旋する武士団

デジタル資料集

（『平治物語絵巻　信西之巻（模本）』国立国会図書館デジタルコレクション）

(「人殺しの名人」「殺人が仕事？」「恐怖を感じてる」「首をもって歩くなんて怖い」)

・実際に源義家（源頼朝の曾祖父）は当時の民衆から「八幡太郎はおそろしや」と恐れられたことを紹介し、『平治物語絵巻』の絵から、都のど真ん中を首をもって歩く集団を想像させてみる。

・都大路を凱旋する武士団のすがたから、武士団がどのように構成されているのかを、服装などから考えさせる。(「武士のなかにも、いろんなかっこうの人がいる」「兜をかぶっていない武士もいる」)

都の貴族や豪族のなかから軍事や武芸を専門にする者として武士が登場する一方、地方でも豪族などが土地・財産を守るために武装するようになり、両者がむすびついて武士団を形成するようになることを押さえたい。家の子・郎党・下人などによって構成される一団が、棟梁とあおがれる人物によって率いられ、大武士団を形成した。この武士団の代表が平氏と源氏である。

資料3　貴族を警護する武士

(『春日権現絵巻第2』国立国会図書館デジタルコレクション)

デジタル資料集

(2) 武士団はどんなふうにできたのか

10世紀後半から起こる地方での反乱などに、朝廷はどのように対応したのだろう。関東における平将門の反乱や、東北での前九年・後三年の役で、平氏や源氏はどのような役割を担ったのかを考えさせたい。これらの反乱を鎮圧したことによって、源氏は東国で、平氏は西国での地盤を築きあげていった。また、東北地方には奥州藤原氏が君臨し独立国家的な様相を示したことを、教科書にある平泉の中尊寺金色堂のようすから理解させたい。

- 「戦争がないときの武士の仕事はなんだろう」と、**資料3**の絵から考えさせる。(「朝廷のガードマンみたい」「警備」)

「武士たちが担った仕事の内容は、どんなものだったのか整理してみよう」(「犯罪のとりしまり」「犯罪者の逮捕」「朝廷や貴族の警護」「国内の反乱をおさえる」など)

次の時間であつかう院政によって、武士たちが成長していくことになる。ここでは次時のために、武士団の形成と役割をしっかり押さえておきたい。

留意点

- 武士の発生は、以前は「地方豪族や有力農民がみずからの開発した土地を守るために武装し、そこから武士が発生した」という在地領主論でとらえられてきたが、近年の研究をふまえて、ここでは武芸を専門とする職能的集団としてとらえている。
- 地方の乱の鎮圧に成功した平氏・源氏が軍事貴族として登場してくることを押さえる。また、武士といえば平氏と源氏と思われがちだが、東北一帯には奥州藤原氏が存在したことも示しておくことは、源頼朝が平氏を滅ぼしたあと奥州に攻めこむことを理解させるうえで重要である。
- 平氏に始まり、江戸時代まで長期にわたって続いた武士による政権(軍事政権)は、世界でも類のないものだ。この長期にわたった武士政権のもとで武士のイメージが固定されていった。登場した頃の武士とはどんな存在だったのか、教える側もしっかり学んでから教えたい。　(平井美津子)

参考文献

野口実『武家の棟梁の条件――中世武士を見なおす』(中公新書)
福島正樹『日本中世の歴史2　院政と武士の登場』(吉川弘文館)
川尻秋生『日本の歴史4　平安時代　揺れ動く貴族社会』(小学館)

▸▸東京国立博物館HP・名品ギャラリーより『平治物語絵巻』
www.tnm.jp/modules/r_collection/

20 院政と平氏政権

1時間

ねらい

- **院政は、それまでの摂関政治と何がちがうのかを考えさせ、その財政基盤として荘園があったことを理解する。**
- **院政のもとで成長した平氏が、どのようにして権力をにぎり、政権を取ったのかを理解する。**
- **平氏の政権とはどのようなものだったのかを、さまざまな意見を出させ、考える。**

授業の展開

(1) 院政とは何だろう

- 「摂関政治で独裁的な権力をにぎっていたのが藤原氏です。では、院政ではどんな人が権力をにぎったの？」（「天皇を引退した上皇」「天皇の父親」）

「『院』とは上皇やその住まいを呼びます。どんな政治をおこなったのだろう？」（「摂関政治とはちがう政治」）

「天皇を引退すると政治から身を引くのが当たり前だったのに、引退して自由な立場で新しい政治をおこなったのが院政です」

「そんな政治をおこなうためには、お金がいるよ。どうやって金を集めたのかな？　グループで話しあってみよう」（「国司に出させる」「賄賂？」「荘園を集める」「荘園を寄進してもらう」）

院みずからが荘園を集め、それを財政基盤にしたことを押さえる。このころになると、摂関家などのような貴族だけでなく、院・天皇・大寺社も荘園を積極的に集めるようになってくることや、その現地での管理者になったのが武士であることも理解させる。また、みずからの荘園を守るために、延暦寺や興福寺などの大寺社が、下級の僧を武装させ僧兵としていたことにもふれておきたい（**資料1**）。

資料1　僧兵のようす

デジタル資料集

（『遊行上人縁起絵』金蓮寺蔵）

- 「院のために働いたのはどんな人たち？」（「摂関家と関係ない人」「摂関家に不満がある人」「出世できない人」「武士」）

院の警護をおこなっていたのはどんな人

びとか考えさせ、平氏や源氏のような武士団の存在に気づかせる。

「11世紀に起こった保元の乱と平治の乱は、今までの地方の反乱と異なり都で起きた戦争です。都の人びとは戦争でどんな目にあったり、どんなことを考えたりしたのだろう」(「怖かった」「殺しあいを近くで見た」「巻きぞえになった人もいたかもしれない」「武士の世の中になったと思った」)

(2) 平氏政権の政治

● 2つの戦争で勝利した平清盛はどんな政治をおこなったのか、教科書を見ながら考えさせる。

「清盛は積極的に中国との関係をもつようになりました。どんなことをしたの？」「清盛はどんな分野で政権に食いこんでいったのだろう？」「清盛は摂関家と似ているけど、実際には清盛は摂政や関白になれたのかな？」と質問する。

清盛は太政大臣という最高の官職につき、平氏は軍事警察分野で実権をにぎったが、摂政や関白になれるのは藤原氏だけだった。また、清盛は国政に関与するなかで、全国の武士を動員する権限を持っていたが、家人として支配していたのは西国の武士が多かったことに気づかせる。

●清盛が後白河上皇の院政を停止したことにはどんな意味があるのか、次の質問から考えさせたい。

「清盛が宋と貿易をおこなうために開いた港は？」「どうして福原（今の神戸市）に都を移そうと考えたのか？」

摂関家がしたことと似ていることや、平氏の独自性を考えさせる。

宋との交易をさかんにおこない、文化・技術の流入の道すじをつけたことや、ウォーターフロント計画のさきがけのようにして海に開かれた新しい首都建設をめざしたことなどを説明しながら、平氏政権が新しいことをめざしていたことに気づかせたい。

留意点

●院政は、朝廷において権力をにぎるうえで、単に女系の姻戚から男系の姻戚になっただけではないことを押さえたい。また院政を、荘園制が成立し、武士が支配するようになる中世的国家の形成の始まりとしてとらえたい。

●平氏政権の評価は、従来は「貴族的になり武士からの反感を買い、短命に終わった」とされてきたが、近年の研究では、鎌倉幕府の先駆的役割を果たした武家政権として評価されている。『平家物語』にとらわれた「おごる平家は久しからず」といった旧来の見方ではなく、武士による初めての政権としてとらえられるような形で、生徒たちの活発な議論を構成させたい。

（平井美津子）

参考文献
髙橋昌明『平清盛　福原の夢』（講談社）
同『平家の群像』（岩波書店）
元木泰雄『平清盛の闘い』（角川学芸出版）
五味文彦『平清盛』（吉川弘文館）
上杉和彦『平清盛』（山川出版社）

21 鎌倉幕府の成立

1時間

ねらい

- **平氏を滅亡させた源氏が樹立した鎌倉幕府はどのような政権だったのかを、平氏政権と比較しながら考える。**
- **鎌倉幕府の構造や、承久の乱以降の北条氏を中心とした幕府の体制を理解する。**

授業の展開

(1) 源平の内乱

●「平氏を倒そうとする勢力と平氏の戦いは何年間くらい続いたのだろう」(「約6年間」「長いな～」)

「こんなに長いこと戦って、参加した武士の食料や武器をどう調達したんだろう？」(「すごい食料とかの徴収があったはず」「一般の人たちも巻きこまれたんだ」)「そうです、だから源平の内乱といわれるけれど、決して源氏と平氏の武将だけが勇ましく戦ったのではないのです。また、『平家物語』などの軍記物に見るような勇ましいシーンとは裏腹に、このころに飢饉がおそい、そこに戦いも重なって、多くの人びとが苦しみました」

戦争というものは、いつも民衆が苦しめられるということを、ここでも押さえておきたい。

●「源頼朝は、平氏を滅ぼしたあと、弟の義経を討つために、奥州平泉に兵を出します。平泉にはどんな勢力がいたのかな？」(「奥州藤原氏」)

「どんな勢力？」(「東北地方を治めていた」「金色堂を建てるくらい財力があった」「頼朝にとっては邪魔な存在」)

「頼朝は、奥州藤原氏を滅ぼして、後白河上皇が死んだあと、ある地位につきました。何という地位ですか？」(「征夷大将軍」)

(2) 鎌倉幕府はどんな政権？

●鎌倉幕府と平氏政権のちがいや類似点を整理させる。

「頼朝は京都ではなく鎌倉に住んだけど、なぜかな？」(「京都と離れているほうが、朝廷にふりまわされない」)

「頼朝は国ごと、荘園ごとに御家人を配置しているね。これはなんて言うの？」(「守護・地頭」)

「頼朝の段階では、日本全国の武士をまとめることができていたのかな？」(「まだ無理」「西国には、平氏の家臣たちがいた」)

「源氏が3代で終わったあと、将軍がいないと困るので、都から摂関家の子どもを将軍に迎えました。実際に幕府の実権をにぎったのは誰だろう？　資料１の写真の人だよ」(「頼朝の妻」「北条政子」)

源氏は３代で終わり、その後は執権の北条氏が実質的な権力をにぎることになる。しかし、それは承久の乱以降である。ということは、この段階で幕府を実質的に動かしたのは、「尼将軍」と呼ばれた政子であることに気づかせる。

- 「1221年に承久の乱が起きました。この乱を鎮圧するということは、朝廷に反逆することになるので、御家人たちは腰がひけました。そのとき政子が言った言葉を考えよう」(「御恩」「奉公」)「そうですね。鎌倉幕府における将軍と御家人の関係をあらわす、重要な言葉です」

御恩と奉公は契約関係であることを理解させよう。決して滅私奉公ではなく、奉公としての存分な働きの見返りに、御恩として給付があるという関係のもとで成り立っていたのが、将軍と御家人の主従関係だった。

- 「この勝利をきっかけに、幕府の勢力はどうなっていくのだろう」(「京都に六波羅探題をつくる」「北条氏が執権としての地位を確立した」「西日本の御家人を統率した」「幕府が朝廷の政治にも口出しするようになる」など)

承久の乱によって、西国にまで幕府の勢力が伸張したことに気づかせる。

時間をとって、教科書や資料等にある御成敗式目を読ませてみよう。そこには、女性も男性と同じように所領を相続できるといった内容が書かれていることから、このころの女性の地位を考えさせる手がかりにもなる。鎌倉時代の女性の地位はかなり高く、御家人であった夫のかわりに妻が領地を受け継いだり、地頭になったりした例もある。北条政子の強さばかりがクローズアップされるが、そういった女性全体の地位の高さを背景にしているものであることを押さえたい。

資料１　北条政子像

(安養院蔵)

留意点

- 平氏はどのような戦いの末に滅亡したのか、またその戦いでどんな武士たちが戦ったのか、エピソードなどを紹介しながら導入とすることで、興味をもたせたい。単に平氏と源氏の戦いではなく、朝廷や寺社勢力、各地の武士たちが反平氏勢力となって平氏と戦った内乱だったことを気づかせる。
- 鎌倉幕府は武家政権であるが、決して朝廷が機能しなくなったのではなく、朝廷から軍事・警察部門を任されていたにすぎない。鎌倉時代の政治は京都の朝廷（公家政権）と鎌倉の幕府（武家政権）の２つの系統でおこなわれていたことに気づかせる必要がある。また、幕府の組織図（教科書等）から、地方は国司・荘園領主と守護・地頭との二重支配のもとに置かれることになることを押さえたい。　（平井美津子）

参考文献
本郷恵子『日本の歴史６　院政から鎌倉時代』(小学館)

22 農村に生きる武士
武士と民衆の生活

1 時間

ねらい

- **在地の地頭＝武士が荘園でどのような生活を営んでいたかを、絵巻物を通してとらえる。**
- **民衆がどういった暮らしをしていたのかを、絵巻物からとらえる。**

授業の展開

(1)「兵《つわもの》の家」=「館《やかた》」

- 『一遍上人絵伝』の「筑前のある武士の家」(**資料1**) を見せ、生徒たちに気がつくことをすべて出させる。

「馬がいる」「馬が板の上で飼われている」「猿もいる」(猿は馬の守り神だと信じられた)「犬がいる」「鷹がいる」「板の間で酒を飲んでいる」「子どもがいる」「女性もいる」「弓矢がある」「離れ屋がある」「やぐらがある」「やぐらの前に警備の武士が数人いる」「西側に笹が植えてある」(垣根になっている)「板で家が囲まれている」「堀もある」(敵から防御するため)「同じ人が、広場とやぐらのところに描かれている」(人物は一遍)

河川の近くの少し高い土地、交通の要衝に「館」があった。

(2) 地頭がいる荘園

- 「越後国奥山庄波月条絵図」(**資料2**) を見て、気がついたことを生徒に出させる。

「川がある」「大きな木がある」「家もある」「2階建ての家がある」(地頭の家)「高野市、七日市がある」(近くの市を確認)

奥山荘は、胎内《たいない》川とその北の荒川の流域に成立した荘園。この絵図は、三浦和田氏の相続争いを訴えるために描かれたものである。領地争いを裁くのが、1232年に執権北条泰時によって制定された「御成敗式目」であることを、生徒に確認させたい。時間があれば、地頭を訴えた「阿氏河荘《あてがわのしょう》の訴え」(**資料3**) まで説明してもよい。

資料1　筑前のある武士の家

(Image : TNM Image Archives)

資料２　「越後国奥山荘波月条絵図」

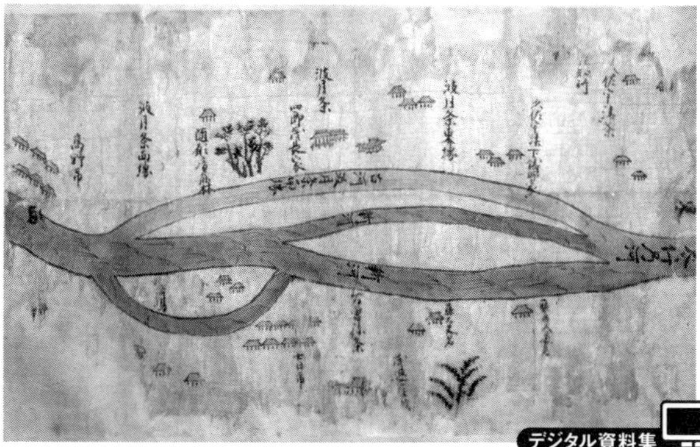

デジタル資料集

（胎内市教育委員会）

資料３　阿氏河荘の訴え（現代語訳）

一　領主様におさめる材木のことですが、やれ地頭《じとう》の京都上がりの荷物持ちだ、やれ近くの仕事だといっては人夫《にんぷ》をこき使いますので、百姓《ひゃくしょう》らはひまもございません。わずかに残っていた人夫を材木の切り出し作業に出かけさせましたところ、地頭は「逃亡した百姓の畑に麦をまけ」と追い戻しました。そして「この麦をまかないという村にいる女や子どもを追い込めて耳を切り、鼻をそぎ、縄《なわ》で縛《しば》って痛めつけるぞ」と脅《おど》しますので材木はいよいよ遅くなってしまいました。　（『高野山文書』）

紀伊（和歌山県）の阿氏河荘には湯浅《ゆあさ》氏が地頭として入ってきて、この荘園の慣習を無視して新しい負担を農民たちにかけた。これに対して農民たちは集団で村を逃亡して抵抗した。阿氏河荘の訴えは漢字ではなく仮名《かな》書きの訴状で、地頭の乱暴を強調している。

(3) 民衆の暮らし

資料４　備前福岡の市の図

デジタル資料集

（国立国会図書館デジタルコレクション）

● 『一遍上人絵伝』の「備前福岡の市」の図（資料４）を見せ、気がついたことをすべて出させる。

「布を売っている」「米や魚を売っている」「はきものを売っている」「お面を売っている」「鳥も売っている」「壺やかめがある」「小屋が５つある」「笠をかぶっている女性が多い」（市女笠《いちめがさ》）「乞食みたいな人がいる」「覆面をした人」（ハンセン病、癩《らい》者）「僧を斬ろうとする武士がいる」（僧は一遍）「刀が消されている」

市は歴史的にみて、統治権力の存在しない「アジール（聖域）」といわれた。武力を使うこともできないため、市の中では武士も刀を抜けなかった。

留意点

● 『一遍上人絵伝』は、中世社会を生徒たちが理解するうえで重要な絵巻物である。感性豊かな中学生には、絵画資料が有効である。

● 11世紀後半、地方の開発に武士の屋敷が大きな役割をはたした。絵巻物に描かれる屋敷のようすがよくわかるものには、『粉河寺縁起絵巻』の河内の長者の家、『一遍上人絵伝』の一遍の家、筑前のある武士の家、信濃の大井太郎の家、『法然上人絵伝』の法然の家がある。澁澤敬三・神奈川大学日本常民文化研究所編『日本常民生活絵引』第二・三・五巻（平凡社）に掲載されている。　（小林 朗）

23 神仏に祈る
鎌倉文化

1時間

ねらい

- **鎌倉仏教は、民衆、女性や非人の救済を使命として活動し、易行《いぎょう》を特徴としたため、民衆に広がったことを理解する。**
- **金剛力士像や平家物語など、時代を表現する作品をとらえる。**

授業の展開

(1) お経で鎌倉仏教をまとめる

● 「きみたちの家では、どんなお経をあげていますか？」と質問する。

（「南無阿弥陀仏」「南無妙法蓮華経」など）

「南無阿弥陀仏」は念仏、「南無妙法連華経」は題目と呼ばれていること、禅宗は「南無釈迦牟尼仏」とお経をあげることを説明する。

鎌倉仏教を教科書で調べ、お経の違いで宗派をまとめる。

宗派名	教祖名	お経
浄土宗	法然	念仏「南無阿弥陀仏」
浄土真宗	親鸞	
日蓮宗	日蓮	題目「南無妙法蓮華経」
臨済宗	栄西	座禅（禅宗）、「南無釈迦牟尼仏」
曹洞宗	道元	

「浄土真宗は、念仏を100万回となえれば極楽浄土へ行けると言いました」（「ウソ！」「念仏だけで極楽へ行けるなら簡単だ！」）

〈課題〉「自分の家のお寺で、鎌倉仏教の宗派のものがあるかな？」

学区によっては、曹洞宗、浄土真宗のお寺がたくさん存在するだろう。

(2) 踊り念仏

● 『一遍上人絵伝』第七巻第三段の「市屋道場の念仏踊」（**資料1**）を見せ、見物人にどんな人びとがいるかを発表させる。

「武士」「市女笠《いちめがさ》をかぶっている女性」「お坊さん」「尼さん」「山伏」「子どもが舞台の柱にぶらさがっている」「笠をさす女性とぼろぼろ」（絵とき比丘尼《びくに》と仏法者集団）「覆面をした人」（ハンセン病者）「牛車もあるので、身分の高い人」「高いところに登って見ている人」

「ぼろぼろ」は、鎌倉末期に新たに出現した仏法者集団。

「この踊り念仏は誰が開いたもので、何宗だろう？」（「一遍」「時宗」）「なぜ踊り念仏を踊っているのかな？　踊っている人たちは誰？」（「お坊さんたちが屋台で踊っている」）「中心で太鼓をたたいている人は？」（「一遍」）

「なぜ踊り念仏が流行したのだろう？」と問い、生徒に意見を発表させる。

資料１　市屋道場の念仏踊

（『一遍上人絵伝』円伊作〔国宝〕国立国会図書館デジタルコレクション）

資料２　金剛力士像

（CC by gwaar）

・鎌倉仏教が教団化するのは室町時代以降である。

⑶　金剛力士像と『平家物語』

●東大寺南大門の金剛力士像（**資料２**）を見せ、気がついたことを生徒に出させる。（「怖い顔をしている」「力強い」「口を開けている像と閉じている像がいる」「手に何か棒をもっている」）

この像は8.4メートルあること、南大門は源平の争乱で焼けたが1199年に宋の技術を採り入れ源頼朝が援助して再建されたことを説明する。金剛杵《こんごうしょ》の部分に作者の重源、運慶、快慶の名がある。

●『慕帰絵詞』の琵琶法師の図（**資料３**）を見せる。

「この琵琶を弾いている人はどのような人？」（「目が見えないみたい」）平家物語は、盲目の琵琶法師が各地をめぐって語ったため、文字を知らない人たちにも広まったことを説明する。

資料３　琵琶法師

（『慕帰絵詞〔琵琶法師の図〕』西本願寺蔵
国立国会図書館デジタルコレクション）

留意点

●金剛力士像については、「武威の群像」（入間田宣夫『武者の世に』集英社）が参考になる。

●平家物語は、最後の巻である灌頂巻《かんじょうのまき》が政治的な話でおもしろい。後白河法皇の大原御幸で、法皇は寂光院にいる建礼門院徳子（平清盛の娘、壇ノ浦の生き残り）のところへ行っている。この巻が最後にあることが、非常に政治的な色彩を帯びている。法皇は源義経に三種の神器だけ奪えと言ったが徳子が救出された。その徳子のところに法皇が行くのが歴史的因果である。寂光院を再興したのは豊臣秀頼などであるといわれている。

（小林　朗）

24 『蒙古襲来絵詞』の謎にせまる
モンゴルの襲来・鎌倉幕府の滅亡

1時間

ねらい

● **『蒙古襲来絵詞』には加筆があったという研究がある。この加筆だとされている部分を消してしまうと、絵の印象はかなり変わる。この絵を通して、御家人の願いや鎌倉幕府滅亡の原因について考える。**

授業の展開

(1)『蒙古襲来絵詞』を見る

資料1 『蒙古襲来絵詞』(部分)

(九州大学附属図書館所蔵)

『蒙古襲来絵詞』の、モンゴルの兵士と日本の御家人が戦う場面(**資料1**)を提示する。小学校の教科書にも掲載されている絵なので、子どもたちはすぐ反応する。

●「この絵について知っていることを教えてください」

(「日本とモンゴルが戦った」「九州に攻めてきた」「モンゴルは強い武器を使った」「台風でモンゴルの船が沈んだ」「モンゴルは2回攻めてきた」)

「小学校でも学習したように、大帝国をつくったモンゴル(元)が、九州に2度攻めてきました」教科書の図版等を使い、モンゴル帝国の位置や広さ、皇帝、モンゴルの襲来の進路等を確認する。

「実はこの絵は『蒙古襲来絵詞』という絵巻物で、左右に絵の続きがあります(**資料2**)。この絵を見て『変だなあ』と思うところはありますか?」

(「モンゴル軍の3人だけ、濃く描かれている」「モンゴル軍の何人かは逃げている」「モンゴル軍の3人の兵士と、ほかの兵士の服装がちがう」「『てつはう』の方向が変だ」)

(2) 加筆前の『蒙古襲来絵詞』を見る

●加筆とされる部分を消した同じ場面(**資料3**)を拡大して見せる。

「みんながよく知っているこの絵ですが、もともとはこの資料3のほうで、最初に見た見慣れている絵のほうは、ずいぶん後になってから付け足しされたとする研究があります」(「知らなかった」「だから付け足しのモンゴル兵の色が濃いのか」)

「みんながよく知っている付け足し後の絵と、先生が加筆部分を消した付け足し前の絵をくらべて、『変だなあ』と思うところはありますか」(「付け足し後だとモンゴルのほうが勝っているように見えるけど、付け足し前では日本のほうが勝っているように見える」「教科書には『集団戦法とすぐれた火器で日本軍を悩ませた』とあるのに、付け足し前の絵を見ると、モンゴル軍が負けて逃げているように見える」)

「この絵の馬上の人物は竹《たけ》崎季長《ざきすえなが》といい、今の熊本の御家人です。この絵巻は竹崎季長自身が文永の役（1回目の戦い）のあとに描かせました。この絵巻には、戦いのあとの場面も描かれています。なぜ竹崎季長はこの絵巻を描かせたと思いますか」(「自分の力をほかの御家人に伝えたいから」「日本の強さを見せつけたいから」「鎌倉幕府の役人に活躍を伝えたいから」)

資料2 「付け足し後」の絵

資料3 「付け足し前」の絵（加筆部分を塗りつぶしたもの）

(3) 季長は恩賞をもらえたかを考える

● 『蒙古襲来絵詞』の、竹崎季長が鎌倉で恩賞奉行安達泰盛と面会している場面（資料4）を提示する。

資料4 恩賞奉行と面会する季長（『蒙古襲来絵詞』）

（九州大学附属図書館所蔵）

「2人の会話を考えよう」(「季長は『恩賞をください』と言っている」「泰盛は『外国の土地を手に入れることはできなかったから、恩賞はあげられない』と言っている」「御恩と奉公の関係だから、泰盛は『恩賞を与えよう』と言っている」)

「季長は願いがかなって恩賞を手に入れましたが、多くの御家人は恩賞を得ることはできませんでした。生活が苦しくなった御家人のために、幕府は徳政令を出して借金救済をしました。経済は混乱し、鎌倉幕府への不満が増大していきました」

最後に、「もし季長が生きていてこの加筆された絵巻を見たら、何と言うと思いますか」と発問し、自由に考えさせたい。

留意点

● 1時間の授業としては内容が多い。(2) と (3) を充実させたいので、(1) は少し省略してもよい。加筆前の『蒙古襲来絵詞』は、コンピュータで作成した。画像加工ソフトを使って加筆部分をまわりと同じような色で塗りつぶせばよく、むずかしい作業ではない。生徒と一緒に作業することも可能である。コンピュータを使用せず、絵のコピーを用意し、加筆部分をハサミで切り取ってもよい。　（石上徳千代）

参考文献

佐藤鉄太郎『蒙古襲来絵詞と竹崎季長の研究』(錦正社)
早川明夫「加筆の見られる『奮戦する季長』の場面」(『歴史地理教育』2008年12月号)

25 60年も続いた南北朝の動乱
後醍醐天皇と足利尊氏

1時間

ねらい

●なぜ南北朝の動乱が約60年間も続いたのかを考える。また、そのことが室町幕府の成立に与えた影響を明らかにする。

授業の展開

資料1　後醍醐天皇の肖像画

（清浄光寺〔遊行寺〕蔵）

(1)「異形の王権」から見る王権の危機

●後醍醐天皇の肖像画（資料1）を拡大カラーコピーして生徒に提示し、気がつくことを発表させる。（「帽子のようなものをかぶっている」「その上に赤い玉がある」「なにか僧のような格好をしている」「手に持っているものがおかしい」「手を逆にしている」「ライオンみたいな絵のある台の上に天皇が乗っている」）

後醍醐天皇の衣装は真言密教の立川流の姿で、寇は強装《ごうしょう》束《ぞく》姿、手に持っているのは金剛杵《こんごうしょ》であることを説明する。

「密教は呪いをする宗教ですが、何を祈ったのでしょう？」（「鎌倉幕府を滅ぼしたい」）

資料2　悪党のすがた

デジタル資料集

（『聖徳太子絵伝』遠江法橋本〔重文〕四天王寺蔵）

(2) 後醍醐天皇は悪党を味方にした

『聖徳太子絵伝』の「悪党の姿」（資料2）を生徒に見せて、気がつくことを発表させる。（「火をつけている」「家を壊している」「お坊さんを斬ろうとしている」「人を縛っている」「なにか滅茶苦茶している」）

「悪党」とは反幕府・反荘園領主の武装集団である。社会の秩序を乱そうとしていたので悪党と呼ばれた。現在の悪党という言葉とは意味がちがっている。

後醍醐天皇は悪党だけでなく、全国の神社（官人）も味方にした。地域の例として、越後一宮の弥彦神社も後醍醐天皇の味方だったことを説明する。

参考文献
網野善彦『異形の王権』（平凡社）

(3) 足利尊氏の登場

●「後醍醐天皇の『建武の新政』に不満をもったのは誰でしょうか？」（「武士」「鎌倉幕府を倒したのに領地がもらえなかった」）

反乱を起こした足利尊氏と最後まで忠誠を尽くした楠木正成を比較して、「あなただったら後醍醐天皇に逆らうか、最後まで忠誠を尽くすか。どちらだろう」と問う。生徒たちに2人のどちらの行動がよいか意見を発表させ、歴史的事実に基づいて考えさせる。

(4)「一天両帝」南北朝の動乱

足利尊氏は新しい天皇を京都に即位させた（北朝）が、後醍醐天皇は吉野（奈良）に逃れて自分の正統性を主張した（南朝）。

天皇家の系図（**資料3**）を示し、「なぜ60年も動乱が続いたのだろうか？」と問う。（「天皇家が分裂していた」）生徒は天皇家の系図を見て、持明院統と大覚寺統があることがわかる。（「武士だけでなく、悪党などがいて全国が騒がしかった」「武士どうしも分かれて争った」「領地がほしい」）

資料3　天皇家の系図

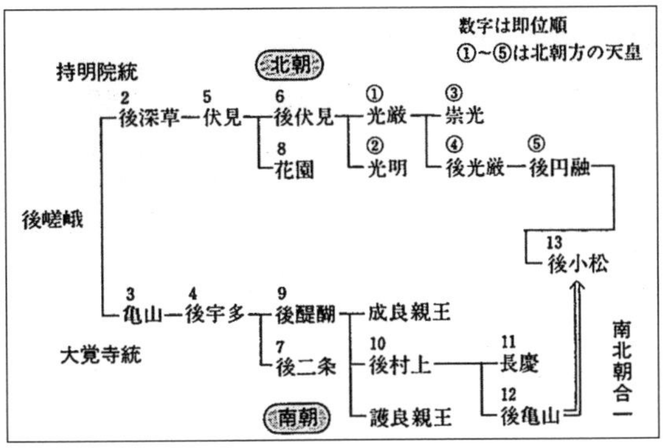

(5) 室町幕府の成立

「足利尊氏は何になりましたか？」（「征夷大将軍になった」「室町幕府ができた」）「では、南北朝の動乱はどうなった？」（「続いている」）

関係対立年表

1333 年	建武の新政始まる。
1334 年	二条河原落書が出る。
1335 年	中先代の乱 北条氏が鎌倉で反乱を起こす。 足利尊氏、征夷大将軍になる。 尊氏、後醍醐天皇にそむく。尊氏と新田義貞が戦う。
1336 年	足利尊氏、楠木正成と新田義貞に敗れ九州へ敗走。 湊川の戦い。 尊氏、楠木・新田軍を破る。楠木正成戦死。 室町幕府成立。後醍醐天皇は吉野へ移る。

資料4　南北朝初頭の蒲原の情勢

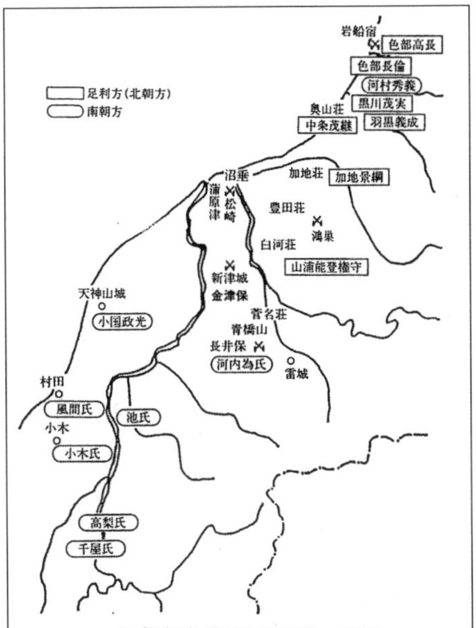

注　『新潟県史』通史編中世より転載、一部改編

（『新津市史』）

越後の守護大名の上杉氏と国人がどちらについたかを、生徒に説明する。内乱の主役は守護大名と国人であった。『新津市史』の越後の地図（**資料4**）で、北朝と南朝を色ペンで生徒に色分けさせる。越後の下越は北朝、中越は南朝に分かれることに気づく。

新潟県での実践に基づき、ここでは越後の動向を題材とした。地域に応じて地元の史実を調べて採り入れてほしい。

留意点

- 後醍醐天皇は、中国型の君主独裁国家を考えていた。「建武」は光武帝が漢を再興したときに名づけた年号である。公家中心の政治だったため、恩賞のことで武士とトラブルになったことにふれたい。
- 時間に余裕があれば、「二条河原落書」にふれるのもよい。
- 相続が分割相続から惣領相続へと変わる時代であった。領地を奪うために、それぞれの都合で北朝と南朝に分かれて争い、動乱が続く。尊氏と直義兄弟も同じように争ったことを説明したい。
- 楠木正成が流通をにぎっていた地域の「悪党」であったことにふれたい。

（小林 朗）

26 東アジアのなかの日明貿易
足利義満と室町幕府

1 時間

ねらい

● **室町幕府の成立過程や幕府の政治のしくみを、東アジアの視野でとらえ、日明貿易＝勘合貿易に見る幕府のねらいや背景を明らかにする。**

授業の展開

(1) 倭寇と東アジア――朝鮮の地図から東アジアを見る

資料 1 『海東諸国記』

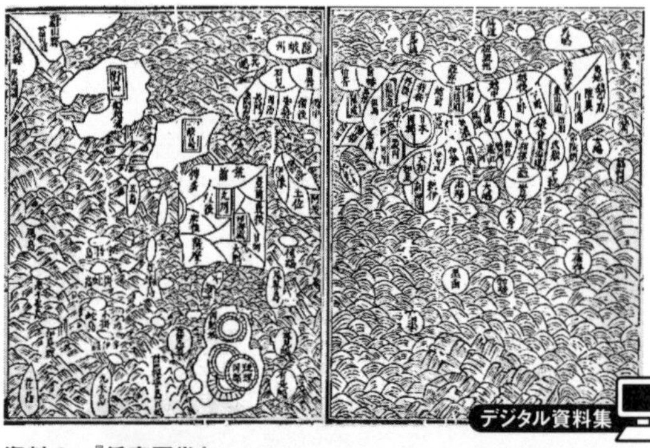

デジタル資料集

資料 2 『倭寇図巻』

（東京大学資料編纂所所蔵）

● 『海東諸国記』（朝鮮で印刷された日本地図）（資料 1）を生徒に提示し、気がつくことを発表させる。（「北海道がない」「九州が小さい」「越後があった」）

「どうして、対馬や壱岐がこんなに大きく描かれているのでしょう？」（「沖縄も大きい」）

当時、倭寇の活動の中心が対馬・壱岐であったので、この二島を大きく示したことを説明する。

● 『倭寇図巻』の倭寇の図（資料 2）を生徒に提示し、気がつくことを発表させる。（「小さな船にいっぱい人が乗っている」「武器を持っている」「旗がおもしろい」）

高麗が滅んだ理由ともなる倭寇について、生徒に説明する。

・九州・中国・四国近海の無数の島々から出撃する倭寇船は、14 世紀後半の最盛期で「兵数 3000」とか「船数 400 余」と呼ばれる大規模なものもあったという。1 艘はせいぜい乗員 10 名前後の小舟と思われる。

・高麗王朝末期に、李成桂《イソンゲ》などが倭寇を討伐してその名声を高めた。それを機会に李成桂は 1392 年に高麗を倒して李氏朝鮮を開いた。

〈板書例〉

1368 年　明が建国。倭寇の禁止を室町幕府に求める
1380 年　李成桂が倭寇を討つ
1392 年　高麗が滅び、李成桂が朝鮮をおこす

(2) 足利義満と室町幕府

資料3　足利義満の肖像画

（鹿苑寺蔵）

●なぜ足利義満は坊主になったのか？

足利義満の肖像画（**資料3**）を拡大コピーして生徒に提示し、気がついたことを発表させる。

「どうして将軍だった義満が、僧の姿になっているのでしょう？」（「武士というより公家になった感じがする」「上皇になったのか」「座っている畳の模様が小倉百人一首に出てくるのと同じ」）「その畳には誰が座っていた？」（「天皇」）

畳の模様は「繧繝《うんげん》の畳」で、天皇しか座れなかったことを説明する。

「天皇で僧のようになった人といえば？」（「法皇だ」）

●義満はなぜ明と貿易をしたか？

「本字壱號」が分かれた勘合を提示し、なぜ2つに分かれているのか生徒にたずねる。（「倭寇と区別する」「貿易をおこなっていた」）

次のことを生徒に提示する。

〈板書例〉

明→日本への国書……「日本国王、源道義」
日本→明への返書……「日本国王臣源道義」

「源道義とは義満のことです。これによると、義満は何になっていたでしょうか？」（「日本の国王」）

●「義満がやったことを教科書を見て調べ、発表しましょう」

（「1392年に南北朝を統一した」「太政大臣になった」「大内氏など守護大名をおさえた」「花の御所をつくった」「倭寇をとりしまり、日明貿易をおこなった」「金閣を建てた」「世阿弥の能を保護した」）

義満によって室町幕府は政治を安定化させた、とまとめる。

留意点

●倭寇は国境を越えていく人びとで、前期は日本人だが、後期は朝鮮人が中心だった。この指摘も忘れないようにする。

●「対馬」が秀吉の朝鮮侵略や、その後の朝鮮半島との関係でかならず登場してくることへの伏線とする。

●足利義満の死後に「太上《だじょう》天皇」の称号が贈られようとしたことが記録類から認められる。しかし、「上皇」（法皇）になろうとしたことは確認されていない。

（小林 朗）

27 琉球とアイヌの人びとがつなぐ交易

1時間

ねらい

- **中世日本の周縁に、多様な文化の人びとの生活があったことを理解する。**
- **人びとが豊かに交易網を広げ、相互の文化に影響を与えあったことを理解する。**

授業の展開

(1) 中世の活発な交易

●黒板に、北はクリル（千島列島）から南は東南アジアに広がる白地図を提示する。右の３つの言葉を板書し、「この言葉は、実は同じ意味です。わかりますか？」それぞれ、琉球、アイヌ、朝鮮の言葉で「こんにちは」。地図上に、「朝鮮」「琉球王国」「アイヌ民族」を提示する。

〈板書例〉

チューウガナビラ
イランカラプテ
アンニョンハシムニカ

朝鮮も琉球も、明の冊封体制に入っている王朝である。

「日本の周囲には、明だけではなくいろいろな人たちの生活がありました」

日本には、これらの地域からもさまざまな品物がもたらされた。

「次の産物は、朝鮮、琉球、アイヌ民族のどこからもたらされたか、予想してみましょう」それぞれ写真を示し、生徒に予想させて地図に貼っていく。

産物例　〈アイヌ〉昆布、干鮭、ラッコ皮、ガラス玉、唐錦
〈琉球〉蘇木《スオウ》、香辛料、象牙
〈朝鮮〉朝鮮人参、木綿

資料１　明に対する諸国の入貢回数

(1)	琉球	171
(2)	安南（ベトナム）	89
(3)	烏斯蔵（チベット）	78
(4)	哈密（ハミ）	76
(5)	占城（チャンパ）	74
(6)	暹羅（シャム）	73
(7)	土魯番（トルファン）	41
(8)	爪哇（ジャワ）	37
(9)	撒馬児罕（サマルカンド）	36
(10)	朝鮮	30
(11)	瓦剌（オイラート）	23
(12)	満剌加（マラッカ）	23
(13)	日本	19
(14)	蘇門問剌（スマトラ）	16
(15)	真臘（カンボジア）	14
(16)	浡泥（ブルネイ）	8
(17)	三仏斉（パレンバン）	6

（村井章介『アジアの中の中世日本』校倉書房より）

(2) 南に広がる交易ネットワーク――中継貿易で栄えた琉球王国

●「蘇木も香辛料も象牙も、琉球産ではありません。どこから手に入れたのでしょう？」（「東南アジア」）

「琉球からは、何を輸出したのでしょう」

琉球は中継貿易で繁栄したことを説明する。

●明への入貢回数（**資料１**）を示し、日本や朝鮮とくらべる。

「明に対する入貢回数は、朝鮮や日本とくらべて多い？　少ない？」（「琉球の171回が断トツに多い」）

南方では琉球を拠点に、交易のネットワークが広がったことを地図で整理する。

資料２　アイヌの航海（『蝦夷嶋図説』）

デジタル資料集

（函館市中央図書館所蔵）

(3) 北に広がる交易ネットワーク――アイヌの交易

●資料2のイタオマチプという船で海を行く図を示す。

「荒海をゴザの帆掛船で行くこの人たちは誰でしょうか」「積んでいる荷物は何でしょうか」(「アイヌの人たち」「干し鮭を積んでいる」)

・「アイヌ」は「人間」という意味のアイヌ語である。

・アイヌの人びとは自由に交易をする「海の民」でもあり、北方の交易ネットワークが広がっていた。

●「アイヌの人びとは、和人(日本の人びと)を“シサム”と呼んだ。シサムの意味を考えよう」

(A) 南に住む人　(B) 親しい隣人　(C) 刀を持つ人

(正解はB)

「クマ祭りの絵(**資料3**)に、日本から手に入れた品がないか探してみよう」

・漆器(儀礼用に使われアイヌの富と権威の象徴であった)、酒、刀、木綿衣など。日常生活でも、米などの食材や、衣服を仕立てる針、木彫りなどの作業に使う小刀などが、日本からの重要な交易品だった。

以上の学習から、交易はお互いの社会に影響をおよぼし、生活を豊かにしたことを整理する。

(4) 北の地に渡る和人たち

● 1968年、函館郊外の志苔館《しのりだて》跡で発見された古銭の写真(**資料4**)を示す。40万枚以上の古銭が、3個の大甕《おおがめ》に入って発見された。

「誰がたくわえた銭だと思う?」大きな和人勢力の存在を示す。どのようにして蓄財したかを想像させる。

●和人が築いた館《たて》の地図(**資料5**)を示し、渡島半島南部に、和人の拠点ができていたことを説明する。

・1457年、コシャマインの戦いが起こり、以後100年近く対立がくりかえされた(**資料6**)。1551年に交わした約束(デジタル資料集収録)で戦いは終わった。

「双方がこの約束で戦いを終わらせたのはどうしてか、考えよう」

資料3　クマ祭りの図(『蝦夷島奇観』)

(函館市中央図書館所蔵)

資料4　発見された古銭

(市立函館博物館所蔵)

資料5　道南に築かれた和人の館

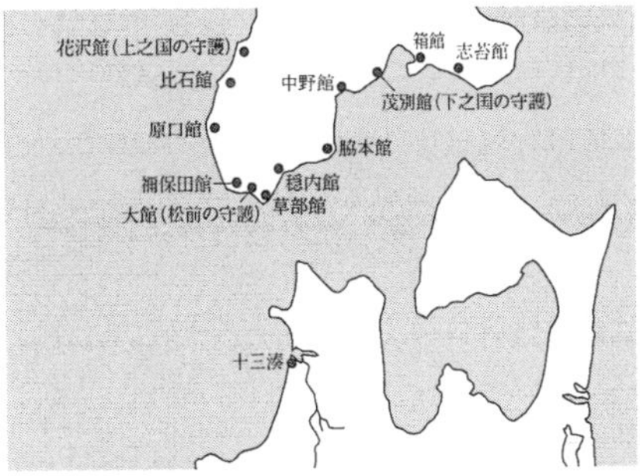

(『アイヌ民族:歴史と現在』より)

資料6　アイヌの蜂起の年表

1456年5月	アイヌ蜂起(志苔事件)
1457年5月	東部首長コシャマイン蜂起
1459年	アイヌ蜂起
1473年	アイヌ蜂起
1512年4月	アイヌ蜂起
1515年4月	東部首長ショヤ・コウジ兄弟蜂起
1525年春	東西アイヌ蜂起
1528年夏	アイヌ蜂起
1529年3月	西部首長タナサカシ蜂起
1531年5月	アイヌ蜂起
1536年夏	西部首長タリコナ蜂起

参考文献

大石直正ほか『日本の歴史14 周縁から見た中世日本』(講談社)

新城俊昭『改訂版 高等学校 琉球・沖縄の歴史と文化』(編集工房東洋企画)

『アイヌ民族:歴史と現在――未来を共に生きるために』(財団法人アイヌ文化振興・研究推進機構)北海道は全小中学校、他県は各校に1冊配布されている。

留意点

●交易によって躍動感ある社会をつくった人びとのすがたを、豊かにイメージさせたい。

●アイヌの戦いを、一般にイメージされる支配と抵抗ではなく、相互に交易利益を求めた争いととらえたい。

(平井敦子)

28 産業の発達と民衆の成長

1時間

ねらい

- 室町時代の手工業・商業の発達が、町衆といった有力町人を生み出したことを理解する。
- 中世の女性たちが自分自身の財産を持ち、手工業の分野でも活躍していたことを理解する。
- 農業の進歩とともに、農業生産力が高まり、農民が成長し、結束を強めていくことを理解する。

授業の展開

(1) 室町時代の商工業について考える

資料1 『職人尽歌合(七十一番職人歌合)』(模本)

デジタル資料集

(国立国会図書館デジタルコレクション)

- 「『七十一番職人歌合』(資料1) を見て、どんな仕事をしているところか考えてみよう」

資料の画像を画面に映して、班で職業を出しあってみるといいだろう。

「上の絵は、どんなものを作っているところ?」(「扇を作ってる」)

「このころ、玄了尼《げんりょうに》という扇売りがいて、扇座の長として、その権利を幕府から認められていました。また、亀《かめ》谷《や》五《ご》位《い》女《にょ》という帯売りの女性は帯座の長として京都で商売をしていました」

「『七十一番職人歌合』は1500年ごろに作られたものだが、142種類の仕事をしている人びとが登場する。そのなかで、男性が108種、女性が34種描かれています。このことからどんなことが言えますか?」

「商工業がさかんになると必要になってくるものは何だろう?」(「お金」)

「お金がないと物を買えない時代になるということは、お金にまつわる仕事も出てくるね」(「金貸し」)「当時は、土倉や酒屋と呼ばれました。土倉や酒屋ってどんなイメージ?」(「倉があるからお金持ち」「お酒の原料は米だから、米がたくさんあるから、やっぱり金持ちだ」)

(2) 流通の中心、栄える京都

- 「彼らは作ったものを、どこで売ってたのだろう?」

(「京都みたいなところは、たくさん人がいたから、いつもお店を開けて

参考文献

辻浩和「『男の仕事』『女の仕事』を相対化する」(『性差の日本史』国立歴史民俗博物館 2020年企画展示図録)

いても人が買いに来るんじゃない？」）「そうですね。京都のような大消費地には、店をかまえて商いをする人たちもいました」

資料２　祇園祭

（『洛中洛外図屏風』米沢市上杉博物館蔵）

「**資料２**の絵を見て。今もおこなわれている、京都の有名なお祭りです。知っていますか？」（「祇園祭」）

「この祭りは町衆の祭りといわれています。動く文化財・国宝ともいわれ、山や鉾《ほこ》には、はるかペルシアなどからやってきたすばらしい工芸品が飾られています。こんな祭りを担った町衆って、どんな人たちだろう？」（「すごい金持ち」「海外とかに行ったことがある人」）

「どうして京都に、こんな力をもった町衆が登場したのかな？」（「商工業の中心だったから」「土倉や酒屋もあったし、都で幕府とか相手の商売をしたりして、大きな経済力をもった人がいた」）

室町時代の商工業の発達が、祇園祭を支える町衆を生みだしていくことに気づかせる。

資料３　『月次風俗図屏風』（重文）

デジタル資料集

（出典：ColBase https://colbase.nich.go.jp/collection_items/tnm/A-11090）

(3)「では、農村はどうだったのかな？　**資料３**の絵には、ある動物が登場するね。何をさせているの？」（「牛が耕してる」）「これによって農業の効率はどうなる？」（「効率は上がる。生産力も上がる」）「田植えはどうやってしてる？」（「村の人が、いっせいにやってる」「なんかごちそうがいっぱいある」）

「田植えは村にとって、一種の祭りのようなめでたいものでした。だから、田植えする早乙女《さおとめ》もきれいな格好をして、いっせいにやっています。ごちそうもあるし、踊っている人もいるね。踊っている人は何を祈っているのかな？」（「豊作」）

「この絵から、この当時の農村はどんなようすだったと思いますか？　グループで話しあってみよう」（「みんなで団結して農業をおこなった」「村の人たちは仲がよかった」）

留意点

- 商業が本格的に生まれたことを、今の私たちの生活で使われているものと比較しながら感じとらせたい。
- このころになると、水車が使われ二毛作が始まり、灌漑設備や牛馬耕も広がり、草木灰や下肥（人糞尿）などの肥料によって地味が向上した。商品作物も生産され、生産力が向上したことに気づかせたい。
- 田植えをする女性たちの姿から、農業においても女性が大きな役割を果たしていたことを理解させ、中世社会において女性が経済活動を担う存在だったことに気づかせたい。

（平井美津子）

29 村の自治と土一揆

1時間

ねらい

- 惣《そう》をつくり自治をすすめ、村を越えて団結して一揆をするまでにいたる農民の成長を理解する。
- その背景には、厳しい社会状況があったことを理解する。

授業の展開

(1) 農民たちはどのように村を運営したのだろう

- 「滋賀県に今堀郷という村がありました。そこの惣のおきての最初のところを読んでみよう」

資料1　近江今堀郷のおきて（1489年）（今堀日吉神社文書、現代語訳）

> 一　よそ者は身元保証人がなければ村内に住まわせてはならない。
> 一　村の共有地と私有地の争いは、金で解決しなさい。

「どうしてこんな決まりをつくったのかな？　1489年ごろってどんな社会だったのだろう」（「戦争が多かった」「『よそ者』は、もしかしたら、村のものを奪っていく人間かもしれない」）

「2つめからはどんなことがわかる？」（「村の土地に共有地と私有地がある」「争いごとはお金で解決する」）

惣では、農民たちが村の神社などで寄り合いを開き、村の運営を相談し、惣のおきてを決めた。村の団結が強まると、年貢の軽減を要求したり、無理な取りたてをする荘官を罷免させたり、惣で年貢の納入を請け負ったり（地下請・百姓請）するようになったことをつかませたい。

(2) 飢餓に苦しむ人が多かった時代

- 「『諸国の貧人上洛し、乞食充満す』（『看聞日記』）と、当時の貴族が日記に書いています。どうして各地で貧しい人が増えたのかな？」（「借金に苦しんだからかな」「飢饉や疫病で食べ物がとれなくなったんじゃないの？」）

「最近の研究によると、1500年前後の100年間はとても寒冷で、各地で飢饉が起きたようです。上洛とは都にやってくることですが、では、都はどうなったの？」（「地方から来た飢餓に苦しむ人であふれかえった」「もしかしたら、そんな人たちが豊かな家をねらって強盗したり、略奪したりしたのかな」）

(3) 日本最初の土民の一揆

- 「資料2は、奈良県柳生にある『疱瘡《ほうそう》地蔵』です。その地蔵の右下に刻まれている文章を読んでみよう」(「ヲイメってなに？」)「借金のことです」(「じゃあ、『借金はない』ってこと？」)

「資料３を読むと、1428年に何が起きたって書いてある？」(「土民蜂起の『土民』ってなに？」「農民のこと？」)

「じゃあ、酒屋や土倉、寺院がどうしてねらわれるの？」(「金持ちだから」「金貸しをしてるから」「だからいろんなものを奪った」)

「農民たちの要求は何かな？」(「借金の帳消しって教科書にあるよ」「でも、みんな借金してたのかな？」「物を取る目的もあったんじゃないの？」)

惣の農民たちは、荘園や公領の枠を越えて、広い地域でむすびついていった。1428年、近江の馬借たちが借金帳消しを求めて立ちあがると、京都や奈良周辺の農民たちも呼応して、徳政を要求して立ちあがった。京都に入った農民は、幕府に徳政令の発布を要求し、酒屋や土倉、寺院をおそって借金証文をやぶり捨てた。

(4) 土一揆とは何だろう？

●「参加した人たちは、どんな人たちだろう」(「農民」「地方からやってきた飢えた人もいたんじゃないのかな？」)

「どうして京都や奈良が標的になったの？」(「物が豊富にある」「都や昔からの寺院があって食料とかもいっぱいあったから」「ということは、やっぱり借金の帳消しだけじゃなくて、物を奪うためかな？」)

「おそわれる立場の人は、土一揆をどう思ったの？」(「強盗」「絶対いや」「怖い」)

下の者が上の者に実力で打ち勝ち、地位を奪う風潮は下克上といって、社会全体に広がっていったことを押さえたい。

資料２　疱瘡地蔵の右隅に刻まれた文

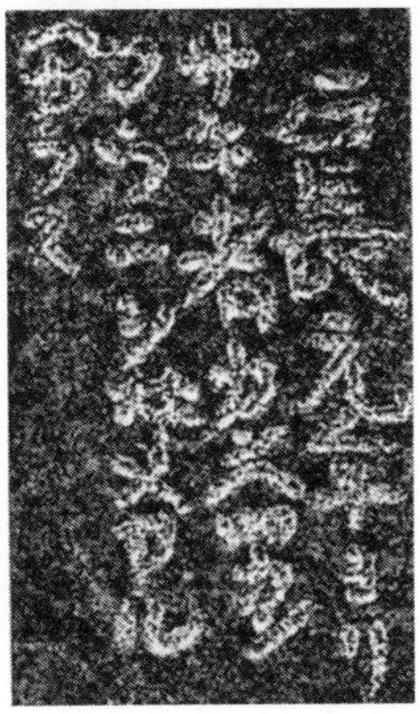

正長元年ヨリ
サキ者　カンへ　四カン
カウニ　ヲヰメ　アル
ヘカラス

（正長元年より
先は神戸四かん
郷に負い目ある
べからず）

資料３　興福寺大乗院の僧の日記

正長元年（1428年）8月、天下の土民蜂起す。徳政と号し、酒屋・土倉・寺院などを破却せしめ、雑物などほしいままにこれを取り、借銭などことごとくこれを破る。管領これを成敗す。およそ亡国の基これに過ぐるべからず。日本開《かい》闢《びゃく》以来土民蜂起、これ初めなり。

（『大乗院寺社雑事記』より）

留意点

●初めて土一揆が起きた1428年は、新将軍義教の就任や天皇の死去という代替わりの一方、流行病や洪水や飢饉などが各地で発生した。そのため民衆から「徳政」を求める声が高まり、借金がある人間もない人間も、京都や奈良などの都市になだれ込むという事態が起きた。このことが一揆の背景にあることをとらえさせる。

●現在の研究では、土一揆は、統制のとれた農民の行動ばかりではなく、さまざまな地域から集まった人びとによる大規模な暴動のような形で都をおそったことが指摘されている。

（平井美津子）

参考文献

神田千里『土一揆の時代』（吉川弘文館）

藤木久志『土一揆と城の戦国を行く』（朝日新聞社）

30 戦国の戦い

1時間

ねらい

●**応仁の乱をきっかけに戦国時代が始まった。戦国大名たちはどのようにして領国支配をしたのかを理解する。**

●**戦国大名は戦争ばかりしていたのではなく、領国経営を営んでいたことを理解する。**

授業の展開

(1) 応仁の乱と足軽

●「資料１で、応仁の乱で登場してくる足軽のすがたを見てみよう。どんなことに気づきますか？」(「足軽は戦いをしていない」「建物を壊して柱や戸を持っていってる」「略奪してる」)

資料１ 『真如堂縁起』の応仁の乱・足軽乱入の図

（真正極楽寺〔真如堂〕蔵）

「都で起きた応仁の乱ですが、実際には戦いだけでなく、こういった略奪行為があちこちであったみたいだね」「この戦いをきっかけにして、どんな世の中になっていくんだろう？」(「戦国時代」「幕府は衰える」など)

(2) 戦国大名はいつも戦っていたのか？

●「守護大名の家臣のなかには、力を伸ばし、主君を倒して戦国大名になっていった者もいます。そういうことをなんて言うの？」(「下剋上」)

「じゃあ、戦国大名はいつも戦っていたのかな？　知ってる戦国大名をあげてみよう」(「織田信長」「武田信玄」「上杉謙信」など)

「戦国大名どうしの戦いもあったけど、戦国大名にとってほかに強敵はいなかったの？」(「一揆」)

「戦国大名が戦いに行く目的は何だと思う？」(「都に上がるため」「戦国を勝ちぬいて天下統一するため」)

「最終目的はそうかもしれないけど、じゃあずっと戦ってるの？」（「まずは領土拡大でしょう？」）「本当にそうかな？」

●資料２を読ませる。「どんなことが書いてある？」（「高知で農作物ができないから、食料を強奪するために愛媛に攻めてきたってある」「食料の強奪が目的だったんだ！」「飢饉とかもあった時代だからかな」「足軽が強奪みたいなことをするのも、そのせいなのか！」）

資料２　愛媛県宇和島地方の記録（現代語訳）

> ある７月の下旬、土佐（高知県）の山間では夏はじめより雨が続き、山間の作は悪く、百姓らが飢えるという凶作になった。そこで、土佐から伊予（愛媛県）へ冬・春の食糧を略奪するために軍が押し寄せてきたが、なんとか防ぎきった。

「じゃあ、食料を強奪されないようにするためには、どうしたらいい？」（「攻めてきても追い返す」「追い返せなかったら全部取られるよ」）

「じゃあ、どうしたらいい？」（「収穫の時期とかをずらして、バラバラに収穫できるようにする」）

「実際に宇和島の領主の土居清良は、家臣に対策を考えさせ、作付けを早くして収穫を早くする方法を考えたり、人材を集めて、農業のあり方について考えさせたりしています」

(3)　戦国大名の領国経営

●「朝倉氏の一条谷の動画（**資料３**）から、戦国大名はどんな目的で城下町をつくったのかを考えてみよう」（「商工業を発展させる」「人口を増やす」「あちこちから人が集まるようにする」）

領国を豊かにしようと考え城下町をつくったことを理解させたい。

資料３　動画で観る福井「一条谷朝倉氏遺跡」
公益社団法人福井県観光連盟
www.youtube.com/watch?v=aaphzOHDWsU

「戦国大名がつくった分国法は、土地を売ることを禁止してるけど、どうしてだろう？」「治水工事をおこなったのはどうしてだろう？」（「農業を守って、食料を確保しなければならなかった」「農業のためにはまず水が必要だから」「戦国大名って、戦ってばかりじゃなくて農業の経営のこととかも考えてたんだ」）

留意点

●戦国大名というと、派手な戦いをくり広げていたかのようにとらえられがちだ。ゲームの世界で戦国大名を詳しく知っている生徒も多いだろう。しかし、戦国大名は戦乱に明けくれていたのではないことを、ここでは考えさせたい。

●戦国大名が戦争に行く季節も、１年のうちでは秋・冬が多い。どうして秋や冬なのか、ということも考えさせることによって、戦争をした目的が単に領土拡張だけではないこともわかってくるのではないだろうか。そして、織田信長が最終的にこの戦国の世を勝ちぬけた理由として、豊かな濃尾平野を領地として持っていたことも考えさせたい。（平井美津子）

参考文献
藤木久志『飢餓と戦争の戦国を行く』（朝日新聞社）
北尾悟「なぜ戦国大名は戦うのか」（『歴史地理教育』2010年７月号）

31 金閣と銀閣
室町文化

1時間

ねらい

●室町時代に生まれ、現在につながる文化や風習を通じて、民衆が担ってきた文化の特色に気づく。

授業の展開

(1) 金閣（鹿苑寺）と銀閣（慈照寺）

●金閣と銀閣のカラー写真（**資料1**）を、拡大して生徒に提示する。

「金閣と銀閣は誰がつくったのですか？」(「金閣は足利義満」「銀閣は足利義政」)「金閣と銀閣のちがいはなんだろう？」(「金と銀を使っている」)「じっくり見てください。もっとちがうことはありませんか？」

ヒントも与える。「銀閣の２階は真っ白だね」「銀閣は障子が使われている」「金閣の２階は、窓が開かないようになっている」

「金閣は寝殿造り風と禅宗様の折衷です。広い池がありますね。それに対して『明かり障子』が使われているのは銀閣です。障子の語源を知っていますか？“小さな、さえぎるもの”という意味です」

(2) 東山文化

●「銀閣の東求堂仁斎（**資料2**）と龍安寺の石庭の写真（**資料3**）を見てください」

「風雨のときも室内を明るく保ち防音も兼ねる障子が、鎌倉時代後期から導入され、本格的には、室町期の書院に使われました。障子を閉めるとどうなりますか？」(「静かな環境」)「孤独な空間になりますね。室内にわずかな自然を呼び戻すために明かり障子が使われ、室内空間を豊かに彩る工夫がなされました。内側に見える障子の桟《さん》も、室内を飾る大きな役割を果たしました」

「床の間に飾られるものは何ですか？」(「生け花」「掛け軸」)「生け花には花瓶が必要。置き物の壺とともに『唐物』として珍重されました。唐物とは？」(「中国から来たもの」)

「掛け軸にはどんな絵が描かれましたか？」(「水墨画」)「水墨画家として有名な人物は？」(「雪舟」)「雪舟が絵画技法を学んだところは？」(「中国」)

「書院には、他にどんなものが設けられていますか？」(「違い棚」「ふすま」)「付け書院、明かり障子もあります。板の間ですか？」(「畳」)

資料1　金閣と銀閣

(CC by Kakidai)

(CC by Oilstreet)

資料2　銀閣の東求堂仁斎と平面図

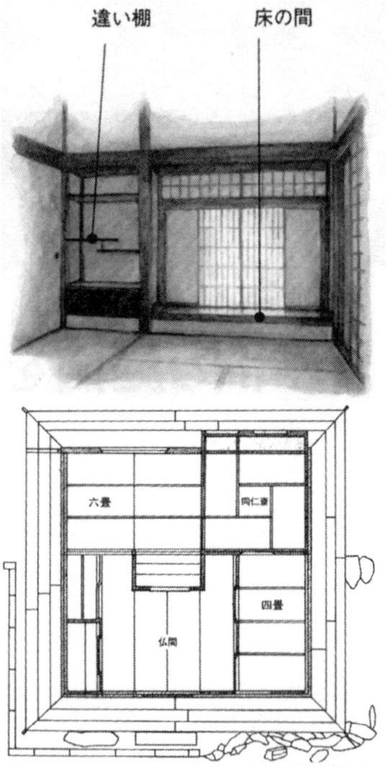

(『向かいあう日本と韓国・朝鮮の歴史（前近代編・下）』青木書店)

「障子を開けると、外に見えるのは？」(「庭園」)「障子を開けることで、屋外の人工的な自然と室内が一体になりました。庭園で有名なお寺は？」(「龍安寺」)「枯山水が有名ですね。白砂と大小の石だけで自然を象徴的に表現したものです。いくつの石を使っていると思いますか？」(「15」)「その庭石のひとつの裏側には『小太郎・清二郎』と刻まれています。中世被差別民の山水河原者である善阿弥・又四郎が作庭したといわれていますが、よくわかっていません」

資料3　龍安寺の石庭（枯山水）

(CC by Hiro2006)　デジタル資料集

(3) 現代につながる文化

●能面を生徒に示し「これは何ですか？」(「能面」)「どんな感じですか？」と特徴を言わせる。

「南北朝時代から猿楽・田楽の能楽師が諸国を巡業しました。そのなかで生活に根ざした神事芸能から生まれたものを、能として大成させたのは誰ですか？」(「世阿弥」)

「世阿弥はどこに流されましたか」「佐渡」

「能とセットで演じられる、室町時代の現代劇は何ですか？」(「狂言」)「太郎冠者《たろうかじゃ》と次郎冠者《じろうかじゃ》のように、底抜けに明るいキャラクターが登場し、笑いの世界へと観客を誘いました」

●「知っている昔話を言ってください」(「浦島太郎」「一寸法師」)

「現代も親しまれているそれらの昔話の原型ができたのもこのころです。教訓・立身出世を題材とした絵入り物語がさかんに読まれ、語りつがれました。何と呼ばれますか」(「御伽草子」)

●「寄合で、和歌の上の句と下の句を次々に別の人が詠むことを何といいますか？」(「連歌」)「宗祇《そうぎ》が代表的な連歌師でした」

「これらの文化は、戦国時代になると地方に広まっていきます。芸術家が一種のプロとなっていく時代です。それを担うのは民衆でした」

留意点

●金閣と銀閣のちがいについては、青木美智男『日本文化の原型』(小学館) 86～88ページに詳しい。この相違が現在の住居へとつながっていることを生徒に理解させたい。

●「唐物」は秀吉の朝鮮侵略の際、それを求めて多数の朝鮮人陶工を連行したことにつながる。この陶工たちが有田焼・萩焼・薩摩焼などをつくることになる。

●黒羽清隆「中世のとらえ方」(『鉄砲足軽ひとりごと抄』地歴社) には、「白拍子、静の舞いも、山水河原者の石庭も、琵琶法師による平家琵琶も、まさに親鸞の言う『卑湿汚泥《ひしつおでい》』の中から咲いた一輪のハスの花ではないか」と記述されている。

(小林 朗)

Ⅳ

近世

32 ルネサンスと日本
新しい文化や技術はこうして生まれた

1時間

ねらい

- **ペスト感染拡大と十字軍によるイスラム文化圏との戦いはヨーロッパに富と新しい文化ルネサンスを生みだした。ではどのような文化や科学を生み出したか。生徒が調べ発表する。**
- **このルネサンスが、のちに日本やアジア諸国に大きな影響を与えたことを調べ発表する。**

授業の展開

(1) 2枚の絵から――中世母子像とルネサンス

「この2枚の絵を見てください。今から600年も前の古い絵です」と言いながら、大きくした**資料1、2**を1枚ずつ見せる。「くらべて、どう感じますか？」(「2のほうがふくよか」「人間らしい」)

「では、この絵は？」と、レオナルド・ダ・ビンチの有名な絵を見せる。(「モナリザ！」)「ではこの絵は、先ほどの絵のどっちの仲間？」(「2」)

「この彫刻はどうですか？」と、ミケランジェロの「ダビデ像」を見せる。(「手に何を持ってるんですか」) ダビデ像にまつわる戦う青年の伝説を話す。

「こうして14世紀ごろからヨーロッパに、新しい人間性を美しく力強く表現する絵や文化が生まれた。このモナリザやダビデ像はその象徴です」

「こうした絵や文化をルネサンスといいます」と、教科書を確認する。「日本語に訳すと『文芸復興』あるいは『文芸再生』。この『復興』『再生』という言葉がポイントです」**資料3**の古代ギリシャの三美神→中世の三美神→ルネサンスの三美神をくらべ、「再生」の意味を実感させる。

(2) ルネサンスとは何か、自分で調べる主体的な学び

- 「ほかにも有名な人や作品があります。自分で調べてみましょう」と、調べ発表学習を展開する。

黒板に**資料4**のような表をつくって生徒に記入させ、みんなで確認し、声に出して覚える。そこで発問。「この表を見て、何か気づいたことはありませんか？」(「みんなイタリアの人！」「絵だけではなく科学の発見もある」) 生徒の発言から、ルネサンスがイタリアを中心に発達したこと、科学の発見や発明もあったことを確認する。

資料1　中世の聖母子像

資料2　ラファエロの聖母子像

資料3　三美神の比較

資料４　ルネサンスを代表する作品と人物

有名な人	レオ	ボ		ガリ
有名な作品や仕事	モ	ビー	ダビデ像	（　　）説の証明
活躍した国				
肖像や作品写真				

(3) なぜイタリアで？

- 「なぜイタリアで開花したのだろう？」と、1096年からの十字軍の戦いの地図（教科書）を見ながら、イスラム教の国ぐにとの貿易と交流の拠点としてのイタリアに新しい文化が流れ込み、また、ペスト感染拡大が人間中心の文化をつくる契機となったことを確認する。

資料５　天動説と地動説

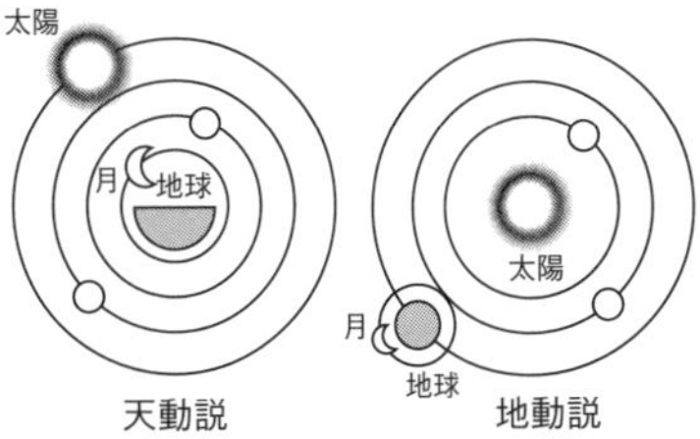

(4)「あなたがガリレオならどうする？」対話的な学びへ

- 「この有名な人（資料４右端）は？」(「ガリレオ・ガリレイ」)「何をした人？」(「地球は丸い」「地球は動いている」) 当時の宇宙観２つ（**資料5**）を見せ、地動説の証明を考える。「どっちが正しい？」(「ガリレオ」)「どうして？」と問い、科学的に証明したことに気づかせる。

ルネサンスは、絵画彫刻などの文化芸術だけではなく、客観的観察に基づく科学の発達をつくりだしたことを確認し、「これは大変なことだったのです」と、**資料６**を読ませる。

資料６　ガリレオの裁判

「あなたならどうしますか？」班で話しあって方策を考え、発表する。「それでも『真実は曲げられない』と言いますか？」と投げかける。「ではガリレオはどうしたか？」最後にガリレオの有名な言葉を教える。「エ　プレ　シ　ムウブエ」(「それでもやはり地球は回っている」のギリシャ語)

(5) ルネサンスは日本にも大きな影響を与えた。ウソ？ホント？

- 「遠いヨーロッパで起きたルネサンスは、日本に何か影響を与えたでしょうか。教科書から調べてみよう」

「火薬を使う鉄砲が来た」「地球が丸いことを知った」など、日本へも大きな影響を与えたことを確認し、今日の学習の振り返りを書かせる。

留意点

- ルネサンスとは何か、教師が説明するのではなく、生徒に発見させ発表させたい。その主体的・対話的学びのプロセスを大切にしたい。
- 遠いヨーロッパのできごとと日本との関係について教科書や資料で考えさせ、文化や技術の世界史的なつながりを大事にしたい。　　　（倉持重男）

33 「チャリン」で免罪? 宗教改革
宗教改革と日本のつながりを読みとく

1時間

ねらい

- **16世紀、日本から遠く離れたヨーロッパでは、宗教改革の嵐が吹いていた。宗教改革とは何なのか、私たちの宗教的行為とのつながりのなかで理解する。**
- **遠いヨーロッパの宗教改革が、日本にどのような関係があるのか、そのつながりについて自分たちで調べ発表する。**

授業の展開

(1) 日本とヨーロッパの宗教行動から

- 「お正月、どこかお参りに行きますか？　そのとき何かしますか？」(「おさいせんを投げる」)「そう。どうしてお金を投げるのかな？」

「ヨーロッパやアメリカでもお参りに行きますが、行く場所がちょっとちがう」と、キリスト教寺院の写真を見せる。

聖書を見せ「なんだと思う？」(「聖書」)「見たことあるかな？」(「ホテルで」)「そういえばホテルに置いてあるね。どうしてかな？」と、身近な例から理解する。

(2) 中世ヨーロッパの免罪符販売——人びとは救われる⁉

- 「そのヨーロッパの中世、今から500年前のキリスト教会で何がおこなわれていたか？」と、「免罪符を売る教会」(資料1）の絵を拡大して見せる。

「何をしてるところなのかな？」(「お金を入れてる」「なにか怪しげな紙を手渡している」など)「その紙には何と書かれていたと思う？」と問い、

> お金を投げ入れてチャリンという音がしたら、あなたは救われる。免罪符を買えば、みんな罪をまぬがれ、天国に行ける。

と書かれていたと説明（免罪符)。「あなたなら買いますか？　中世ヨーロッパの人はどうしたと思いますか」と聞いて、もう一度資料1の人だかりのようすを確認し、キリスト教を信仰するヨーロッパの人びとを理解する。

- 「なぜ教会は免罪符を売ったのだろう？」(「お金もうけ！」)「ヒントはこれです」と、地理で学習したバチカン市国のサンピエトロ寺院の写真に注目させ、寺院改修のための資金集めであったことを理解する。

資料1　免罪符を売る教会

資料2　ルター

資料3　破門状を焼くルター

「そこで一人の男の登場です」とルターの写真(資料2)を見せる。「名前は？　どこの国の人？」と聞く。

(3) ルターの抗議――あなたならどうする⁉

● 「このルターという男、何をしたのか？」と聞き、資料3の絵を見せて推理させる(「何か燃やしてる」「破門状？」)カトリック教会に破門されたルターが、破門状を焼き捨てている場面であることを理解する。

「では、なぜ破門されたのかな？」と投げかけ、「95か条の意見書」(資料4)を読ませる。

資料4　ルターの「95か条の意見書」(部分)

21　教皇の免罪符によって人はすべての苦罪から解放され、救済されると説く説教師たちはあやまちを犯している。
43　キリスト教信者は、免罪符を買うよりも、貧しいものに施しを与え、困っているものに貸し与えるほうがいっそう善い行いだということを教えられるべきである。
62　教会の真の宝は、神の栄光と思し召しによる神聖な聖書である。

● こうしてルターは教会に抗議(プロテスト)した。その内容を理解し、「さあ、あなたは支持しますか、しませんか」と聞く。同じように抗議した人にカルバン(スイス人)がいたことも補足する(資料5)。

資料5　カルバン

「この主張とできごとを、まとめて何と言うかな？」(「プロテスタント」)

「当時の人びとはこの新しい考えを支持したでしょうか？」資料6から考える。

資料6　宗教改革の広がり

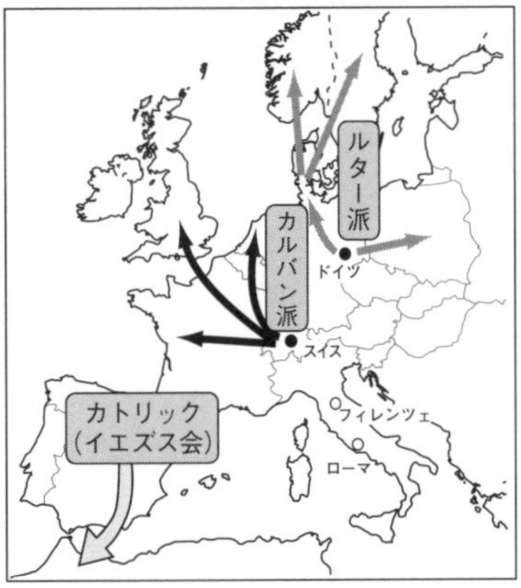

(4) カトリック教もイエズス会を結成

● 「焦ったカトリック教会は何をしたでしょうか？」

まじめな態度と厳しい修行と戒律を重んじる、新しいカトリック教のグループができた。「ロヨラがひきいたこの改革グループの名前は？」(「イエズス会」)

(5) 日本とどんな関係が？――調べてみよう(主体的な学びへ)

● 「こうしてヨーロッパで起こった宗教改革は、遠い日本と深い関係があった。ホント？ウソ？」

「では調べてみよう」とグループワーク。

・日本にキリスト教が伝わってきた。
・ザビエルが来た。
・鉄砲が来た。

この発表を受けて、ロヨラとザビエルの肖像(資料7)を見せる。

資料7　ロヨラとザビエル

(「マリア十五玄義図」京都大学総合博物館)

留意点

● 世界史的学習はあまり深入りできないが、宗教改革の基本だけは押さえたい。その際、できるだけ生徒の日常生活とかかわらせながら、また実際の当時の絵を見て考えながら理解させたい。

● 遠いヨーロッパのキリスト教会内の「もめごと」をなぜ勉強するのか、という生徒の声なき声がある。世界はつながっているという世界史的認識の基礎となるように「日本とのつながり」を大事にしたい。　(倉持重男)

34 大航海時代
コロンという人物を知っていますか?

1時間

ねらい

●ヨーロッパ人の当時の世界観を理解し、新航路を開拓した目的を考える。

●新航路発見により、西ヨーロッパ諸国や世界の情勢はどのように変化したかを考える。

授業の展開

(1)「コロンという人物を知っていますか？」と問いかける。

一般的に知られている「クリストファー・コロンブス」は英語読みであり、スペイン語読みではクリストバル・コロン、彼の生国のイタリアではクリストフォロ・コロンボと呼ばれていたことを教える。本人は、25歳から亡くなる54歳まで、スペイン語読みの「コロン」を名乗っていた。それはなぜなのかを考える。答えは、航海にあたってスペインの援助を受けていたからである。

15世紀以来の探検は、スペインとポルトガルが主であったことを理解し、探検の目的は何であったかを考えさせる。当時は、イタリア商人とイスラム商人が東方貿易を独占していたので、両国は、地中海を経ない貿易路であるアフリカ南端まわり、または西方航路を開拓することに力をそそいだことを理解させる。

資料1　マルテルスの世界地図

「すなわち、世界は、ヨーロッパ、アフリカ、アジアの三大陸から成るというのである。その中で、ヨーロッパ、アフリカについては、比較的正しい地形がわかっていたが、アジア、特に東アジアの地形は、きわめて空想的で不正確だった」（増田義郎『新世界のユートピア』中公文庫より）

イタリア・ジェノバの船乗りコロンブスは、西方航路（大西洋西まわり航海）をスペイン女王イザベルに提案したところ、受けいれられた。コロンブスをはじめ当時の人たちは、世界をどのように理解していたのか、**資料1**から当時の世界観を考える。

当時の世界観は、3大陸説＝ヨーロッパ、アフリカ、インディア（アジア）であり、アメリカ大陸は未知であったことを理解させる。

さらに、当時のヨーロッパ人にとって東アジアの地形は空想的で、東方の国ぐにには犬頭人、首なし人間、有尾人間などの化けものが住んでいると信じられていたことを理解させる（**資料2**）。

資料2　東方の国ぐにの怪物

マンデヴィルの旅行記のスペイン語版に付せられた画。「さらに東のかなたの国々となると、化物の種類はますます多くなり、鼻のない人間、下唇が異常にとび出した人間、口があまりにも小さいので藁で飲物を吸って栄養補給をする人間、片足がなみはずれて大きく、じぶん自身がその下に雨やどりする人間が住んでいる」（同上『新世界のユートピア』より）

(2)「コロンブスはどこをめざしたのだろうか？」と発問する。**資料3、4**を見て考え、意見交換させる。コロンブスがめざしたのはインド半島ではなく、空想的な地形の東アジアに浮かぶ島々のひとつと考えられた「黄金の国ジパング」＝日本が最終目的地であった。

1492年8月3日、コロンブス一行は、サンタ・マリア（長さ23メートル、乗組員39人)、ニーニャ、ピンタの3隻に乗り船出した。

「10月12日、最初にたどり着いた島を、コロンブスは何と命名しましたか」と、西インド諸島の地図を広げて問いかける。答えは「サン・サルバドル島(救世主の島)」であることを確認する。

● 「コロンブスがヨーロッパに持ち帰った農作物は何だろう?」と問い、身近な作物を考える。答えはタバコ、トマト、ジャガイモ、イチゴ、トウモロコシ、トウガラシ、カカオ、インゲンマメ、パイナップル、落花生など。タバコはまたたく間に全世界に広まった。

・アメリカの首都ワシントンD.C.のD.C.とは何かを調べる。District of Columbia =「コロンビア特別区」であることを確認する。この名称はコロンブスにちなむが、コロンブスは死ぬまでアメリカ大陸の存在を理解できず、アメリゴ・ベスプッチがその存在を確認し、アメリカという地名が生まれたことを説明する。

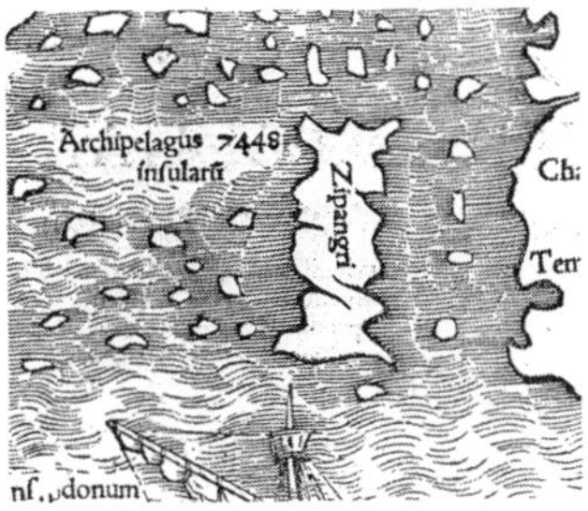

資料3 マルコ・ポーロのジパング

「ジパングと7448の島々」(ミュンスター、1546年?)。「マルコ・ポーロはジパングのことを7448の島に囲まれた王国で、人々は礼儀正しく、金や真珠が満ち溢れた国であると書いている。ジパングという名前は、日本を意味する中国語のジーペンクォ、つまり『日出づる国』に由来する」(社団法人OAG・ドイツ東洋文化研究会『西洋人の描いた日本地図——ジパングからシーボルトまで 図録』より)

・コロンブスはアメリカ先住民の奴隷化を提案した。その後各国がアメリカ大陸に渡り、植民地支配を始めるが、労働力不足になると奴隷貿易をおこなったことにも触れる。

(3) コロンブス、バスコ・ダ・ガマ、マゼランの新航路を教科書や地図帳で確認する。

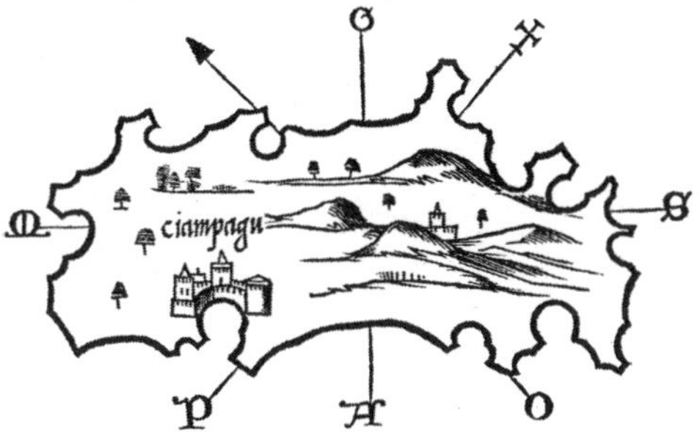

資料4 ヨーロッパで最初の日本地図

日本図(ボルドーネ、1528年)。「これは単独の日本地図としては最初に印刷されたものである。東西に伸びていることと、首都が京都か大阪に当たるような位置にあることが目立つ」(同上『西洋人の描いた日本地図』より)

ポルトガルは香料を求めてインド航路を開拓(1498年)した。その結果、インドの直接領土支配、アジア貿易・香料ルートの独占支配を確立したことを理解する。1543年にはポルトガル人が種子島に漂着し、鉄砲が伝来したことにも触れる。マゼランは世界一周(マゼラン死後の1522年に達成)の途上でフィリピンに来航し、キリスト教への改宗と服従を要求した。これに対してマクタン島(セブ島の沖合)のリーダーのラプ=ラプが抵抗し、マゼランはこの戦いで死んだ。ラプ=ラプはフィリピンでは民族の誇りを守った国民的英雄となっている。

留意点

● コロンブスの航海を中心に授業をすすめるが、コロンブスは「新大陸」を発見したのではなく、「アメリカ大陸までの新航路」を発見したのだということに気づかせたい。先住民の存在を忘れてはならない。

● マゼラン一行に抵抗したフィリピンの英雄ラプ=ラプは、現地で魚の名前にもなっていることを紹介したい。

● アメリカ大陸の植民地化により持ち込まれたインフルエンザで先住民が多数死亡し、アフリカとの奴隷貿易が始まったことを気づかせたい。

(中條克俊)

参考文献

チェゼラーニ『コロンブスの航海』(評論社)
クリストーバル・コロン『コロンブス航海誌』(岩波文庫)
増田義郎『新世界のユートピア』(中公文庫)
同『略奪の海カリブ』(岩波新書)

35 鉄砲とキリスト教
天正遣欧少年使節団から見える日本と世界

1 時間

ねらい

- **新航路発見によるヨーロッパとアジアとの出会いは、信長の全国統一をはじめ日本にも大きな影響を与えた。16 世紀は、キリスト教を通してヨーロッパ―アジア―アメリカ大陸が一体化した時代ともいえる。**
- **少年使節団は、生徒たちとほぼ同世代の題材であり、主体的に学ぶことができる。また、派遣の背景や帰国後の 4 人の“その後”を考えることから、16 世紀のキリスト教と日本との関係を理解する。**

授業の展開

(1) 鉄砲を伝えたのはポルトガル？

〈クイズ〉「1543 年、台風で難破した船が種子島に流れつきました。この人たちが持っていたものが鉄砲（火縄銃）でした。この船はどんな船だったのでしょう」

（ア）中国のジャンク船　（イ）十字架を掲げたイタリアの船

（ウ）ポルトガルの貿易船

答えは「（ア）中国のジャンク船」で、アユタヤからやってきた。ポルトガル人は 2 人で、中国人を中心とする密貿易集団だといわれている。

資料 1　種子島に伝わった鉄砲

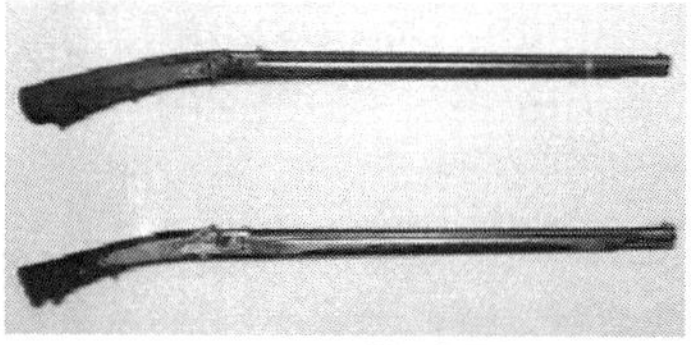

（種子島開発総合センター）

アユタヤは現在のタイ。

(2) キリスト教が日本に伝わる

- 「1549 年にフランシスコ＝ザビエルによりキリスト教が日本（鹿児島）に伝わります」

ザビエルが持ってきたものをクイズで考える。たとえば、「2 枚のガラスがはめられ、それを用いるとくらくらする」というのは「眼鏡」である。他に、鏡、鳩時計、フルート、虫めがね、ワインなどがある。

〈考えよう〉「なぜこんなものを持ってきたのでしょうか？」

（「キリスト教を信じるといいものがもらえるとアピールするため」「販売して儲けようとしていた」）「九州のキリシタン大名の大友宗麟は、ポルトガルから硝石や大砲を手に入れている」と説明する。

〈発問〉「宣教師フロイスは 17 回も織田信長と会っています。このとき、土産として持参したのが『Confeito』です。これは何でしょう？」（「コンフェイト？」「金平糖！」）

金平糖は大名への贈答品として人気を集め、宣教師が民衆への布教の際に利用していた。

〈クイズ〉「金平糖の原料は砂糖です。ポルトガル人は原料のサト

資料 2　天正遣欧少年使節

デジタル資料集

ウキビをどこで手に入れたのでしょう」

（ア）ポルトガル　（イ）ニューギニア

（ウ）ブラジル　（エ）インド

「答えは(ウ)のブラジルです。1500年にポルトガルはブラジルを植民地にし、大規模なサトウキビプランテーションで砂糖をつくりました」

〈グループ討論〉「なぜ信長はキリスト教宣教師を保護したのでしょうか」(「仏教が大嫌いだった」「貿易で儲かるから」「鉄砲をつくるため」「家来を養う」など）

(3) 4人の少年使節団

●資料4を読み、グループで質問や疑問点を考えさせる。

(問い) なぜ2年半もかかったのか？

(答え) 船は季節風を利用した帆船で、季節風の風向きが変わるまで、ゴアなどの都市で半年ほど滞在するので多くの年月がかかった。

(問い) なぜ4人はローマに行ったのか？

(答え) 日本にいたバリニャーノという宣教師の発案であり、ヨーロッパの文化を知ってもらうことと、キリスト教を広めるため。(以下略)

●「4人は無事に長崎に戻ってきました。秀吉は、当初は歓迎したが、その後の4人の運命はそれぞれ異なります。どうなったのでしょう？」

①キリシタンの学校の先生になり病死した（1613年）

②迫害がひどくならないうちに棄教した（1612年？）

③迫害が激しくなり、マカオに追放された（1614年）

④逃れながら決死的な布教を続けたが、長崎で処刑される（1633年）

（①伊藤マンショ　②千々石ミゲル　③原マルチノ　④中浦ジュリアン）

〈グループ討論〉「8年半もかけて行ったのに、帰国後はキリスト教弾圧の時代になっていました。ヨーロッパ訪問は無駄だったのでしょうか？」

(「ここに日本ありってことがわかった」)「東洋に日本というすばらしい国があることを知らせたことは大きい。彼らが持ち帰ったものは？」(「聖書」「印刷機」)「これにより、いろんなものが印刷された。何か？」(「瓦版」「浮世絵」)

資料3　少年使節の往復路

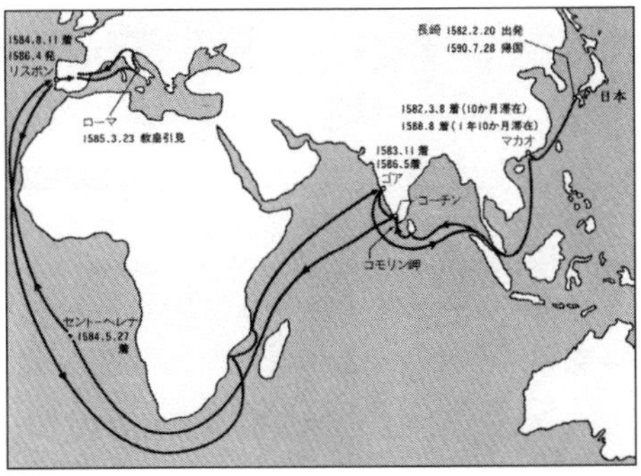

(『ファミリー版世界と日本の歴史6』大月書店）

資料4　少年使節の旅

1582年に海を渡ってヨーロッパに向かった4人の少年たちがいました。彼らは九州のキリシタン大名である大友宗麟らの名代としてローマへ渡った少年たちです。伊藤マンショ、千々石ミゲル、中浦ジュリアン、原マルチノの4人です。1582年に長崎を出た彼らは、中国大陸のポルトガルの居留地マカオ、インドのゴアを経て、2年半後の1584年にポルトガルの首都リスボンに到着します。スペイン・マドリード、そしてイタリアに行き、ローマ教皇にも会い、様々な式典に出席します。1586年に帰路の途につき、1590年に長崎に戻ってきました。

資料5　それぞれの言葉やエピソード

伊藤マンショ：島原半島のキリシタンの学校で先生となったが、1612年の禁教令後に病死。

千々石ミゲル：「キリシタンの教えは非常に悪く、あやまったものである。…実際には、日本の国を奪おうする危険な宗教である」

原マルチノ：ヨーロッパから持ち帰った活版印刷機を使い多くの書籍を出版した。

中浦ジュリアン：処刑時に「われこそはローマを見た中浦ジュリアンである」と語った。

留意点

●キリスト教の布教は、南蛮貿易と植民地化が不可分にむすびついていることを確認する。宣教師は南蛮貿易の案内人、担い手であり、大名にとって貿易の利益は魅力的だったことがキリスト教保護の背景にある。

●印刷機により『平家物語』『太平記』のような日本の作品だけでなく『イソップ物語』等のヨーロッパ文学も翻訳され読むことができるようになった。

●「織田信長」「豊臣秀吉」「ザビエル」「ローマ法王」のうち一人を選び、「中浦ジュリアンからの手紙を書く」課題もいい。　（河原和之）

（例）織田信長への手紙

信長様は、南蛮貿易による利益という理由にしろキリスト教を保護してくれました。秀吉は宣教師を追放しキリスト教を禁止しました。それにより私と一緒にローマに行った他の3人もキリスト教をやめたり、日本から追放されたりしました。私は、キリスト教を信じつづけましたが、江戸時代になり処刑されてしまいました。キリスト教を保護していただいた信長様には感謝しています。

36 信長は悪い人か?
信長が歴史で果たした役割

1時間

ねらい

●**織田信長に対するイメージをゆさぶり、中世社会から近世社会への転換をはかった信長の歴史的役割について考える。**

授業の展開

(1) 信長は悪い人か?

●**〈発問〉**「小学校で織田信長を学習しましたね。イメージ的に信長は悪い人? それともいい人?」(「比叡山を焼き打ちし、皆殺しにしたから悪い」「お父さんのお葬式で焼香台を投げたと聞いた」「小さいころ親に反抗ばかりしていた」「妹を敵と結婚させた」「楽市楽座で商業を自由にした」

「楽市楽座」以外は、おおむね「悪い人」という意見である。「仏教が嫌いで、迷信を信じず、合理的な考え方をする人であった」と説明する。

織田信長

(『ファミリー版世界と日本の歴史 5』大月書店)

当時は、弱小戦国大名だったので、うつけ者(非行少年)を演じることで、他の戦国大名を油断させたとの説もある。

(2) 戦国大名との戦い

戦国大名との戦いについては、桶狭間の戦いと長篠の戦いをあつかう。「桶狭間の戦い」については、奇襲攻撃についての研究者からの疑問についても少しふれる。また、「長篠の戦い」についても、「騎馬隊 VS. 鉄砲」という新戦法について疑問があることを紹介する。(右欄参照)

武田騎馬軍団への疑問

当時の日本の馬は小さく、今のポニーの部類であり、騎乗したままの突入は不可能であった。

〈クイズ〉「桶狭間の戦い(2千 VS. 2万5千)と長篠の戦い(鉄砲隊)で勝てた理由は何か? そのことを考えるために、次のクイズに答えよう」

①信長は長槍を使う専門集団を形成していた。何メートルくらいか?

②当時、鉄砲を1回撃つのにどれくらいの時間がかかったか?

織田鉄砲隊への疑問

3000丁での三段撃ちはかなりの訓練が必要であり、家臣ごとに寄せ集めた銃兵では無理がある。

訓練された信長の軍は約6メートルの長槍を使いこなし、1回25秒で鉄砲を撃てた。

●**〈考えよう〉**「このように武器を自由自在に使いこなせる信長軍は、どんな軍隊だったのでしょう」(「訓練されている」「練習している」)

「当時は領国の農民も兵隊として戦闘に参加したが、武器を使う練習をしていたのだろうか」(「農業の暇なときに練習した」「それは無理」)

長い槍や鉄砲を使いこなせたのは、常備軍を保持していたからである。だが、専属の軍隊を持つにはかなりの財力が必要である。それは、兵士の生活の糧である農村から離れ、軍事に専念するための生活保障をしなければならないからである。

(3) 仏教勢力との戦い

●比叡山焼き討ちの映像を視聴し、**資料1**の長島一向一揆の場面を紹介。

資料1 長島一向一揆

男女すべてなで斬りにするよう命じた。身を水中に投げて死ぬ者も多い。一揆はいろいろ詫びを入れているようだが、決して取り上げてはならぬと命じてあるから、根切り(全滅)になるであろう。9月29日、四重五重に囲みめぐらし逃げられぬようにし、男女2万人あまりが立てこもる城に四方から火を放ち焼き殺した。

〈発問〉「なぜ、ここまで仏教勢力を攻撃したのでしょう？」（「嫌いだから」「天下統一のために邪魔だから」「加賀の国では守護大名を追い出したから」）

比叡山焼き討ちの映像はNHK「まんが日本史　織田信長」（1992年放送）を利用した。

●信長は授業者が勤務する東大阪市から浄土真宗の拠点である石山本願寺を攻撃している。**資料２**から寺を攻める拠点を考える。

〈ペアワーク〉「資料のＡからＥで寺攻めの拠点はどこか考えましょう」

それぞれ理由を聞く。（「物資が運びやすい陸路と水路の交差するＤ」「本願寺に近いＡ」「食料が手に入れやすく、武器も輸送しやすいＣ」など）

「答えはＤにある『若江城』である（現在は城跡の碑だけが残っている）。この城は信長が拠点とする以前から河内にあった。この地は河内の中心に位置し、周辺より高い微高地になっていた。また、楠根川の水運を利用し、大阪湾に出ることもできる。奈良や京都に通じる街道も発達し、農業もさかんであった」と説明する。

資料２　東大阪の地図

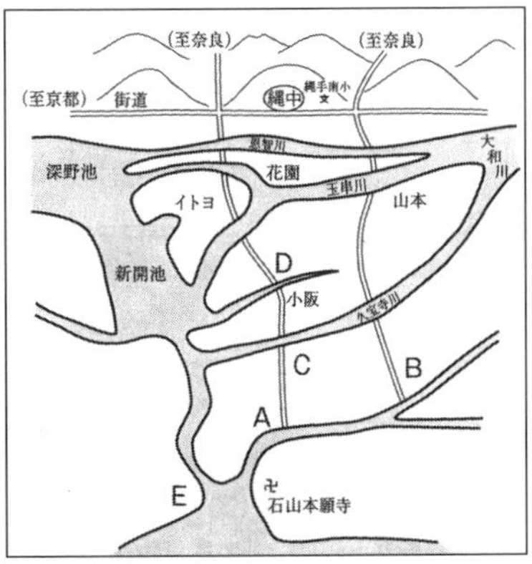

(4) 楽市・楽座の意義

●〈グループ討議〉「**資料３**は、安土城下のイラストです。お坊さん、宣教師、商人それぞれの言葉を考えてみましょう」

・お坊さん「信長に見つかったら大変だ」「信長うっとうしい」「殺されるぞ」

・宣教師「さあ、これから布教しよう」「貿易で儲けなきゃ」

・商人「さあ、ここで儲けるぞ」「自由に商売できていい」

資料３　安土城下のイラスト

〈考えよう〉「楽市・楽座により商人は喜んでいる。それはなぜでしょう」（「これまでは座に入っていなければ商売ができなかった」）「座に入るためには何をしなければならなかったか？」（「お金を払わないといけない」）「誰に？」（「支配者」）

「寺や神社は営業権を持っていた。それを自由にしたのが楽市・楽座で、関所での通行料もなくした。信長は、領国の経済発展のためにさまざまな政策を実施している。楽市令をはじめ、道路の整備、関所の廃止、座の廃止、通貨基準の設定などで商品流通圏の拡大をはかり、堺の商人たちとのむすびつきを深めた」とまとめる。

留意点

●本稿では地域教材として、信長の石山本願寺攻撃の拠点である「若江城」を教材とした（東大阪市立埋蔵文化センターの教材による）。「信長が東大阪にいた！」という驚きは学習意欲を喚起する。

●比叡山の焼き討ちなどの厳しい政策は人道的には批判されるべきであるが、仏教勢力との戦いは、中世の中心勢力であった寺社勢力の力を弱め、封建制度の基礎をつくったことを確認したい。　（河原和之）

37 農民にとって秀吉はいい人か?
太閤検地と刀狩

1時間

ねらい

●秀吉の「検地」「刀狩」を、さまざまな視点で分析し、多面的・多角的にその意義を考える。

授業の展開

(1) 秀吉は「いい人」? 「悪い人」?

〈グループ討議〉「秀吉は農民にとっていい人か、悪い人か？　グループで話しあってみよう」(答えは言わない)

いい人……「わざわざ話しあいさせるくらいだから、何かある！」

悪い人……「刀狩で農民から武器を奪った」「朝鮮に侵略して多くのお金を使った」「検地で年貢を多くとった」

豊臣秀吉

(『ファミリー版世界と日本の歴史 5』大月書店)

(2) 太閤検地は農民にとっていいことか？

検地帳（資料1）を示し、それぞれ何をあらわしているかを一問一答で確認する。

上畠……土地のよしあし　　三畝……面積

三斗九升……収穫高　　宗左衛門……耕作者

資料1　摂津国の検地帳

文禄三年□月
三帳内
摂津国太田郡吹田庄御検地帳
宮木藤左衛門

摂津国太田郡吹田庄御検地御帳
屋敷弐畝拾分　参斗三合　五郎左衛門
屋敷壱畝五分　壱斗五升弐合　助五郎
屋敷弐拾分　八升七合　与二郎
上畠三畝　三斗九升　宗左衛門
上畠三畝五分　四斗一升弐合　藤五

〈発問〉「農民は、検地帳に名前を書いてもらうほうがよかったのか？　それとも書かれないほうがよいのか？」

書いてもらうほうがいい……「自分の名前をアピールできる」「自分の土地だと認めてもらえる」

書かれないほうがいい……「書かれると年貢を払わなければいけない」「働いていなかったら文句を言われる」「ほかのところに行けない」「土地に縛りつけられる」

答えは二分される。土地の耕作権は認められるが、土地に縛られ、年貢をとられるということで、よい面も悪い面もあるということを確認する。

(『ファミリー版世界と日本の歴史 5』大月書店)

(3)「刀狩」を「鉄砲狩」と言わないわけ

「刀狩令」(資料2) を読み、何を言おうとしているか確認する。

〈考えよう〉「刀狩令で、刀、脇差、弓、槍、鉄砲を回収すると書いてあるのに、なぜ『弓狩』『鉄砲狩』とは言わないのだろう」(「刀がもっとも多かったから」「この時代は武器といえば刀だから」)(答えは言わない)

●「刀狩は、農民にとっていいことでしょうか？」全員が、いいことでは

資料2　刀狩令　1588（天正16）年（現代語訳）

> 一、諸国の百姓が、刀、脇ざし、弓、槍、鉄砲その他の武具を持つことを禁止する。その理由は、必要のない道具をたくわえて年貢やその他の税を納めず、一揆をくわだてて武士によくないことをして処罰されると、その者の田畑は耕作されず、領主が得る年貢が減るからである。大名やその家臣は、これらの武具をすべて集めて差し出すようにせよ。
> 一、集めた刀や脇ざしなどは京都の方広寺の大仏の釘やかすがいに使う。そうすれば百姓は来世でも救われるであろう。

資料3　加賀藩の刀狩の実績

刀	1073腰
脇差	1540腰
鑓	160本
こうがい	500本
小刀	700本
合計	3973本

（藤木久志『豊臣平和令と戦国社会』東京大学出版会）

ないという返答。理由を聞く。（「一揆を起こせない」「武器を持つ、持たないは自由」「方広寺の大仏のかすがいに使うなんてのはウソ」）

〈発問〉「資料3は、加賀藩の溝口秀勝という人が取り集めた武具です。これに対して、秀吉はどのようにコメントしたのか？」

（ア）だまって受けとった　　（イ）提出数が少ないと言った

（ウ）鉄砲がないと言った　　（エ）脇差と比較して刀が少ないと言った

答えは「イ」である。鉄砲がないにもかかわらず、そのことについては何もコメントしていない。

「なぜ、鉄砲がひとつもないのに、提出するように言わなかったのか」（「熊やイノシシを殺すのに必要だから」「一揆に鉄砲は使わないから」「竹や槍は農民のシンボルで、鉄砲は使わない」）

「刀狩反対一揆って起こってないよね。ということは、農民は刀狩に対してはそう不満はなかったということだ。農民は自分で自分の土地を守るために武器を持っていたが、戦国大名どうしが戦うときには駆り出された。それをしなくてもよくなるということだ」と説明する。

〈考えよう〉「それでは刀狩の目的は何か？」（「鉄砲などはどうでもよく、刀を回収したかった」「刀は武士の魂だから、こだわった」「兵農分離」）

「刀を持てるのは武士だけで、他は持てない。農民は農業に専念しなさいってことだよね。検地で土地の耕作権を認められ、武器をなくした農民は、戦場に駆り出されることもなくなった。たしかに身分は固定化され、一定の年貢をとられるようにはなったが、農具さえ持ち、耕作だけをしていれば、子孫まで幸せになれるというわけだ」と説明する。

留意点

- 「検地帳」「刀狩令」「加賀藩の刀狩」の3つの資料から、検地と刀狩の本質へとせまる、「資料分析」を軸とした授業である。資料を分析することで生徒の認識をゆさぶり、歴史事象を多面的・多角的に考察する。
- 「豊臣平和令」という藤木久志説による授業であるが、先行実践として川島孝郎『切り口新鮮・歴史ファクス教材』（日本書籍）、『わかってたのしい中学社会科歴史の授業』（大月書店）の三橋広夫実践も同様の視点でおこなわれている。

（河原和之）

参考文献

藤木久志『豊臣平和令と戦国社会』（東京大学出版会）

38 人さらい戦争
秀吉の朝鮮侵略

1時間

ねらい

- 秀吉の２度にわたる朝鮮侵略を、世界史的背景にふれつつ、当時の国内状況から理解する。
- 朝鮮侵略の残虐性や、李舜臣《イスンシン》を中心とする朝鮮人の抵抗について学ぶ。
- 秀吉の政策を多面的・多角的に考えるため、「織田信長からの手紙」「徳川家康への手紙」を書く。

授業の展開

(1) 耳塚の写真から

●資料１を見せる。〈発問〉「この写真は、京都市東山区にある『〇塚』といわれるものです。〇にあてはまる、人間の体の一部は何でしょうか」「首」「耳」「鼻」「顔」「胃」など、自由に発言する。「これは『耳塚』といわれる。秀吉が朝鮮侵略の際に、大名から受けとった耳や鼻を納めた塚で、その数は資料２のようです」

1592年に15万人の大軍で攻め入り、首都の漢城《ハンソン》など各地を占領したことを説明する。そのときの日本軍のようすを紹介する。

(2) 日本軍への抵抗

〈発問〉「日本軍に対して李舜臣《イスンシン》が、資料３の亀甲船をつくり抵抗した。この鉄の針は何のためか？」(「相手をビビらすため」「船に乗りこまれないように」)「では、横の穴は何のためか？」(「船のオールを入れるため」「鉄砲を差しこむ」)

「鉄の針は800本を超えるといわれている。日本の兵士が船に乗りこめなくし、横には鉄砲を撃つ穴が装備されている。この船に日本軍が苦しめられた」と説明する。

(3) 連れてこられた陶工

〈考えよう〉「このとき、約５万人といわれる朝鮮人が日本に連れてこられる。何のためか？」

(ア) 陶磁器をつくらせるため
(イ) 印刷技術を教えてもらうため
(ウ) 船をつくる技術を教えてもらうため
(エ) 兵士として使うため
(オ) 農業をしてもらうため　　　　(答え:ア)

実物の有田焼を見せ、地図から九州北部の陶磁器

資料１　耳塚

資料２　秀吉に送られた鼻の数
（1597年の約40日間）

日付	鼻の数
9月1日	480
不明	1万3127
4日	792
7日	358
9日	641
11日	437
17日	1245
21日	870
26日	1万0040
10月9日	3487
計	3万1477

（『吉川家文書』などより）

資料３　亀甲船

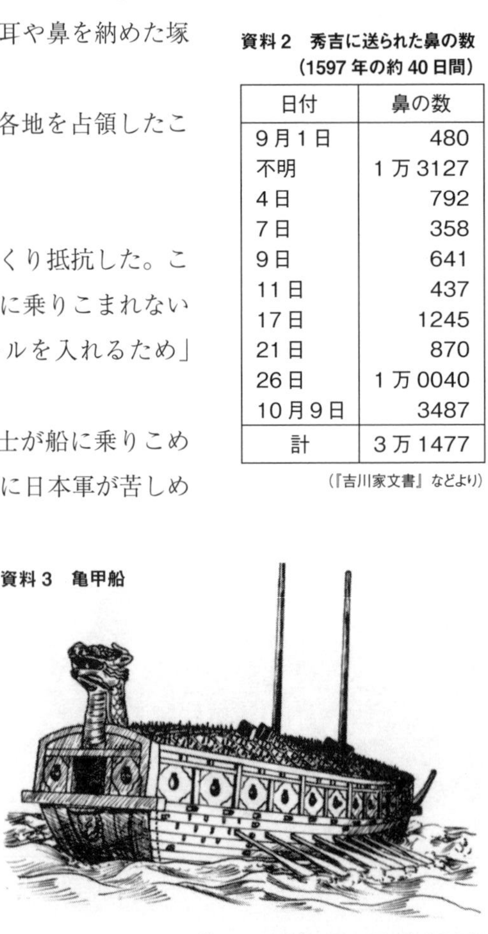

（『ファミリー版世界と日本の歴史6』大月書店）

の産地である「有田」「伊万里」「唐津」の地名を示し、確認する。

(4) 秀吉の朝鮮侵略とは何だったのか？

●「秀吉の当初の目的は明の征服だった。朝鮮にその協力を求めたが拒否されたことによる出兵である。なぜ、当時、大国だった中国を支配しようとしたのか？」

（「けっこうな年齢だったから最後に一花咲かす」「日本を征服したから次は中国、そして世界征服」「中国を支配できるほどの力はなかったのでは？」「戦国時代でかなり武力をアップした」「鉄砲も使える」）

「戦国時代が終わり、武士もほっとしたのでは？」（「逆に暇を持て余した」「活躍するところがない」）

諸大名を配下に従えた秀吉が彼らをつなぎとめるには、恩賞としての領土を与える必要があった。老いた秀吉が世界征服の誇大妄想におちいった。信長が中国征服プランをもっており、秀吉のときに機が熟した、などの説があることを説明する。

信長の中国（明）征服プラン
イエズス会が布教活動を妨害する中国(明)に対して軍事行動を起こすようにスペイン王フェリペ2世に進言し、改宗させた日本人をその尖兵として動員する計画をもっていた。安土城で信長に謁見した宣教師がこの計画をほのめかして反応を探った可能性がある。（茂木誠『世界史とつなげて学べ 超日本史』KADOKAWA）

(5) 次のいずれかのテーマで「手紙」を書かせる。

〈織田信長から豊臣秀吉へ〉（例）

私を裏切り、殺した明智光秀をたおしてくれて、ありがとう。私ができなかった天下統一をなしとげてくれてありがとう。私は誰でも自由に商工業ができるように、楽市・楽座令を城下に出しただろう。それで百姓も自由に商売をできるようにした。おまえは刀狩をおこない、武士と農民を区別する兵農分離をすすめた。さらに百姓が田畑を捨てて武士・町人（商人・職人）になることや、武士が百姓・町人になることを禁止した。それでは、私が出した、誰でも自由に商工業ができる楽市・楽座令の意味がなくなるではないか！

〈豊臣秀吉から徳川家康へ〉（例）

おい！ こら！ 徳川！ 大事な大事な息子をおまえに頼むといったのに、よくも裏切ってくれたな！ だが、私の考えを実現してくれてありがとう。刀狩で兵農分離を、検地で一定の年貢をとるという、すばらしい社会のしくみをつくろうとした。それを完成させて、武士を頂点とした身分制度、そして、農民から一定の年貢をとるというしくみをつくった。しかたない、息子のことは許してやろう。戦乱の時代から260年の平和を築いたのはすごいぞ！ おぬし、やるな。

留意点

●軍事大国日本の台頭は、イエズス会とスペインによるアジア征服計画を挫折させた側面もある。17世紀に入ると新教国オランダ・イギリスが東アジアに来航し、日本では新たな統治者となった徳川がこれと対峙する。

●秀吉にとっては、忠実な大名を総動員したあげく、領土も得られなかったうえに、大名は疲弊し、最終的には豊臣氏の滅亡につながった。

●秀吉の政策を、「手紙を書く」という手法で多面的・多角的に考えさせたが、「秀吉を裁く」というテーマで模擬裁判により考えさせることも可能である。（河原和之）

39 ふすま絵と茶の湯
安土桃山文化

1時間

ねらい

●「豪華・雄大で活気あふれる開放的な文化」という安土桃山文化の特色を、室町時代の「寺」と安土桃山時代の「城」との比較から考える。

●エピソードを軸に、日本の伝統文化である「茶道」「歌舞伎」を学習し、なぜ、この時代に誕生したのかを考える。

授業の展開

(1) 拝観パンフレットから桃山文化の特色にせまる

室町時代に建設された金閣寺や銀閣寺の拝観パンフレットと、安土桃山時代に建設された大阪城・姫路城・安土城・伏見城・犬山城などの入館パンフレットを、1部ずつ（合計2部）各班に配布する。

●〈書く〉「両者（たとえば銀閣寺と大阪城）のちがいを、思いつくままふせんに書きましょう」（「大きさがかなりちがう」「ふすまの絵がちがう」「地味と派手」「静と動って感じ」「寺と守りで目的がちがう」「ふすま絵の色の数が多い」「城には部屋がいっぱい」「高さがちがう」）

各班に画用紙を配布し、ふせんに書かれた内容をグルーピングする。

・目的　・大きさ　・ふすま　など

●〈書く〉「画用紙に、ひと言で“題字”を書いてください」（「豪華絢爛！桃山文化」「巨大、巨大！派手、派手！桃山文化」「守りより権力を示した城」「水墨画から多色刷りのふすまへ」「活気あふれる桃山文化」など）

桃山文化の「豪華・雄大で活気あふれる開放的な文化」という特色をまとめる。

(2) 千利休はなぜ殺されたか？

教室に茶の湯の用意をする。1～2名、前に出てお茶を飲ませる。

「茶の湯（茶碗と茶筅《ちゃせん》）は、禅宗の喫茶の儀礼をもとに、鎌倉時代の終わりごろ、数人が集まって茶を飲む茶会の形式から始まりました。東山文化のころには、たいへんさかんになり、日本独特の正座も茶の湯の作法から生まれました」と説明する。

●「次の言葉は、茶の湯を大成した千利休の言葉です。『粗末な建物でいい、ただ湯を沸かし、一輪の花をいけ、客を大事にしながら、静かに茶をたてて飲むことが大切だ』」

〈考えよう〉「千利休は、秀吉によって自害させられます。なぜ、そうなったのでしょう」

資料1　姫路城

古川清行『人物・遺産でさぐる日本の歴史8』（小峰書店）より。

（「あまりにも作法が簡素だから」「秀吉は静かなのが嫌いだから」）

「秀吉は、ぜいたくな茶室で茶会をおこないました。柱・壁・天井などには金箔が貼られ、釜・茶道具などもすべて金製でした。このような派手好みの秀吉と、“わび茶”を志向する千利休の対立が、自害させられた要因です」

(3) 歌舞伎の始まり

歌舞伎を1分程度、DVDなどで視聴する。

〈クイズ〉「歌舞伎の語源は“傾《かぶ》く”である。○か×か？」挙手させる。×が圧倒的に多い。

“傾く”とは、わざと人目をひくような服装やふるまいをすることを言い、その傾いた服装や踊りを演劇にとりいれて大評判になったのが出雲の阿国であることを説明する。

「出雲の阿国は、男性でしょうか、女性でしょうか」答えは女性。

「なぜ、出雲というのか？　出雲大社と関係あるのでしょうか」

出雲大社の巫女とも、流れ芸人ともいわれているが、はっきりしない。

「なぜ、この踊りが評判になったのでしょうか」（「変わった踊りだったから」「戦国時代の嫌だった時代のうっぷんを晴らす」）

戦乱の世を体験した人びとの「せめて今だけでも楽しく生きたい」という思いと、「新しい時代が来そうだ」という期待が反映されている。

「出雲の阿国は何歳で亡くなったのでしょうか。資料集から調べてみよう」（「書いてない」「“？”だよ」の声）

「出雲の阿国の晩年はわかっていません。歌舞伎を始め、人気を集めたにもかかわらず、後半生についてははっきりしない。だから死亡の年もわかっていない。75歳とか85歳まで生きたともいわれています。故郷の出雲に帰って智月院と名乗る尼僧になり、読経三昧の日々を送ったとも、小田原や京都でひっそりと亡くなったともいわれています。出雲大社と京都大徳寺、2か所に墓が残っています」

留意点

- お城の入館パンフレットから、安土桃山文化の特色を考えさせる。単に特色を暗記させるだけではなく、じっくり分析することから特色を理解させる。
- 「茶の湯を大成した」との意味は、わかったようでわかりにくい。「千利休はなぜ秀吉に自害させられたか」を考えることから、千利休の「茶道の精神」を理解させる。
- 歌舞伎が人びとに支持された時代背景を軸に、開祖である出雲の阿国について、エピソードを中心に学習する。　（河原和之）

参考文献

歴史のふしぎを探る会『学校では教えない歴史のその後』（扶桑社文庫）

40 江戸幕府の成立・大名の統制

1 時間

ねらい

- **徳川家康が政権をにぎった経過と、江戸幕府のしくみの特色を理解させる。また、江戸幕府の、他に類のない財政的基盤に着目する。**
- **江戸幕府の成立には、「乱世」から「無事の世」を望む民衆の願いが反映されていることに気づく。**

ワークシート（4−40）

デジタル資料集

授業の展開

(1) うちつづく戦乱の世を体験した民衆が望んだのは、どんな社会だったのだろう

- 『おあむ物語』（関ヶ原の戦いのころの首実検前の一場面。**資料1**）を黒板に提示し、「なにコレ⁉ と気づいたことがらを書きましょう」と問う。班ごとに意見を出させ、教師は板書をする。または、ホワイトボードに書かせて前に掲示する。（「鎧や刀がある」「女性が首を持っている」「口を開けている」「口の中に何かをしている」（身分の高い武士に見えるように、討ちとった首にお化粧やお歯黒をしている）「鉄砲が置いてある」「生首がかけてある」「首に名札がついている」など）

「この絵はどんなできごとと関係が深いか、予想してみましょう」と問う。生徒から意見が出なければ、教科書を見て、大きな戦争を調べさせる。

「『大坂夏の陣図屏風』（**資料2**）を見て、民衆は戦争によってどんな被害を受けているか、読みとりましょう」と問いかける。（「女性が武士に誘拐されそうになっている」「武士がものを盗もうとしている」「武士が首をとろうとしている」「民衆が手を合わせて助けを乞うている」など）

(2) 社会の変化をとらえよう

社会はどう変わっていったか、ワークシートによりまとめさせる。その際、室町時代から戦国時代が、武力によって自分たちで諸問題を解決する時代（自力救済）だったのに対して、戦乱のない世の中を求めた民衆の要求を反映して、江戸幕府が成立する点に気づかせたい。

次に、権力をにぎった家康が出させた「覚《おぼえ》」（**資料3**）

資料1　『おあむ物語』の一場面

デジタル資料集

（国立公文書館）

資料2　「大坂夏の陣図屏風」（部分）

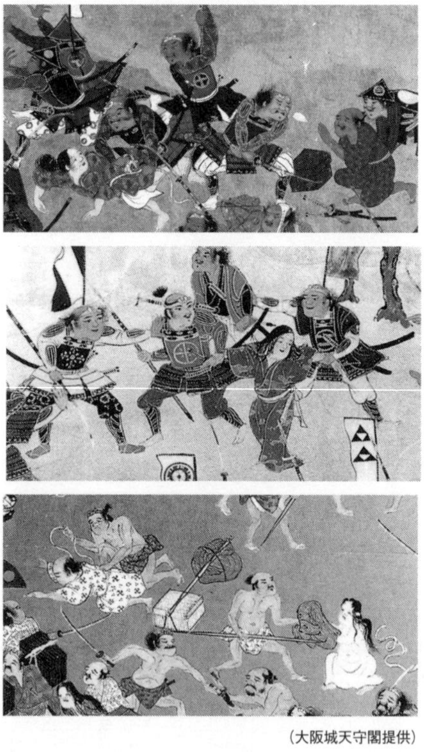

（大阪城天守閣提供）

資料3　家康が出させた「覚《おぼえ》」（深谷克己『江戸時代』岩波ジュニア新書、24～25ページを平易にしたもの）

一条目　領主や代官に非があって、百姓が村を立ち退いた場合には、領主たちが逃げたと届けてきても百姓を返してはならない。
二条目　年貢の未納分があれば、幕府の奉行が立ち会い、隣村の年貢率で精算し、それが済めばどこに百姓が住もうとかまわない。
三条目　百姓が直目安（正式手続きをへないで訴えでること）で領主を訴える場合は、村を立ち退く覚悟でやらなければならない。
四条目　年貢でもめる場合は、隣村を参考に解決を図ること。年貢率は、百姓の側から高い低いと直目安を出してはならない。
五条目　全体に直目安は禁止する。領主に百姓が妻や子どもを人質に取られてやむを得ない場合は、まず幕府の代官・奉行に目安（訴状）を出し、それでも願いがきかれない場合は直目安を上げること。手順を無視すれば処刑する。
六条目　ただし当の幕府の代官に非があれば、直接目安を出してもよい。
七条目　百姓を考えもなく殺してはいけない。罪があって捕らえた場合にも、幕府の奉行所で弁解をさせたうえで処置をすること。

を読ませて、その内容を確認させる。

(3) 江戸時代の支配のしくみの特色

● 「『天下はまわりもち』という下剋上の考えがまだまだ残っていたときに、家康がやったことは何ですか？」と問い、家康は権力を徳川家に継嗣させようとしていたことをとらえさせる。

「全国の諸大名を完全に従わせるためには、どんな力が必要だったでしょうか。『○○力』という言葉で表現してみよう」「軍事力」「経済力」「政治力」を生徒から引き出し、それぞれの要点を板書する。

さらに家康は死後「権現様」として神格化されたことにふれる。

(4) 江戸幕府のしくみと大名統制について

教科書を参考にワークシートの空欄に適語を入れさせて、まとめとする。

留意点

●生徒たちがもし関ヶ原の戦いの年に生まれていたとしたら、中学3年生のころに大坂夏の陣が起こることになる。続く戦乱のなかで百姓たちの村は武士の軍勢にしばしば蹂躙され、働き手である男たちは戦力として動員され、またみずからそこに身を投じたりと、安心して農業経営に打ちこめるものではなかった。戦国領主たちもみずからの領国経営のために農業生産を安定させる必要があり、「乱世」から「無事の世」の実現が求められていたことを理解させる。

●班での話し合いは、4～5人編成の小集団を活用して絵画資料を見させる。生徒の興味を引きだし、授業を活性化しよう。

●家康が圧倒的に有利な経済力と軍事力で大名をリードし、秀忠に将軍職をゆずり、徳川氏が代々独占することを示したり、死後は権現様と呼ばれ「神」として威光を示したことにもふれておく。　（岩本賢治）

41 江戸時代の身分制度

1 時間

ねらい

● 江戸幕府は兵農分離によって身分制度を確立し、民衆を支配したことを理解する。

授業の展開

(1) 江戸時代の身分にはどんなものがあったのだろう

ワークシート（4−41）

● 資料 1 を提示して、「この絵の中には、どんな身分の人たちがいますか。何をしていますか」と問う。（「武士」「農民」「敷物をしいて米を出している」「米を入れている」「武士が座って見ている」「下級武士が棒をもって米俵を見ている」「俵をかついで蔵の中に運んでいる」）

「まとめると、農民＝百姓は何をしていますか。武士は何をしていますか」（「百姓は、年貢米を納めている」「武士は、年貢米を納めさせている」）

「年貢の割合は、収穫のおおよそ何％でしょうか」（「5 公 5 民だから 50％です」「4 公 6 民だから 40％です」）

この絵には、基本的な身分である武士（A）と百姓（B）がいることがわかるが、B は年貢を納めさせられ、A は納めさせていることを確認し、支配する武士身分と支配される百姓（農民）身分があることを理解させる。

資料 1 「農耕春秋図六尺六曲一隻屏風」

（会津若松市）

江戸時代は、人口の 7％にすぎない武士が、大多数の人びとを支配した社会であることをつかませる。「江戸時代を、学級定員の 40 人の村にたとえてみます。中心に近い人物を 3 人、武士として赤色で着色しましょう。次に町人を 2 人、黄色で。公家や僧侶神官を 1 人、白色で。そのまわりに百姓を 34 人分、緑色で塗りましょう」と、生徒にワークシートの作業をさせる。少数の武士が、百姓や町人たちに取りかこまれるようにイメージされるだろう。

資料 2 身分別の人口比率

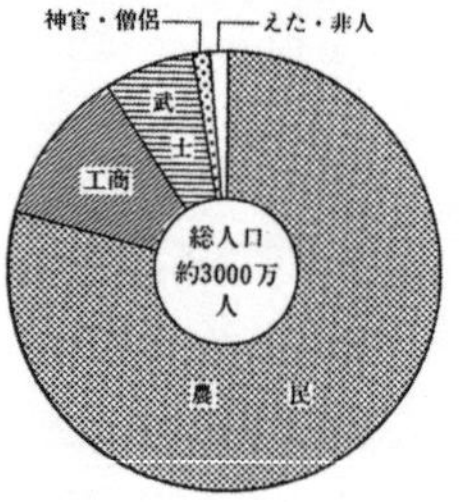

● 「大多数の百姓や町人を、少数の武士が支配しつづけるために、どんな工夫をしたのでしょう。考えて書きましょう」少数者が多数者を支配するためには、暴力だけでは治めることができない。「幕府は、身分制度を維持するために、身分秩序を基本とする儒教の考えを重んじました」などの教科書の記述を参考に、ワークシートに書きこませる。また、それぞれの身分の中にも上下関係が組みこまれていたことにふれたい。

● 「百姓の子が武士になることは可能でしたか。『はい』か『いいえ』で答えましょう。また、なぜそう思ったかを書きましょう」（「いいえ。当時は、身分によって住む場所と職業が決められていたから」）

この発問は、板倉聖宣『日本歴史入門』（仮説社）を参考にした。

(2) 百姓と村のようすを調べよう

ワークシートの設問を教科書で調べさせる。

・「税である年貢を確実に徴収するために、村の役人を定めました。なんという村役人か、書きましょう」(「名主（庄屋)、組頭、百姓代」)

・「百姓身分の中には、またどんな格差がありましたか」(「本百姓と水呑百姓」)

・「犯罪の防止や年貢の納入に共同の責任を負わせる制度を何といいますか。また、村のおきてを破るとどうなりますか」(「五人組」「村八分」)

・「村には『かわた』という人びともいました。彼らはやがて、幕府の身分支配のなかで『えた』と呼ばれるようになり、より下位の身分に置かれました。彼らは百姓と同じように農業をおこないながら、ほかにどんなつとめを強制されましたか」(「皮製品やわら細工をつくる手工業者だったが、死んだ牛馬の処理や刑罰の執行役を強制された」)

(3) 町に住む人びとのようすを調べよう

・「町に住む商人や職人を、まとめて何といいますか」(「町人」)

・「では、武士はどこに住んでいますか。町ですか、村ですか」(「町」)

・「武士の特権を書きましょう」(「苗字と帯刀」)

・「町や村には、貧困や刑罰によって『ひにん』とされる人びともいました。彼らは、どんな仕事を強制されましたか」(「村や町の番人やそうじ、乞食、芸能をおこなった」)

(4)「幕府は、この身分制度を維持するために、どんな考えを重んじましたか。その考えでは、女性の地位はどのようでしたか」(「上下の区別を重んじる儒教の考えを重んじ、女性の地位は低く置かれた」)

留意点

●江戸時代は身分の秩序を基礎に成り立っていた。武士は政治や軍事を独占し、苗字・帯刀などの特権をもつ支配身分で、将軍を頂点に大名・旗本・御家人などからなり、主人への忠誠や上下の別が厳しく強制された。被支配身分は、農業を中心に林業や漁業に従事する百姓、手工業者である職人、商業を営む町人の３つが主であったことをつかませたい。

●村は集落や田畑、山野などをふくむ領域をもつ共同体であり、村の自治に依存してこそ、年貢の割りあてや収納を実現し、村民を支配することができた。支配の厳しさを強調するあまり、その点がおろそかになってはならない。

●発展課題で、明石城下の地図（**資料３**）を着色させる。城下町は、武家地、寺社地、町人地など身分ごとに居住地域がはっきり区分されており、城郭と武家地がその大部分を占め、政治・軍事の中心が置かれていることに注目させよう。

（岩本賢治）

資料３　明石城下の地図

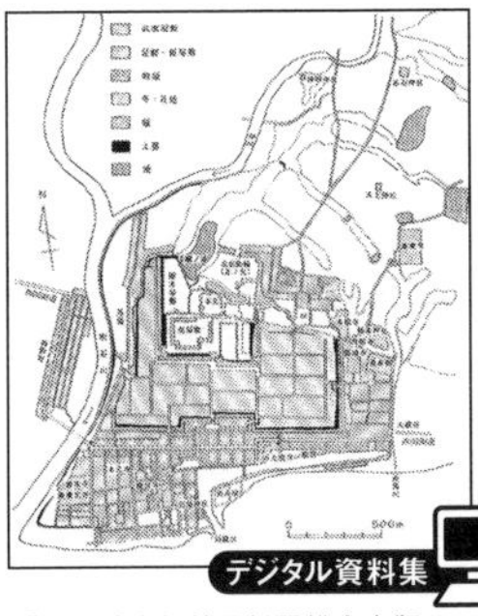

デジタル資料集

（『明石城史』神戸新聞総合出版センターより）

42 幕府による貿易の統制
朱印船貿易と禁教

1時間

ねらい

●江戸初期の対外関係に注目させながら、朱印船貿易による日本人の海外進出について理解する。

ワークシート（4−42）

デジタル資料集

授業の展開

(1) 絵馬を読みとらせ、朱印船貿易に興味をもたせる

●資料1の絵馬を見て、当時の船乗りや商人たちのどんな願いが込められているか、書きましょう」(「人が帆のほうを向いているので、よい風が吹くようにと願っている」「真ん中の人が手をかざして後ろを見ているから、故郷をふりかえっている」「船が遭難しないように願っている」)

資料1　絵馬（「安南渡海船額」）

デジタル資料集

（滋賀県近江八幡市日牟禮八幡宮に掲示されている複製で、筆者撮影。実物は国指定重要文化財）

(2) 朱印状を読ませ、貿易の広がりを考えさせる

●「朱印とは何ですか？」と問い、朱肉を使って押した印、特に戦国時代以後、将軍や武将が公文書に押したものであることを説明する。

「資料2の朱印状には、何と書いてありますか。地名を読んでください」(「にほん」「とうきょう」)「日本よりとうきょうに至る、ですか？　何かおかしな点はないですか？」「『とうきょう』ではなく別の読みかたをします。教科書で調べましょう」ベトナムのトンキンであることを確認する。

資料2　東京渡海朱印状

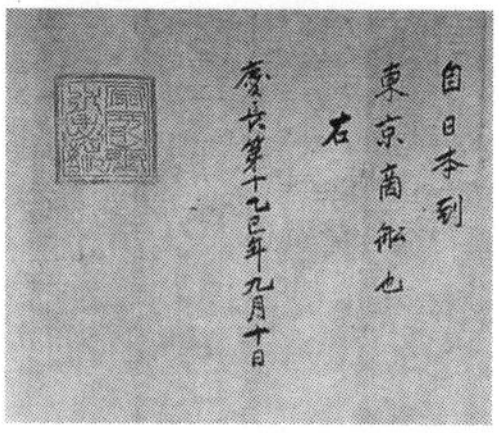

（前田育徳会）

「トンキンは今のどこの国にありますか？」(「ベトナム」)「当時の日本が貿易をしていた地域を、今の国名を挙げましょう」(「ベトナム」「ラオス」「カンボジア」「タイ」「マレーシア」など)

「日本人たちは、東南アジアに行って何を買ってきたのですか。代金として何を支払ったのですか」(「生糸や絹織物」「銀」)

(3) 朱印船貿易の担い手を確認させる

●「幕府は朱印状を350通以上発行しました。その内訳は右のとおりです。(　　　)には、どんな人たちが入るでしょうか。ヒントは、島津・有馬などの人たちです」(「大名」)

資料3　朱印状発行の内訳

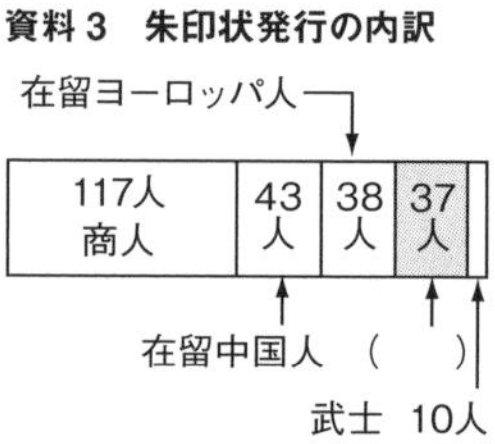

「この船は、春夏秋冬のいつ出発しますか。なぜそう思いますか。理由をあげて答えられる人はいますか。地理で学習したことを思い出してください。ヒントは、季節風です」(「冬の季節風が吹くときに出発する」)「約40日かかって東南アジアまで行きます。では、帰ってくるのはいつですか」(「夏」)「現地で活動できる期間はどのくらいですか。およそ半年ですね。そのあいだに買いつけをおこないます。買いつけをしやすくするために、日本人たち

はどうしましたか」(「現地に住みついて買いつけする人を残してきた」)「そうして東南アジア各地にできた、日本人が住む町を何といいますか」(「日本町」)「このような貿易を『朱印船貿易』といいます」

(4) 幕府が貿易の利益を独占するため、禁教と海禁政策をとったことを理解させる。

● 「この貿易が成功すると、1回で投資した金額の3～10割の利益がありました。先の絵馬を奉納した近江八幡の大商人・西村太郎右衛門は、日本を出て20年のあいだに東南アジアで得た多くの財産をもって長崎に帰国しました。しかし、故郷に帰ることができませんでした。許可を得て出国したのに、なぜ帰れなかったのでしょうか」と問い、教科書で調べさせる。(「幕府が、外国にいる日本人の帰国を禁じたから」)

「東南アジアでさかんだった日本町はどうなりましたか。ワークシートを読んで考えましょう」(「さかんだった日本町がなくなってしまった」)

「許可を与えて貿易をさせたのに、禁止したのはなぜですか。この前にどんなできごとがありましたか」(「島原・天草一揆」)「島原・天草はどこにありますか」(「今の長崎・熊本県」)「1637年、キリシタンの多かった島原・天草地域で、農民3万7000人が、重い年貢の負担とキリスト教への迫害に対して島原・天草一揆という大きな一揆を起こしました。**資料5**を見てみましょう。どんなことが起こっていますか」

島原藩はキリスト教の信者に対して、俵づめ・みの虫の刑、火あぶり、水責め、指つめ、穴つるし、硫黄《いおう》責め、子責め、みの踊りなど、あらゆる手だてを使って処刑した。

「江戸幕府は、貿易やキリスト教に対してどんな対策をとりましたか」と問い、ワークシートの年表を完成させる。これらの政策によって、外国との貿易はどうなるか予想させる。生徒は減少すると予想するが、予想に反して貿易額は伸びる。貿易の中心がオランダと中国になったのである。

・ワークシートの最後の設問「幕府政治のねらいは何でしょう。また、この幕府の政策を、のちに何といいましたか」は、ややむずかしいが、貿易が幕府の管理貿易に移行したことを押さえておきたい。

資料4 朱印船航路と日本町

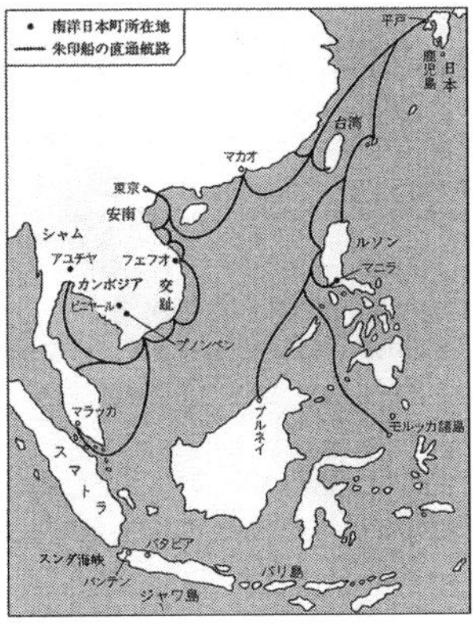

(『ファミリー版世界と日本の歴史6』大月書店)

資料5 『吉利支丹退治物語』

(国立国会図書館デジタルコレクション)

留意点

●輸出入品を確認させる。輸入品は、原料としての生糸と、製品としての絹織物である。ほかに塩硝《えんしょう》(火薬の原料)、胡椒《こしょう》、象牙、香木、黒砂糖、鹿皮、鮫皮などの原材料や嗜好品である。輸出品は、主に銀であった。当時の日本の銀の産出量は世界の3分の1を占めていたという。

●東南アジアの日本町が消えていった事実から、「日本町に異変があったのか、日本本国に異変があったのか」を問いかけ、海外政策の変化に気づかせる。幕府による貿易の利益独占とキリスト教への禁教政策である。(岩本賢治)

43 鎖国下の対外関係
朝鮮通信使と蝦夷・沖縄

1時間

ねらい

● **「鎖国」は、決して「国を鎖《とざ》す」ことではなく、海外との交流がさかんにおこなわれていたことを理解する。**

ワークシート（4-43）

デジタル資料集

授業の展開

(1) トウガラシやサツマイモの伝播から、江戸時代の海外交流に興味をもたせる。

●トウガラシを見せて、「この野菜は何でしょう」と聞く。「この野菜を使った料理にはどんなものがありますか」(「キムチ」)。サツマイモの写真を見せて、「この野菜を使った料理にはどんなものがありますか」(「スイートポテト」「焼き芋」)「キムチや焼き芋は好きですか。この２つの農作物は、朝鮮と日本の交流に関係があります」

●「この野菜の伝わり方はどうだったでしょう。予想しましょう」

「朝鮮から日本へ」が多数で、「日本から朝鮮へ」は少数だろうが、実はトウガラシは秀吉の朝鮮侵略にともなって日本から伝来したとする説が有力である。一方サツマイモは、朝鮮通信使での日朝交流によって、18世紀中ごろ朝鮮でも栽培されるようになる（趙曮《チョオム》『海槎日記』）。

(2) 朝鮮通信使とは何か調べてみよう。「資料1を見て、気づいたことを出しあいましょう」(「みこしに乗っている人がいる（正使）」「帽子をかぶって、ひげをはやしている人が多い」「『正使』の前の馬に乗っている人（小童）は、ひげも帽子もない」「旗を持つ人（清道旗とは、朝鮮王朝の国書が通る道を清める露払いの役）」「みこしを担いでいる人がいる」「馬上の人は弓矢を持っている（軍官）」「行列の周りに日本人（武士）がいる」「日本人はひげも帽子もない」など)

資料1　朝鮮通信使（『朝鮮通信使絵巻』）

（長崎県立対馬歴史民俗資料館蔵）

デジタル資料集

(3) 朝鮮通信使の規模や意義を考えさせる。

●朝鮮通信使の行列が通過するのに要する時間を予想させる。(「5時間」)

朝鮮通信使は、どこから何のために来たのか。日本と朝鮮、どちらの求めで来たのか。総じて国交を早く回復したかったのはどちらかを考えさせる。

秀吉の侵略によって途絶えていた日朝関係を改善するため、家康は使節派遣を要請した。朝鮮側は、連行された人びとの帰還や、日本にふたたび侵略の意図がないかを探るために派遣を決める。幕府側は、徳川政権安定

朝鮮通信使に関する記録が2017年にユネスコの世界記憶遺産（世界の記憶）に指定された。

の慶賀を名目と考えたが、朝鮮側の目的はその後も維持された。費用を日本が負担したことから、日本の求めであったことを確認する。

「この行列は、どこからやってきたのですか」(「朝鮮国の漢城《ハンソン》」)

「何のためにやってきたのですか」(「将軍の就任のお祝いのため」)

この大行列の名称を答えさせ、江戸幕府がこの大行列を庶民に見物させたのはなぜかと問う。(「幕府が朝鮮国を従えているように演出するため」)

(4) 食材から琉球と蝦夷地、そして中国との交易を考えさせる。

●資料2を見せ、「この料理はクーブイリチーといいます。使われている食材は何でしょう。どこの地域の料理でしょう」(「昆布と豚肉」「沖縄」)「昆布の主な産地はどこですか」(「北海道」)

「北海道の特産物が、なぜ遠く離れた沖縄でよく食べられるのでしょうか。江戸時代には、北海道と沖縄をむすびつける道(昆布ロード)がありました。昆布はさらに、長崎や沖縄から、ある国への重要な輸出品のひとつとなりました。何という国でしょう」(「中国」「清」)

「沖縄(琉球国)と幕府の関係はどのようなものでしたか?」(「薩摩藩に征服されたが、中国との貿易は許可された」)

「沖縄の使節は、琉球国王や将軍の代替わりごとに江戸まで派遣されました(資料3)。薩摩藩は、その行列を中国風に仕立てるよう命じました。なぜこのようなことをさせたのでしょう」(「外国が将軍に従っていると見せるため」「幕府と薩摩藩の権力が、遠い外国までおよんでいると演出するため」)

●「資料4は、武士(和人)とアイヌの人たちがあいさつをする儀礼のオムシャ図です。武士は図のどちらにいますか。アイヌの人びとはどこにいますか」(「武士は左上で、アイヌは右下」)

「両者の関係はどのようなものですか。なぜ、そう思いましたか」(「武士が支配し、アイヌが支配されている。理由は、武士が一段高いところにいるから。アイヌは土下座をしているから」)

「昆布を採取していたのはアイヌの人たちでした。他に鮭やニシン、熊やラッコの皮なども和人の米・酒・綿布などと交換しました」「幕府が松前藩に蝦夷地交易の独占を認めてから、武士(和人)とアイヌの交易の交換比率は悪化していきました。そこでアイヌの人びとは、かつてのようなアイヌ主体の交易を求め、戦いを起こしました。何という戦いですか」(「シャクシャインの戦い」)

留意点

●朝鮮通信使の行列は約400～500人(随伴する日本人を含めると約2000人)と大きく、その中にはすぐれた学者や医者も含まれ、日本の学者や文人との交流がはかられた。行列を見せることにより、将軍や幕府の権力を知らしめる効果もあった。

(岩本賢治)

資料2 クーブイリチー

資料3 「琉球人行列絵巻」

(沖縄県公文書館蔵)

資料4 「日高アイヌ・オムシャ之図」

(函館市中央図書館蔵)

アイヌ交易の交換比率

〈アイヌ〉 干し鮭100匹

↑↓

〈和人〉 米約28kg

(1641～1648年ごろ)

1669年ごろには約11kgになり、よりアイヌに不利になった。

資料5 疫神社の唐子踊り(岡山県瀬戸内市牛窓地区)

朝鮮通信使をまねた行列や踊りが各地の伝統行事に残されているので教材化したい。

44 産業の発達
新田開発

1時間

ねらい

●**江戸時代における農業の進歩と諸産業の発達について理解するとともに、その原動力について考える。**

ワークシート（4-44）

授業の展開

(1) 江戸の高度成長時代について、グラフから読みとらせる

●「資料１のグラフ『田畑の面積の変化』を見てください。江戸時代を通じて、日本の田畑の面積は約何倍になりましたか」（「2倍」）

「江戸時代に新しく開いた田畑を何といいますか」（「新田」）

「荒れ地だったところを田畑に変えるためには、何が必要になりますか」（「用水路やため池」）「身近な地域にそのような例を探して書きましょう」（「〇〇新田」などの地名を探して答える）

学校の校区を含む２万5000分の１の地形図を用意する。校区に地名がなければ、できるだけ校区に近いものを選ぶとよい。地域には、少し調べれば、江戸時代の新田開発がわかる地名がたくさん残されている。また、新田開発にともなう用水路（堀割）もつくられている。

●「資料１の下のグラフを見てください。石高（収穫高）は江戸時代を通じて何倍になりましたか」（「約1.5倍」）

「資料２を見てください。石高（収穫高）が増加しているのは何地方ですか」（「東北地方」「関東地方」「中国地方」「九州地方」）

(2) 田畑や収穫高の増加の背景には、どんな農業技術の改良があったのか

●「どうすれば収穫高が増えるでしょうか。話しあってみましょう」（「肥料をたくさん入れる。工夫する」「水をちゃんとやる」「太陽が当たるようにする」）

「資料３の農具は何といいますか。以前の農具よりよくなった点はどこでしょう」（「備中鍬。深く耕せて、しかも軽い」「踏車。一人で能率よくかんがいできて、

資料１　田畑の面積と米の生産高の変化

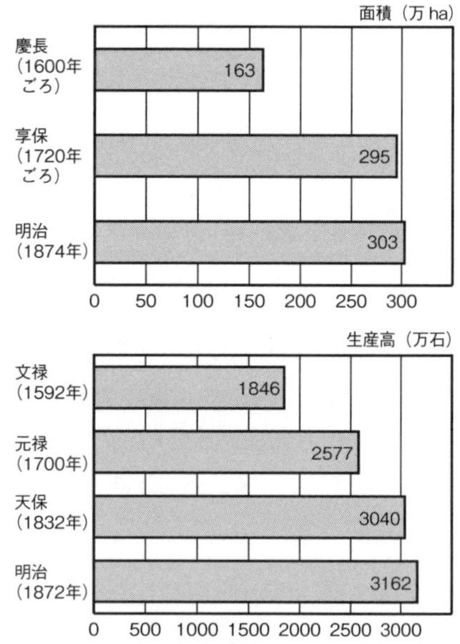

「新田という呼び方は、地域によっては荒野・興野・新宿・新開・新涯・牟田・新地・籠・搦・開田などともいわれる」（佐藤常雄ほか『貧農史観を見直す』講談社現代新書）

資料２　１里四方の石高の増加

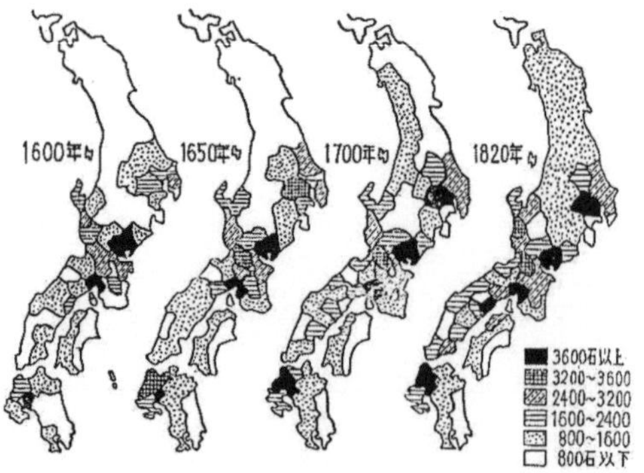

（『歴史教育の資料と使い方』地歴社）

しかも移動が可能」「千歯こき。能率は３～10倍になりました」「唐箕《とうみ》。手で風車を回して米粒ともみがら、ごみを選別することができた」）

(3)　商品経済の発達について考えさせる

●**資料４**を提示して、「これは何の花・実でしょう」と問う。

「これは綿の花です。アオイの花に似た、黄色いきれいな花です。この実が乾燥してはじけると、中から綿が出てきます」

できれば、綿の実の実物教材を使いたい。花屋さんに頼んでおけば入手できるし、自分で栽培できるとなおよい。種は通販等で入手できる。日本綿業振興会のウェブサイトには栽培日誌があり、成長のようすが確認できる（ただし日本の綿花ではない）。日本の綿花は、八尾市立歴史民俗資料館のウェブサイト「河内木綿の部屋」で非常によくわかる。近隣の方は訪問するといいだろう。

「綿を加工して、何をつくりますか」（「服」「布」「糸」）「糸をつくり、布を織る。着物の原料になるのです。米をつくって年貢として納める農業から、売るための作物、つまり商品作物をつくり、現金収入を増やすための農業に変化したのです」

資料３　農具の変化　（イラスト：日向博子／『たのしい社会科の授業づくり』喜楽研）

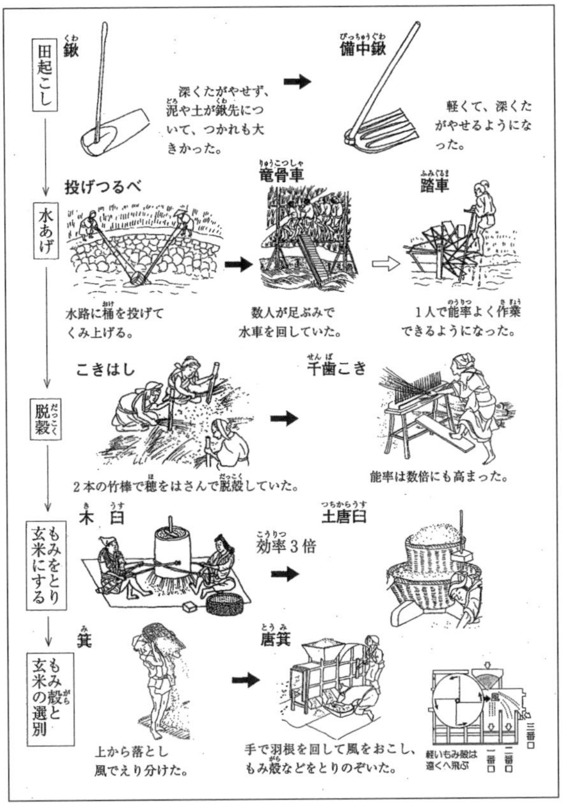

資料４　綿花と綿つみのようす

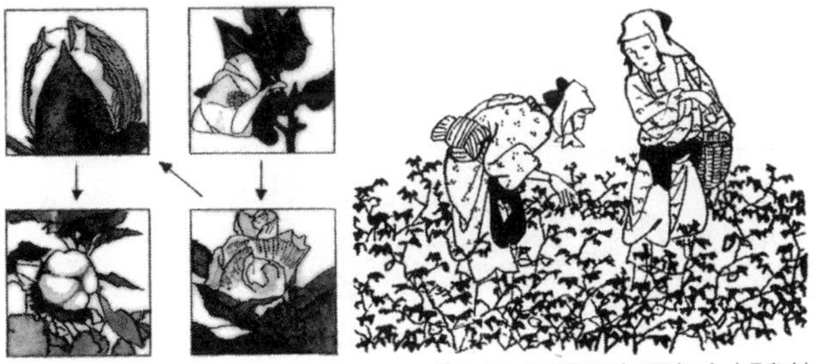

（『ファミリー版世界と日本の歴史５』大月書店）

留意点

●地域の新田開発や伝統的な産業を取材し教材化したい。ワークシートはそれを補う教材として位置づけたい。

●江戸時代に改良され広く普及した農具類を教室にもちこんだり、地域の歴史資料館を利用したりして、具体的に学習をすすめたい。農具の使い方を生徒に試させたり、シミュレーションさせたりして、活動的な授業を工夫しよう。

●江戸時代は、領主が主たる生産物である米を年貢としてとりたて、百姓たちには自給自足の生活をさせようとしたが、農業生産力が高まると、米そのものが商品化されたり、綿をはじめとする数々の商品作物が栽培され、村々は貨幣経済に巻きこまれ、階層分化が始まっていく。経済の変化が幕藩体制の基礎を掘りくずしていくことにも注目させたい。　（岩本賢治）

▶▶**日本綿業振興会**
https://cotton.or.jp/
▶▶**河内木綿の部屋**
www17.plala.or.jp/yaorekimin/10momen.htm

45 江戸・京都・大阪
三都のにぎわい

1時間

ねらい

●農業の発達によって商品生産力が高まり、幕府の貨幣鋳造と交通路の整備により都市が発達し、町人の力が強まってきたことを理解する。

ワークシート（4−45）

デジタル資料集

授業の展開

(1) 大阪のにぎわいから商品経済の発達を理解させる

●「資料１を見てください。どんな人が、どんなことをしていますか」(「米俵を運んでいる」「2つも担いでいる」「こぼれた米をふるいにかけている」「竹筒を突き刺して検査をしている」「刀を差している武士がいる」)「資料２で、このころの大阪のようすを見てみましょう」

資料１　大阪のようす（『摂津名所図会』）

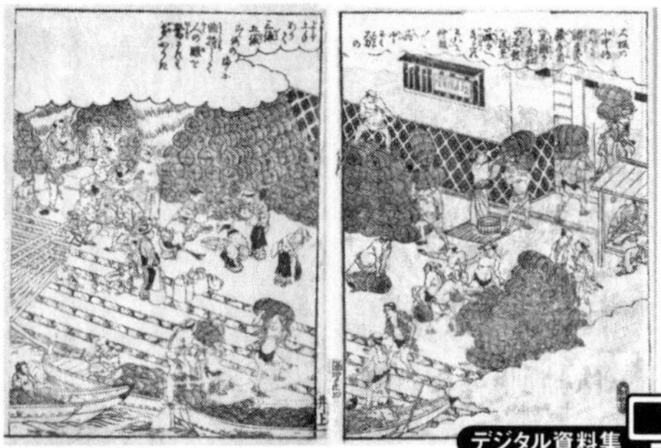

デジタル資料集

（国立国会図書館デジタルコレクション）

資料２　井原西鶴の『日本永代蔵』（現代語訳）

> 大阪は日本一の港なので、北浜の米市では、諸国から送られてくる米が、蔵々に山のように積まれている。橋の上に立ってみると、数千軒の問屋が軒を並べ、その白壁は夜明けの雪のようだ。三角形に積み上げられた米俵は、まるで山がそのまま動いているようで、車輪の音が地雷のようにとどろく。はしけや川船がかぎりなく波に浮かんでいるようすは、柳の枯れ葉が散っているようである。先を争って米質検査の竹の筒を振り回して働く若い者たちの勢いは、虎のいる竹林かともみえる。大福帳をひるがえし、そろばんを入れるさまは、雲がひるがえり、あられが飛ぶようで、天秤で銀をはかる音はときの鐘よりよく響く。家ごとののれんが風にひるがえって、繁盛のありさまを示している。なかでも鴻池屋・淀屋などは、ここ長年いる金持ちで表向きの商いはやめて、金融業を営み、多くの使用人をやとっている。

(「米が全国から集まってきて蔵がすごくたくさん並んでいる」「米は川を使って船で運ばれてきている」「米は車に載せられて運ぶ。その音が雷みたいに大きい」「検査をする若い人がたくさんいてとても活気がある」「そろばんやはかりの音がとても大きい」「どの商家もとてもにぎわっている」「でも大商人は多くの使用人をやとって金融業をやっている」など)

「このようなにぎわいを見せた大阪は、何と呼ばれましたか」(「天下の台所」)「資料３を見て、大阪の経済のようすをまとめてみましょう」(「全国から集まる商品は、米が一番多い」「農産物だけでなく、鉱産物も集まっている」「菜種が菜種油になっている」「銅が長崎に行っている」「綿実油や醤油、鉄道具など、加工されたものを出している」「大阪は商業だけでなく、工業もさかんだった」「米がたくさん入るのに、出ていっていない。大阪は大消費地だった」)

「大阪・京都（上方）から江戸に下っていく商品は高品質で『下りもの』といわれた。逆に江戸で生産された商品は『下らないもの』といわれた。特にお酒は『下り酒』が珍重された。兵庫県伊丹のお酒は将軍御用達として有名だった。先ほどの米も、多くがお酒に加工された」と補足する。

資料3　大阪で取引されたおもな商品（1714年）

デジタル資料集

(2) 大阪とはちがう江戸のにぎわいから、その特徴のちがいを考えさせる

● 「公方《くぼう》さまのお膝元とは、どこの町ですか」(「江戸」)

「江戸のようすはどうだったのだろう。『江戸図屏風』(**資料4**）の日本橋から考えてみましょう」(「太鼓橋がある」「堀がある」「船で荷物を運んでいる」「川岸には材木がある」「右岸では魚介類を手渡している」)

「江戸の町の特徴について、まとめてみましょう」(「人口100万の大都市に発展し、大消費地になっていた」)

資料4　『江戸図屏風』

（国立歴史民俗博物館蔵）

(3) 大阪と江戸をむすぶルートには、どんなものがあったか、教科書などで調べさせる。

● 「『江戸図屏風』日本橋の左手は、大阪や京都へ行く街道があった。何といいますか」(「東海道」)

「日本橋の右手には、陸奥白河（福島県白河市）に至る街道があった。何といいますか」(「奥州街道」)

「江戸と大阪をむすぶ街道には、ほかにどんなものがありましたか」(「日光街道、甲州街道、中山道」)

「日本をつなぐ海上輸送路には、どんなものがありましたか。2つ書きましょう」(「東回り航路と西回り航路」)

「江戸と大阪をむすぶルートで荷物を運んだ船には、どんなものがありましたか。2つ書きましょう」(「菱垣廻船と樽廻船」)

● 柳亭種彦は大阪の特徴をどう表したか（ワークシートのクイズ）を考えさせ、江戸時代の人びとが大阪をどう見ていたか、その一端を感じさせる。

大阪は大川、堂島川、天満川などを利用した舟運が発達し、数多くの橋が架けられた。天神祭では、大川（旧淀川）に多くの船が行き交う船渡御《ふなとぎょ》がおこなわれる。大商人たちは、一流の文化の担い手でもあり、全国から集まるうまいものを町人たちは食したのであった。

留意点

● 本時は絵図や文学作品の読み取りをおこなう。小集団の学習活動を活用し、生徒たちの意見を引きだし、楽しい授業になるよう工夫したい。

● 資料3から、大阪は商業の町であるとともに、手工業のさかんな工業都市でもあったことに気づかせたい。生徒から出てこない場合は、全国から原材料が集積し、工業製品が全国に出荷されていたことを補足しよう。

（岩本賢治）

▶▶歴史民俗博物館
www.rekihaku.ac.jp
江戸図屏風について動画による詳しい解説があり、生徒への補足説明に使える。

46 徳川綱吉の政治と元禄文化

1時間

ねらい

●幕藩体制の確立以後、文治政治が始まったことと、その政治の特色を理解する。

●元禄文化を代表する作品と作者から、この文化の特色をとらえる。

ワークシート（4–46）

デジタル資料集

授業の展開

(1) 5代将軍徳川綱吉はどんな政治をおこなったのか

●「江戸時代の民衆は徳川綱吉を『○公方（将軍)』と呼びました。○にあてはまる漢字1字を書きましょう」(「犬」)

「徳川綱吉○×クイズにチャレンジしてみましょう。正しいものには○、誤っていれば×を書きましょう」(ワークシート)

答え：①×（3代将軍家光の四男）②○　③×（湯島聖堂は江戸時代前期建立の孔子廟で、儒教をあがめるための施設であった）④○　⑤×（犬猫などのほ乳類だけではなく、魚介類から虫なども、生きものとして憐れむべき対象となっていた）⑥○　⑦○　⑧○　⑨×（このころ「武士」を戦う集団から「役人」へとつくりかえる必要があった。「かぶき者」が横行したが、彼らはクイズ⑥のような犬食いをおこなっていたという。「生類憐れみの令」は、そのことへの対抗策であったとの説もある）⑩×（綱吉は、勘定吟味役・荻原重秀の献策により悪貨改鋳を実施し、約500万両の利益金〔出目〕を得た）⑪○（徳川綱吉は1646～1709年、徳川光圀〔水戸黄門〕は1628～1700年であった）

・まとめの問題をとりくませる。

(2) 元禄文化の担い手と特徴を考える

資料1を読ませ、近松門左衛門の作品にふれさせる。

人形浄瑠璃の絵（資料2）を示し、何をしているところなのか、ワークシートに記入させる。(「人形浄瑠璃」)

資料1　近松門左衛門『曾根崎心中』のあらすじ

場所は大阪の曾根崎。叔父が経営する醤油屋に勤める徳兵衛は、遊女のお初と結婚を約束しあっていた。だが、徳兵衛は店の金を親友の久平次にだまし取られたばかりか、店の金を使い込んだと町中に触れ回られ、はずかしめられた。ひいては店の主人が決めた縁談を断り切れなくなった徳兵衛とお初は、手に手をとって曾根崎天神の境内で自殺をする。

資料2　人形浄瑠璃

「三味線を弾いている人を見て、気がつくことを書きましょう」(「目の見えない人が弾いている」)

人形浄瑠璃は歌舞伎をしのぐ人気を得ていたが、浄瑠璃三弦（三味線）の盲人たちの活躍に支えられていた。盲人であった竹沢権右衛門は、竹本義太夫の語りの音楽的表現を助けていた。

参考文献
谷合侑『盲人の歴史』(明石書店)

「この作者は、ほかにどんな演劇の脚本を書きましたか」(「歌舞伎」)

次に井原西鶴についてとりあげる。西鶴は「人間は欲に手足のついたるものぞかし」(『好色二代男』) という人間観に立っていた町人作家であり、町人生活の明暗をするどく描いた。また彼は、俳諧を一人で1日1000句詠み、これを10日間続けるという離れわざをおこなった。一昼夜で2万3500句を詠んだといわれる。1時間に980句、1分間に16句、1句あたり3.7秒のスピードだったというエピソードを紹介する。また西鶴は人間の欲望を邪悪なものとする儒教や仏教の道徳観から解放され、異性や金銭に対する欲望を肯定した。

資料3　見返り美人（菱川師宣）

「連歌から俳諧が生まれました。代表的な作者は誰ですか」(「松尾芭蕉」)

芭蕉は青年期に藤堂藩を脱藩し、町人世界に身を落とし、やがて俳諧師となった。それは封建社会の身分秩序からの「亡命者」の人生だった。

「この時代には、手描きや版画の絵が流行しました。何といいますか」(「浮世絵」)「この時代の浮世絵の代表的な作者は誰でしょう」(「菱川師宣」など)

西鶴は、みずからも浮世草子の挿し絵を描いた。菱川師宣は、単なる浮世草子の挿し絵であった浮世絵を、絵画として独立させた人物である。

「豪華で華やかな絵画の作者を一人書きましょう」(「俵屋宗達」)

「このような文化の中心地はどこでしょう」(「京都や大阪の上方」)

「文化の担い手はどんな人びとでしょう」(「町人」)

「このころの文化を何と呼んでいますか」(「元禄文化」)

〈発展課題〉「『見返り美人』は、なぜ振り返っているのでしょう。菱川師宣は何を描こうとしたのでしょうか」

なぜ見返りなのか。膝をゆったりと“く”の字に曲げることで、背中の4分の3ほどを見せることができ、鮮やかな小袖の大胆な模様をあらわすことができた。人物の表情と衣服のデザインをともに表現することができたのであった（丸山伸彦『見返り美人図』朝日新聞社)。

留意点

- 幕府や藩も、財政が苦しくなり、都市の大商人からの借金を重ねていた。綱吉の政治は、通貨の改鋳で金の含有量を減らしたことで物価の値上がりを呼び、元禄バブルが現出した。　(岩本賢治)

47 享保の改革と民衆の抵抗

1時間

ねらい

- 行きづまりはじめた幕府政治を立て直すために、徳川吉宗はどのような改革を実行したのかをとらえる。
- 改革を受けて起こった百姓一揆など民衆の抵抗を取り上げる。

ワークシート（4−47）

授業の展開

(1) 8代将軍徳川吉宗は、幕府の危機に対してどんな政治をおこなったか

- 「吉宗が直面した大問題は、(A) 元禄期からの財政赤字、(B) 商品生産発展による物価問題、(C) 幕府政治への不信、でした。(A) の赤字をなくすためにはどうしたらよいか、考えてみましょう。まず、幕府の二大収入源とは何でしょう」(「幕府領の年貢収入と鉱山の収入」)

「鉱山は、新しい鉱脈が発見できなければ、鉱脈の枯渇により大減収になることは明らかです。では、年貢収入はどうなっていったのでしょう。幕府領の石高はどうなっていますか」(**資料1**)

享保の改革は、吉宗が在任した1716年から1745年までの約29年にわたる。幕府領の石高のグラフから、改革前40年は石高も増え、年貢収量も30%増加しているが、年貢率は江戸幕府初期にくらべて3.5ポイントも下がっていることがわかる。改革直前は石高も年貢収量も伸び悩んでいる。

資料1　幕府領の石高と年貢収量

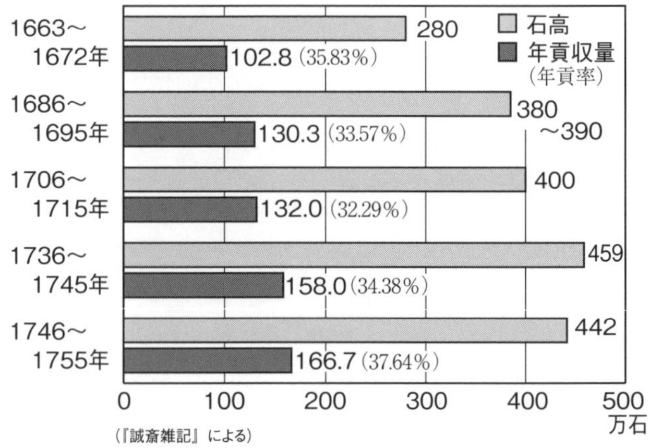

(『誠斎雑記』による)

そこで吉宗は1722（享保7）年に、大名から領地高100石につき米1石の献上を命じた上米令で幕府収入を確保し、同時に新田開発奨励の高札を掲げ、石高増加をはかり、さらに定免制による税率の引き上げをもくろんだ。

資料1で改革直前と改革後を比較して、それぞれの項目が上がったか下がったかを考えさせる。(「幕府領の石高は15%、年貢収入は20%、年貢率は2ポイント増加」)

吉宗が引退し享保の改革が終わったあと、定免制による税率の引き上げの効果もあらわれ、年貢増徴政策が実をむすんだ。

しかし田沼時代には年貢収量と年貢率ともに下降し、年貢増徴政策は限界に達した。このため田沼時代（1767〜86年）には年貢増徴ではなく、

定免制
定免制は過去数年〜十数年の平均で税率を定め、一定期間豊凶の別なく定率で年貢を納めさせた。定免法施行当初は農民負担が増大したが、生産力のさらなる上昇によって農民に剰余生産物が残るようになった。

蝦夷地や印旛沼大開発、さらには商業、金融、貿易など新たな財源を求めていったのである。

吉宗が財政赤字の問題にどうとりくんだかを教科書で調べさせ、ワークシートの空欄を埋めさせる。

「享保の改革によって幕府の収入は増加し、財政は一時立ち直りましたが、後半には百姓一揆が増え、江戸では初めての打ちこわしが起こりました」と補足して、次の学習に移る。

(2) 年貢の増徴をはかる幕府や藩に対する民衆の抵抗を理解させる

●「岐阜県郡上八幡《ぐじょうはちまん》には、4日間夜どおしで踊りつづける『郡上踊り』があります。これには、この地で起こった一揆が関係しているといわれています。これを郡上一揆（1751～1764年）といいます」

ワークシートの**資料2**を読み、下の問いに答えさせる。

「郡上藩は、なぜ定免取りから検見取りにしたのですか」(「生産力や生活がよくなった農民から税を多くとるため」)

財政難を農民への年貢増徴によって切りぬけようとしていた郡上藩では、あらゆるものに税をかけ、さらに生産力の増加分を収奪しようと「検見取り」をおこなおうとした。

「農民たちは、年貢の増税に対してどんな方法で反対しましたか。順番に書きましょう」(「嘆願書→強訴→かご訴→箱訴」)

「**資料3**のように、村の人びとの名前を丸く書いた書状を何といいますか」(「からかさ連判状」)

「この行動の結果、百姓たちはどうなりましたか」(「金森氏は大名をやめさせられたが、農民たちも死刑になったり、さらし首になったりした」)

「このような農民たちの行動を何といいますか。江戸時代を通じてどのくらい起こりましたか」(「百姓一揆。3000件以上起こっている」)

資料2　郡上八幡と一揆

資料3　二日町村傘連判状

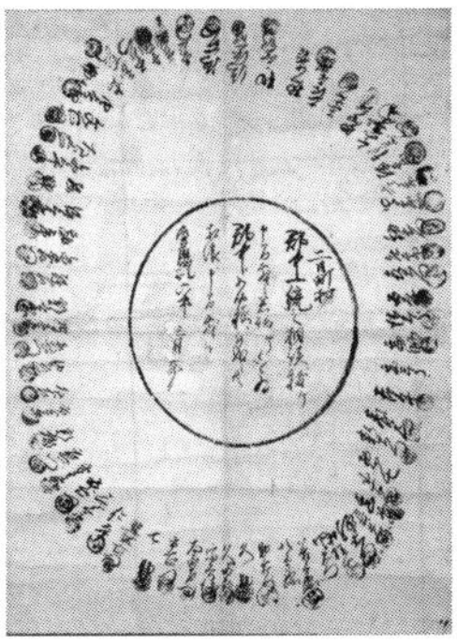

（白山文化博物館蔵）

留意点

●郡上市白鳥町《しろとりちょう》では、今も「宝暦義民太鼓」が演奏され、郡上踊り、白鳥踊りの際に「宝暦義民伝」が踊られることを紹介し、興味づけたい。

●誰にあてて嘆願書を差し出しているか。老中という幕府のトップに直接願い出て大丈夫なのだろうか。農民の立場からすれば命がけの行為だが、なぜこんなことが起こったのかを考えさせる。

●百姓一揆は単に農民たちの暴動ではなく、念を入れ、資金面も含めて計画的に実行された。からかさ連判状を書くときに、どんな気持ちで書いたのか、生徒に問うてみたい。郡上一揆は、さらに目安箱への「箱訴」を経て農民たちの勝利で終わるが、犠牲の大きさも理解させたい。

（岩本賢治）

48 田沼の政治と寛政の改革

1時間

ねらい

- **幕府は財政危機を脱するために、どのような改革をしたかを理解する。**
- **大規模開発と商業資本を積極的に利用した田沼の政治と、享保の改革を手本とした引きしめ策をとった松平定信の寛政の改革をとらえる。**

ワークシート（4−48）

デジタル資料集

授業の展開

(1) 内からも外からも幕府政治をおびやかすできごとに、幕府がとった対策とは何だろう

- フカヒレの写真（資料1）を見せて「これは何だと思いますか」と問い、さまざまに予想させる。出なければ、「高級食材だよ」などのヒントを出す。（「フカヒレ」）「どんな料理に使うものでしょう」（「中国料理」）

「田沼意次はフカヒレを、イリコ（干したナマコ）、干しアワビとともに俵に詰めて、ある国へ輸出しました。その国はどこでしょう」（「中国」「清」）

「ほかに昆布なども俵に詰めました。昆布はどこで採れますか」（「北海道」）

「今までは中国に、何を輸出していたのですか」（「銀」）

「銀の輸出を少なくして、フカヒレやイリコ、干しアワビ、昆布などを輸出するということには、どんな目的がありますか」（「長崎貿易の制限をゆるめ、銅や海産物での貿易をさかんにしようとした」

「このころ蝦夷地（北海道）に、ある国が貿易を求めてやってきました。どこの国ですか」（「ロシア」）「彼らは、ある動物をつかまえに来ていました。どんな動物でしょう。ヒント：ロシアは寒い国ですから、その動物の毛皮で防寒具をつくりました」（「ラッコ」）

「田沼意次は、蝦夷地（北海道）を開発して何をするつもりでしたか」（「ロシアとの貿易を始めようとした」）

「田沼は、商人たちに対してどんなことをしましたか」（「三都の大商人に株仲間をつくらせて、営業税を納めさせた」

(2) 田沼意次の政治が改革なかばで中断させられたのはなぜだろう

- 資料2を掲示しながら、「時代は天明3年（1783年）、田沼意次が老中だったころのことでした。この女性たちが死んだ理由はなんだろう」と問う。（「浅間山の噴火に巻きこまれて死んでしまった」）

「このあと気温の低下が起こり、日本では大飢饉が起きました。この飢饉を何といいますか」（「天明の大飢饉」）

資料1　フカヒレ

（CC by Cloneofsnake）

現在、国内産昆布の約95％は北海道産。青森、岩手、宮城県の東北3県で約5％採取されている。

「このあと、農村や都市ではどんな民衆の動きがありましたか」(「百姓一揆や打ちこわしが次々と起こった」)

「田沼意次がそれまでの政治家とちがう点を、教科書などで調べて書きましょう」(「長崎貿易をさかんにし、商人にいっそう税をかけたり、蝦夷地を開拓したりしようとした」)

資料2　浅間山の噴火

群馬県嬬恋村の鎌原観音堂の階段は15段。しかし、さらにその下に階段があるという言い伝えがあった。1997年に発掘すると35段の階段が発見された。だが驚いたことに階段の下には、折り重なるように女性2人の人骨が発見された。上は60歳くらいの女性、下は40歳ぐらいの女性だった。時代は天明3年(1783)、田沼意次が老中だったころのことであった。

(嬬恋郷土資料館提供)

(3) 老中・松平定信はどんな政治をおこなったのか

資料3　松平定信

● 「松平定信(資料3)は、おじいさんである、ある人物の改革を目標にしていました。さて、誰ですか」(「徳川吉宗」)

「松平定信○×クイズに答えましょう」

①定信は、田沼意次が大嫌いだった。(○)

②定信は、ロシアの脅威と海防の必要を説いた林子平を重く用いた。(× 林子平は発禁処分を受け、蟄居《ちっきょ》を命じられた)

③定信は、混浴やばくちを禁じ、小説家の山東京伝や出版元の蔦屋重三郎らを処罰した。(○)

④時代劇のヒーローのなかで、定信の時代に実際に活躍していたのは長谷川平蔵(鬼平)である。(○　長谷川平蔵は、無宿人収容のために石川島の人足寄場建設を定信に提案し、とりいれられた)

松平定信がおこなった政治改革について、ワークシートの問題にとりくませ、まとめさせる。

留意点

- 本時は多くの内容をあつかうので、まとめ的な授業になりがちだが、クイズを活用して生徒にも楽しめる内容にしたい。
- 商品経済の進展によって消費が増えると、年貢に頼っていた武士の経済は一気に悪化し、借金を抱えて没落する武士も出てきた。
- 田沼意次は商工業者の株仲間の営業権を認めて税を納めさせ、長崎貿易で銅や海産物を輸出し金銀を輸入した。農民からの年貢のみに頼らず、商品の流通から得る利益で財政を立て直そうとしたが、反対派によって失脚させられた。

(岩本賢治)

49 学問の夜明け 解体新書の完成

1時間

ねらい

●**初めて人体解剖を見た蘭学者たちが、真実を求め、困難な翻訳にとりくみ、『解体新書』を完成したことを通して、日本の学問の夜明けが来たことを理解する。**

授業の展開

(1) 江戸時代の病気と医学

●「あるとき、伝染病（疱瘡）がはやりました。ここ甲斐国では、村人はこぞって何をしたと思いますか？　3択です」

（A）お祭りをした　（B）断食をした　（C）川で水を浴びた

生徒全員に挙手をさせる。Cが多いが、正解はA。

「江戸時代、病気にかかったらどうなりましたか？」

11代将軍・徳川家斉の子ども55人を例にして解説する。他の例としては、小林一茶の子ども7人でもよい。

出生直後	2人死亡（残り53人）
1歳になるまで	15人死亡（残り38人）
2歳になるまで	6人死亡（残り32人）
15歳になるまで	11人死亡（残り21人）
40歳になるまで	14人死亡（残り7人）

●「当時、医者はどのくらいいましたか？　また3択です」

（A）今から比べると10分の1

（B）今から比べると半分以下

（C）今とほぼ同じ　　　　（10万人当たりの医師数）

予想はAが多いが、正解はC。

(2) 解体新書の翻訳

●中国の医書（**資料1**）とオランダの医書『ターヘル・アナトミア』に載る人間の解剖図（**資料2**）を比較させる。（「中国のはおかしい」「オランダのほうが、正確な人体の内部だ」）

骨《こつ》が原《はら》で「腑《ふ》分《わ》け」（＝人体解剖）がおこなわれた。「蘭学者の杉田玄白や前野良沢らは、骨が原で腑分けの観察をおこないました。そのとき腑分けを担当したのは被差別民でした」

資料1　中国の医書『内景図説』

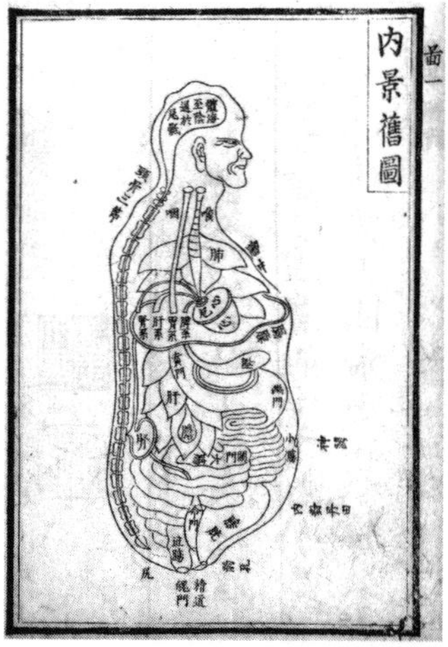

（京都大学図書館蔵）

資料2　『ターヘル・アナトミア』の人体図（日本で模写されたもの）

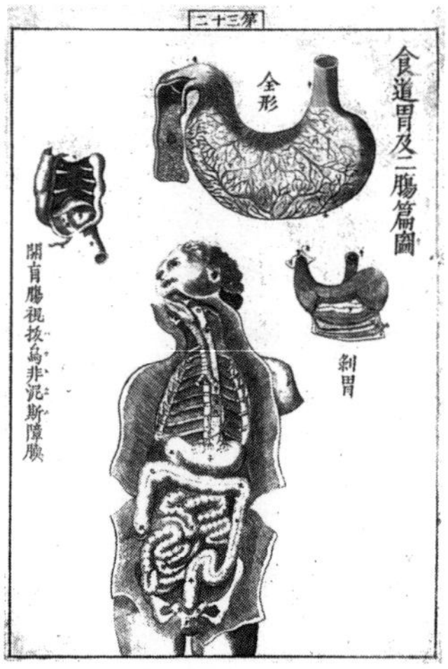

（京都大学図書館蔵）

参考文献
立川昭二『近世病草紙』（平凡社）

「『ターヘル・アナトミア』の図が正確だと知った杉田玄白らは、それから足かけ4年をかけてこれを翻訳し、『解体新書』として刊行しました」

・刊行されるまで、どのような苦心があったのか、いくつかの例を挙げて解説する。

（例）「『鼻は集まってきたsnotとslym（粘液）を放出する』snotとは何でしょうか？」（「鼻くそ」）

「鼻は顔の中で『フルヘッヘンド』するというのを『盛り上がった』と訳しました。これらは、杉田玄白『蘭学事始』に詳しく書かれています」

●「幕府の医者は『解体新書』を見て、何と言ったでしょう？」2択で挙手させる。

（A）中国医学はやめた。これからはオランダだ。

（B）オランダはダメ。やはり中国だ。

正解はB。幕府の医師は、「オランダ人の人体と、日本人や中国人の人体はちがう」と言ったという。

●『解体新書』の巻頭（**資料3**）を生徒に提示する。

「前野良沢の名前がないのはなぜでしょう？　いまだにこの謎はわかっていません」（「良沢は謙虚だったのかな」）

「なぜ『日本』とあるのでしょうか？」（「間違った中国の医学書に対抗して『日本』とした」）

資料3　『解体新書』

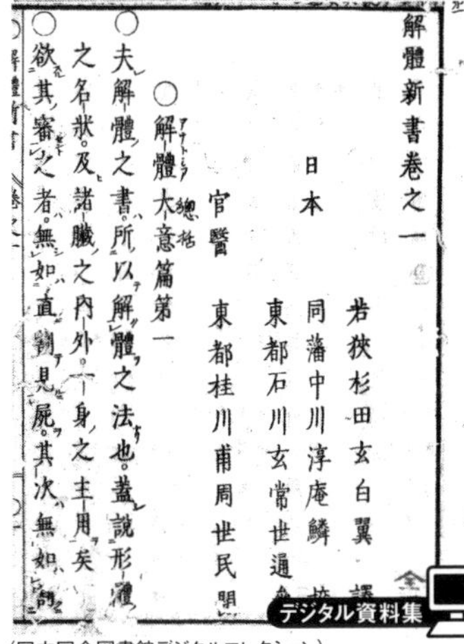
解體新書巻之一

日本　若狹　杉田玄白翼　譯
同藩　中川淳庵鱗　挍
東都　石川玄常世通
官醫　東都　桂川甫周世民　閲

○解體《アナトミア》大意《總括》篇第一

○夫解體之書。所以解體之法也。蓋説形體之名狀。及諸臟之內外。一身之主用矣

○欲其審之者。無如直剖見屍。其次無如

デジタル資料集

（国立国会図書館デジタルコレクション）

留意点

●『解体新書』の出版が可能となったのは、田沼意次が政治をおこなっていた時代（1767〜1786年）であったからであることに留意したい。田沼の政治は、18世紀後半のイギリスの産業革命、アメリカの独立革命、フランス革命などに花ひらく市民社会の発展による世界史の新たなステージと重なった。そのため、思想の自由と学問・芸術の発展がみられた。

●時間があれば、「国学」や「寺子屋」にもふれたい。『庭訓往来』という往来物（往復の手紙形式の書物）を寺子屋の教科書にしただけでなく、百姓一揆の義民の歴史を書いた「直安《じきやす》」を農民の子弟が教科書にしていたということも特筆に値する。

●近年、日本教育史研究では「寺子屋」に代わって「手習塾」という用語の使用が多い。

（小林 朗）

参考文献

杉田玄白『蘭学事始』（岩波文庫）

50 喜多川歌麿と松平定信の対決
化政文化

1 時間

ねらい

● **260 年近く戦争がない平和な社会で、庶民・女性が文化を享受できる条件が整い、士農工商という職分国家から解放されて、近代文化の基礎が形成されたことを、浮世絵を中心に理解する。**

授業の展開

(1) 鈴木春信の浮世絵「お仙茶屋」(**資料 1**) を見る

●拡大カラーコピーして班ごとに配布し、気がついたことを発表させる。(「ダイエットをしたのか、やせている」「細い」「目も細い」「女性なのに男の格好をして、刀を差している」)

全身像を描いたこと、錦絵＝多色刷り版画で、絵暦という遊び絵であったこと、遊女を主題にせず、市井に生きる美人を描いたことを確認する。

(2) 喜多川歌麿の美人画「大首絵」登場

●「寛政三美人」(**資料 2**) を提示し、気がついたことを発表させる。(「すごい迫力だ」「今のアイドルのポートレートみたい」「全身でなく顔が大きく描かれている」「かんざしや櫛がよくわかる」「歌麿の名前がある」)

上半身だけの「大首絵」が登場したこと、髪型・装身具・衣装の柄がよくわかることを説明する。

「このころ、誰が政治をおこなっていたでしょうか」(「老中の松平定信が寛政の改革をしていた」)

「この浮世絵を、定信は許したでしょうか」(「派手なので禁止した」)

描かれた女性の名前を書くのを、定信が禁止したことを説明する。

●「高名美人六家撰　難波屋おきた」(**資料 3**) を提示し、今までの歌麿の浮世絵とのちがいを発表させる。(「絵の背景に、何か景色を描いた小さな部分がある」)

これは「判《はん》じ絵《え》」で、この絵を読み解くと「難波屋おきた」という名前がわかることを説明する。

(3) 東州斎写楽「三代目大谷鬼次の江戸兵衛」(**資料 4**) と葛飾北斎「凱風快晴」(**資料 5**) の 2 つの浮世絵を提示し、気がつくことを発表させる。(「歌舞伎の絵だ」「すごい顔つき」)(「富士山だけど赤い」「迫力が伝わってくる」「雲もおもしろい」)

(4) 浮世絵のプロデューサー・本屋である蔦屋重三郎のことや、浮世絵や本を出版する地本屋と貸本屋について解説する。

資料 1　お仙茶屋

資料 2　寛政三美人

資料 3　難波屋おきた

資料４　三代目大谷鬼次の江戸兵衛

資料５　凱風快晴

資料６　『北越雪譜』

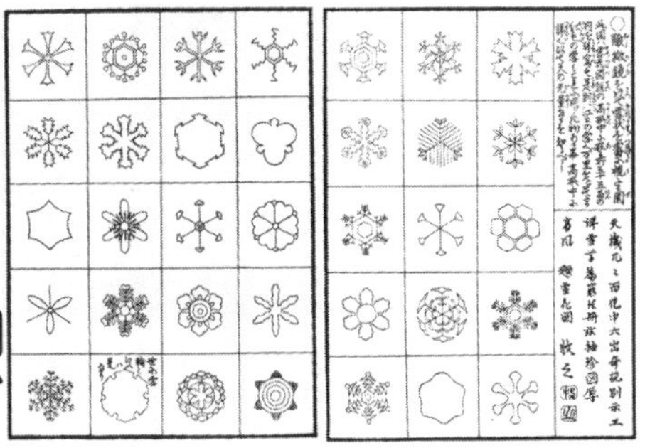

（鈴木牧之『北越雪譜』岩波文庫）

(5) 越後の地方文化（地域教材）

●鈴木牧之『北越雪譜』（**資料６**）巻頭の雪の結晶（顕微鏡＝ミコラスコービュンによるスケッチ）を提示する。（「すごい！」）

●石川雲蝶の彫刻「道元禅師猛虎調伏の図」（**資料７**）を提示し、生徒にまず動物を探させる。（「虎」「龍（動物か？）」「鯉」「亀」「小鳥」「猿」「鷹」「雲が黒い」「人間と龍の目が光っている」「彫刻が浮いている」）

「もともと江戸にいた雲蝶が、わざわざ越後まで来て彫刻を彫ったのはなぜか？」を話しあわせる。（「化政文化は地方に広がったから、彫刻も江戸だけでなく越後にも広がった」「作品の評判を聞いて、西福寺の住職が雲蝶に頼みに来たから」「越後にも雲蝶の作品を理解できる庶民が多くいたから」「商品経済が越後でも進んで、彫刻にお金を出すことができた」）

資料７　道元禅師猛虎調伏の図（西福寺）

（西福寺所蔵）

留意点

●徳川家斉、大御所時代の評価が化政文化の評価にも連動している。石ノ森章太郎『マンガ日本の歴史38　野暮が咲かせた化政文化』（中央公論新社）がわかりやすい。

●美術史を学ぶにはNHK「新日曜美術館」がとてもよい。印象派のゴッホが浮世絵に大きな影響を受けたことなども伝えたい。

●(5)では新潟県の地域教材をとりあげた。南魚沼市の鈴木牧之記念館が三国街道塩沢宿を復元しており、なかなか楽しい。石川雲蝶の彫刻群は、魚沼市小出の開山堂、魚沼市堀之内の永林寺、三条市の本成寺の千仏堂を拝観するのがよい。木原尚『石川雲蝶』（新潟日報事業社）の写真集を参照。また、西福寺のホームページにある解説動画もぜひ生徒に見せたい。

（小林 朗）

参考文献

青木美智男『日本文化の原型』（小学館）
倉地克直『江戸文化をよむ』（吉川弘文館）
石ノ森章太郎『野暮が咲かせた化政文化』（マンガ日本の歴史38、中央公論新社）

▶▶**西福寺ホームページ**
www.saifukuji-k.com

51 内憂外患
外国船の出現と天保の改革

1時間

ねらい

●**幕府体制の行き詰まりのなかで、「内憂外患」の危機に幕府がどのような対策をとったかを明らかにする。**

授業の展開

(1) 江戸幕府の内憂外患

●「内憂外患」の意味を生徒にたずねる。生徒は国語辞典を引く。(「『内憂』は『うちわどうしのもめごとやいざこざ』。『外患』は『外国との接触から起こるトラブル』」)

(2)「外患」＝外国船の出現

●日本列島に欧米諸国が迫っていることを示す地図（**資料1**）を生徒に提示する。「どんな国が来ましたか？」(「イギリス、アメリカ、ロシア、フランス」)「日本のどの地域に来ていますか？」(「長崎」「琉球」「蝦夷」)

「幕府の対策は？」(「鎖国」「1825年に外国船打払令を出した」)

「これを批判した書物を出した蘭学者がいます。誰ですか」(「渡辺崋山」「高野長英」)「幕府はどうしましたか？」(「厳しく処罰した」)「1839年のこの事件を何といいますか」(「蛮社の獄」)

資料1　外国船の出現

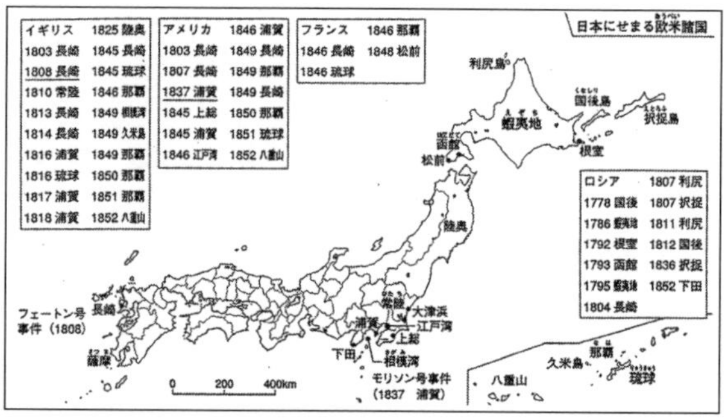

資料2　異国船打払令の変化

文政の異国船打払令（1825年）
南蛮・西洋は御禁制のキリスト教の国であるから、どこの海辺にある町や村でも、外国船が近寄ってきたのを見たら、その場所にいた人々で有無をいわず打ち払え。
（『御触書天保集成』）

天保の打払緩和令（1842年）
外国船が来たら、よくようすを見て、必要な品を与えて帰航するよう申しさとせ。ただし上陸させてはならない。
（『徳川禁令考』）

資料2から、1842年に天保の打払緩和令（必要な物を与えて帰させる）が出されたことを確認する。「日本に接近する外国船は見つけしだい砲撃せよという異国船打払令から、なぜ、ゆるやかになったのでしょう？」

東アジアの情勢、1840～42年のアヘン戦争など、イギリスをはじめとするヨーロッパのアジア侵略に気づかせる。

(3)「内憂」＝幕府政治の揺らぎ

●**資料3**を提示して、「いつごろ一揆や打ちこわしが多くありましたか？」と問う。(「天保年間に多く起きた」)「1833～39年に、どんな飢饉がありましたか」(「天保の飢饉」) 地域の例として、佐渡島で全島を巻きこんだ惣百姓一揆「佐渡一国一揆」(1838年) などがあったことを解説する。

●教科書の大塩平八郎の絵図を見せる。「この人物の名は？」（「大塩平八郎」）「どんな人ですか？」（「陽明学（儒学）者」「もとは大阪町奉行所役人」）「どれくらいの人びとで反乱を起こしましたか？」（「300人」）「いつのこと？」（「1837年。天保の飢饉のさなか」）

資料4を読ませ、「なぜ平八郎は反乱を起こしたのでしょう。大阪の市民や貧しい人びとに、どんなことを呼びかけましたか？」と問う。「騒動が起こったらどうしてほしいと言っていますか？」（「一刻でも早くかけつけてほしい」）「反乱の目的は？」（「万人を幸せにする世の中をつくること」）「幕府は動揺しました。その後、全国各地で同様の乱が起こりました。越後柏崎では生田万の乱も起こっています」

資料3　百姓一揆の件数

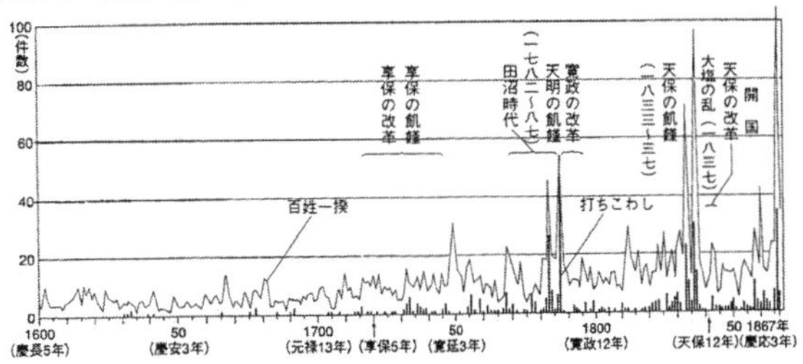

（2001年版日本書籍教科書より。資料は『百姓一揆総合年表』）

資料4　大塩平八郎の檄文（部分、現代語訳）

天災が続き、人びとが飢饉でこまっているのは、幕府の政治が悪いからである。役人は重い年貢のうえに多くの御用金を取り立てるので、農民の苦しみはひどい。また、大商人は、米を買い集め、おごった生活をしながら貧民が餓死するのを救おうとしない。

そこでわたしは、有志とともにたたかう決意をした。役人や大商人をたおし、かれらの持っている金や米で貧民を救う。大阪に騒動が起こったと聞いたら、一刻も早く駆けつけてほしい。万民を幸せにする世の中をつくりたい。

(4) 天保の改革（1841～1843年）

●「1841（天保12）年5月15日、将軍の家慶は48回目の誕生日に、幕府の権威を立て直そうと、大名に『享保・寛政の改革に従え』と宣言。改革が始まりました。誰がその中心になったのですか？」（「水野忠邦」）「この政治改革を何と呼びますか？」（「天保の改革」）

「1841年に出したものは？」（「倹約令」）「営業の独占を禁じて、塩・味噌・醤油・灯油・酒などの物価を下げるため解散させたのは？」（「株仲間」）

「1843年に農民を帰村させる『人返し令』を出しました。なぜですか？」（「農村が疲弊して年貢が来なくなったため」）

「江戸・大阪周辺を幕府領にしようとしましたが、成功しましたか？」（「反発のため失敗」）「これらの失敗の結果、幕府の力はどうなったでしょう？」

留意点

●長崎のオランダ長官は毎年『和蘭風説書』を幕府に提出していた。外国船の来航に際して、詳細に開国の要求を報告していることも解説したい。

●天保の改革の前年、「三方領地替え」（川越→庄内→長岡）を命じたが農民の反発で失敗するなど、幕府の力は弱体化する。藤沢周平『義民が駆ける』（講談社文庫）、青木美智男『藤沢周平が描ききれなかった歴史』（柏書房）の2冊がお勧めである。

●1843（天保14）年8月、歌川国芳作の大錦絵「源頼光公舘土蜘作妖怪図」が販売される。天保の改革の風刺画で、教材化はむずかしいが、改革に対する批判が伝わってくる。

（小林　朗）

V

近代1

帝国主義と日本

52 イギリスの市民革命

1時間

ねらい

●絶対王政を否定して、ぼっ興した商工業者（市民階級）が、議会の承認なく税を課してはならないとする市民革命をすすめたことを学ぶ。

資料1　エリザベス1世

授業の展開

(1) 国王＝神から国王の処刑へ

●「資料1はどこの国の国王だと思いますか」

「この人物はエリザベス1世といいます。16～17世紀はじめのイギリスの女王です。この絵を見て、気づくこと、疑問を言おう」

絵の補足説明をする。制作時エリザベス1世は70歳近かったが、しわもなく若々しく描かれている。真珠をふんだんにあしらった豪華な衣装。凝ったかつら。右手に虹を握っている。

資料2の年表から、イギリスの絶対王政について説明する。

資料3を示し、「エリザベス1世の跡をついだジェームス1世は、このように言いました。感想を言おう」

資料2　エリザベス1世の年表

1558年	25歳で女王となる。
1588年	スペインの無敵艦隊を破る。
1600年	東インド会社をつくり貿易を支配。
1603年	70歳で死去。

資料3　ジェームス1世の演説（1609年）

王が神とよばれるのは正しい。そのわけは、王は地上において、神の権力にも似た権力をふるっているからである。もしも諸君が神のもっている特性を考えるなら、諸君はその特性がいかに王その人に符合しているかを理解されるであろう。王はすべての臣民のあらゆる場合の裁き手であり、しかも神以外のなにものにも責任を負わない。

（大島真弓編『世界の歴史8　絶対君主と人民』中公文庫）

資料4　チャールズ1世の処刑（1649年1月30日）

（『ファミリー版世界と日本の歴史 7』大月書店）

エリザベス1世が死んでから46年後のできごとについて、「資料4、5の絵を見て気づくこと、疑問を出そう」

・チャールズ1世の処刑。ロンドンのホワイトホールの外側に設けられた処刑台にのぼり、群衆の見物するなかで首をはねられた。

「絶対的な力をほこった国王が、なぜ処刑されたのだろう」

資料5　チャールズ1世の処刑（当時のパンフレット）

(2) ピューリタン革命

●「（資料6を見せ）クロムウェルって誰？　教科書の説明をさがそう」

「ピューリタン革命って何だろう？　国王に対するすさまじい憎しみ。いったい国王は何をしたのか。以下を読み、また教科書を参考にして、国王に対する不満は何かを学習班でまとめよう」

〈チャールズ１世のしたこと〉

・国王の権力は神から授けられたものであるから、誰であれ国王のすることに文句を言ってはならない、という考えの持ち主。

・カトリック（国教会）の信仰を国民に強制。ピューリタン（清教徒）の牧師を追放。ピューリタンのなかにはアメリカ大陸に逃げた人もいた。

・ぜいたくな宮廷生活の費用や戦争の費用を得るために、議会を無視して次々に国民に税金をかけた。

〈チャールズ１世の判決書〉

・チャールズは暴君、反逆者、殺人者、この国の善良な人びとに対する公敵として斬首により死刑に処す。

資料６　チャールズ１世の遺体を見るクロムウェル

デジタル資料集

(3) 議会政治の確立へ

●「国王は処刑されたはずなのに、なぜイギリスには今も国王がいるのだろう？　教科書から推理しよう」(「名誉革命」「議会を尊重する国王を立てて、以後は立憲君主制の国になったから」)

「権利章典は、国王には何ができないと言っていますか？」

“国王は君臨すれども統治せず”。議会を尊重すると国王に約束させて、立憲君主制を確立した。

●「今日の授業で学んだことは13世紀のマグナ・カルタにさかのぼります。マグナ・カルタとは？」

〈次時の予告と課題〉

「このイギリスの市民革命がやがて、アメリカの独立、フランス革命と、世界に広がっていきます」

留意点

●市民革命は、絶対王政が勝手に課税し、プロテスタントを迫害したことに対し、市民の意見が反映される議会を求めて起こされた行動であることをつかむ。その最初であるイギリスのピューリタン革命と名誉革命を、教科書では詳述していないので、特に国王の言葉や絵画など具体的な資料で示すことが、理解するうえでは必要である。

●市民革命はなぜイギリスから起こったのだろう。たとえば東京書籍版の教科書にあるマグナ・カルタの資料から、議会の長い伝統の上に市民革命があることに気づかせたい。また、今回の学習は、公民学習「人権の広がり」の具体的事例であることも意識したい。　(小堀俊夫)

53 独立への「お茶会」
アメリカ独立宣言

1時間

ねらい

- **アメリカ植民地の成り立ちと独立への経過を知り、独立宣言の歴史的意義とその限界をつかんで、以後の人権発達の歴史に関心をもつ。**

授業の展開

(1) 独立当時のアメリカを考える

●独立当時のアメリカの国旗（資料1）を見せ、気づくことを出させる。

（「星の数が、今のアメリカの国旗より少ない」「星の数が13」「赤と白のしまの数も13で、これは今の国旗と同じ」）

13が独立当時の州の数であることから、その植民地としての成り立ちに関心をもたせる。国旗の変遷（資料2）を見せ、独立当時は東部だけの「独立13州」だったが、しだいに西部に領土を広げ、現在のアメリカが形成されたことに気づかせる。それにともなって星の数も増えて50になった。

資料1　独立当時（1777年）のアメリカ国旗

資料2　アメリカ国旗の変遷

20州（1818年）

31州（1851年）

50州（1960年～現在）

デジタル資料集

●アメリカ移民の苦労を、資料3を読んでつかませる。

1620年、102人の清教徒がメイフラワー号で移住して植民地を開いたこと、18世紀には、商工業中心の北部と大農園中心の南部を合わせて13の州が成立していたことを調べさせる。

資料3　アメリカ移民の体験

> 「私たちは飢えをしのぐためにねずみを食べた。私たちは、1ぴきのはつかねずみに8ペンスないし2シリング、1クォートの水に4ペンス払った。」「船が最後に、イングランドの港を出ると悲劇が始まる。フィラデルフィアにつくまでには、風のぐあいが悪ければ8週間か10週間はかかる。あたたかい食事は1週間に3度、1人のわりあては少なくてまずい。飲み水は真っ黒でどろどろしている。」
> （1732年に書かれた手紙より）

(2) アメリカは独立戦争を開始した

だが1775年、アメリカはイギリスに対し独立戦争を開始した。そのきっかけとなった「ボストン茶会事件」（資料4）を見る。

資料4　ボストン茶会事件

デジタル資料集

「人びとは何をしているのだろう。なぜ茶箱を海に捨てているのだろう」

「紅茶が大好きなのに茶箱を捨てている。それほどまでにアメリカがイギリス本国と対立した原因は何だろう。教科書から抜きだそう」

ボストン茶会事件のようすから、植民地の人びとがイギリス本国と激しく対立していたことを理解させ、その原因が、議会に代表を出すことを認めないまま、印紙税・茶税などの重い課税を続けたためであることをつかませる。

「以後、アメリカ人は紅茶より（　　　）を飲むようになった。その飲み物とは？」(「コーヒー」)

● 「資料５は、(　　　) 年に発表された (　　　　) 宣言です。すばらしいと思うところにアンダーラインを引こう」

資料５　アメリカ独立宣言（要約）

> すべての人は平等につくられ、一定の譲ることのできない権利をあたえられており、…これらの権利を確保するために政府がつくられる。その権力は人民の合意によるものである。そして政府が、この目的をこわすものになったときは、人民は政府を変更や廃止して、…新しい政府をつくる権利をもっている。

(3) 本当の自由・平等を求めて――アメリカの歴史

● 「だが、このような『宣言』にもかかわらず、アメリカでは人間としての権利を十分に認められない人びとが存在しました。資料６を見て答えよう」

独立宣言は、人類史上初めて人間の自由・平等を高らかに宣言したが、その歴史上の意義にもかかわらず、まだその権利を認められていない人びとがいた。多くの州で奴隷とされていた黒人、命や土地を奪われていく先住民の存在に気づかせる。また、1920年まで選挙権もなかった婦人についても補足し、それらの人びとがしだいに権利を獲得していく人権発達の歴史に気づかせる。

・リンカーンについて、教科書や資料集で調べて発表させる。

・1963年のキング牧師の演説「私には夢がある」(資料７) を読み、独立宣言から100年、さらにリンカーンの奴隷解放宣言から100年たって、ようやく黒人の人権が公民権運動により認められていった、長い、しかし後戻りしない歴史を実感する。

・モハメド・アリは、1960年のローマ・オリンピックでボクシングの金メダルを獲得しながら、帰国してみると、黒人であるためにレストランにも入れてもらえなかった。彼は金メダルを川に投げ捨てたという。そのアリが1996年のアトランタ・オリンピックでは、白人と黒人の和解の象徴として、聖火台への点火者となった (資料８)。

・2020年にアメリカで起こった「BLACK LIVES MATTER」という運動について知っていることを聞き、教師が補足する。今も人権は発達途上であることを考えさせる。

資料６　先住民と奴隷市場

(Photo by Edward Curtis, 1903)

デジタル資料集

資料７　キング牧師の演説

デジタル資料集

資料８　聖火台に点火するモハメド・アリ（1996年）

(写真：ロイター／アフロ)

留意点

●アメリカの歴史を見ると、女性・黒人・先住民と、人権がしだいに広がっていくようすがよくわかる。独立戦争から南北戦争、さらには公民権運動までひと通り学んで、人権獲得の歴史を実感させたい。公民の「人権の広がり」につなげてもよい学習項目である。　　　　(小堀俊夫)

54 バスチーユを攻撃せよ
フランス革命

1 時間

ねらい

- **フランスの民衆が武器を持ってバスチーユ牢獄をおそったが、かれらが何を求めていたのかを考える。**
- **フランス革命で自由・平等の考えが広まり、以後の人権拡大のスタートとなったことを学ぶ。**

資料 1　オランプ・ドゥ・グージュ

授業の展開

- 「資料 1 の人物はオランプ・ドゥ・グージュという人で、2020 年にフランスの切手になりました。この人はフランス革命のとき、どんなことをしたか予想しよう」

(1) フランス革命始まる

1789 年 7 月 14 日、1000 名近いパリ市民がバスチーユ牢獄を襲撃した。

「なぜ？」かつて絶対王政に反対する政治犯を収容していた圧政の象徴。ここは武器庫であり要塞でもある。備え付けられていた大砲はパリ市街に向けられていた。武器を引き渡せ、大砲をとりはずせと要求する市民と、拒否した守備隊との間で激しい銃撃戦が始まった。そしてついにバスチーユ牢獄は陥落した（資料 2）。これを聞いたルイ 16 世は、また暴動が始まったなと、あまり驚いたようすを見せなかった。そばにいた貴族が「いえ陛下、これは革命です」と告げた。フランス革命の始まりだ。

資料 2　バスチーユ牢獄の襲撃

（『ファミリー版世界と日本の歴史 7』大月書店）

(2) フランス革命はなぜ起こったか――人びとは何を求めたかを考える

- 革命前のフランス社会のようすを知る。**資料 3** を見て、気づくことや疑問を出させる。

「ウサギや小鳥が農民の足もとで作物を荒らしている絵の意味は？」

（「貴族が狩りをするため、小動物を追い払ってはいけないとされた」）

「農民たちのようす」（**資料 4**）を読み、考えさせる。

- 「フランス革命はなぜ起こったか」学習班で話しあい、意見をまとめる。

資料 3　僧と貴族を背負っている農民

資料 4　農民たちのようす

> 農民たちは土で作ったカベと、ワラぶきの屋根というそまつな家に住み、窓にガラスをはめることなど、すごいぜいたくとされた。靴や靴下などはふつう履かなかった。ある旅行者は書いている。「一人の女に出会った。60 歳から 70 歳に見えた。はげしい労働のためか、彼女の腰は曲がり、顔はシワだらけでこわばっている。しかし、彼女はまだ 28 歳とのことだった。」
>
> （『世界の歴史教科書シリーズ　フランスⅢ』帝国書院）

(3) フランス革命のようす

資料５　革命のようす①革命は村にも広がる

> 農民たちは７月20日から、クワや熊手を持って集合し、貴族の屋敷をおそい、また年貢の文書をさし出させ、大きな歓声とともに焼き捨てた。文書をさし出すことをこばんだ貴族は、屋敷に火をつけられた。この行動は全フランスに広がった。
>
> （河野健二『フランス革命小史』岩波新書）

資料６　革命のようす②「ベルサイユへ、ベルサイユへ」

> 1789年10月５日、女性を中心とする約7000人のパリの民衆がベルサイユ宮殿におしかけた。この女性たちは、パリの市庁舎から奪った800の小銃と、４門の大砲まで持っていた。

資料５、６を読ませ、革命のようすを想像させる。

●「ベルサイユ宮殿の絵（**資料７**）を見て、感想を言いましょう。ベルサイユ宮殿にはだれが住んでいましたか」（「国王一家」）

「この女性たちは国王に何が言いたいのか、予想しよう。国王はどう答えたでしょう」国王ルイ16世は、趣味が狩りと錠前いじり。王妃マリー・アントワネットは「パンがないなら、ブリオッシュを食べればいいのに」と言った。ブリオッシュとは、バターをたっぷりきかせた上等なお菓子である。

「ルイ16世の処刑」（**資料８**）を見せる。

(4)　人権宣言

●「**資料９**（まんが『ベルサイユのばら』の一場面）を見よう。このオスカルの考えをまとめると……？」

「フランス人権宣言（1789年８月26日）第１条をノートに写そう。感想は？」

「しかし、（君たちも大賛成な）この人権宣言に『待った！』をかけた人がいた。その人物こそ、最初に見た（資料１）オランプ・ドゥ・グージュです」

彼女は、「人および市民の権利宣言」（人権宣言）に対し、２年後（1791年９月）、「女性および女性市民の権利宣言」を発表した。その第１条は「女性は、自由なものとして生まれ、かつ、権利において男性と平等なものとして存在する」。当時、「人権宣言」の「人」とは、財産を持った成人男性のことだった。

資料７　ベルサイユ宮殿

（『ファミリー版世界と日本の歴史７』大月書店）

資料８　革命のようす③ルイ16世の処刑

（『ファミリー版世界と日本の歴史７』大月書店）

資料９　『ベルサイユのばら』

（Ⓒ池田理代子プロダクション）

留意点

●自由と平等を求める市民の熱い思いが生徒にも伝わるように、文章や絵の資料を使って授業を展開したい。

●女性も立ち上がった点に留意したい。革命を点火したのも女性。だが女性の人権は当時まだ認められなかった。フランスで婦人参政権が実現したのは革命から157年後の1946年。長い長い人権獲得の歴史を意識したい。　　　（小堀俊夫）

55 イギリスの産業革命

1時間

ねらい

- イギリスの産業革命は、大量生産の綿製品の市場としてのインドをはじめ、世界中の植民地の動きと関連していることを理解する。
- 繊維工業を中心とした技術改良によりイギリス社会がゆっくりと都市化し、やがて蒸気機関の発明によって工業化がすすみ鉄道網が発達して、フランスやドイツなどにも産業革命が広がったことを理解する。
- 産業資本主義の成長により、資本家と労働者が出現し、労働問題や貧富の差など社会問題が生まれたことを理解する。

資料1　尚古集成館

資料2　尚古集成館にある機械

（尚古集成館蔵）

授業の展開

(1) 産業革命におけるイギリスの都市化と植民地化の動き

- 「資料1は鹿児島市にある尚古集成館。島津斉彬《なりあきら》が幕末に進めた事業の中心となった建物のひとつです。資料2は何だと思う？」（「紡績の機械」）

斉彬はイギリスの発展に驚き、鹿児島でもその真似をしようとした。当時、このような工場群をアジアでつくっていたのは薩摩だけであった。「斉彬が真似たイギリスの発展とは何かを学習していこう」

- 「19世紀に、イギリスの都市で人口増加がすすみました。資料3を見て気づいたことを発表してください」（「1810年ごろまではインドから綿布をヨーロッパへ輸出する量が多かったが、1820年ごろになってイギリスからアジアへの輸出量が急激に増えていっている」）

資料3　インドの綿布の輸出入

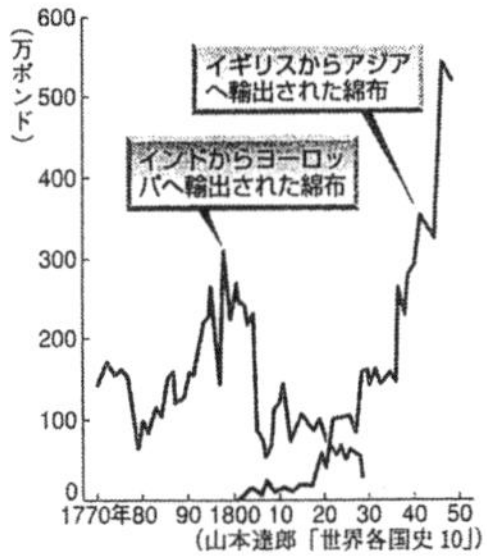

（山本達郎「世界各国史10」）

モスリンの生産で知られたインドの綿業都市ダッカの人口は、綿織物業の衰退で18世紀末の15万人から1840年ごろの2万人に激減し、職を失った職人の白骨がガンジス川の河原を白く埋め尽くしたといわれている。

- 「なぜイギリスは都市化がすすみ、綿製品を大量に輸出できるようになったのだろうか」

資料4　糸車から紡績機へ

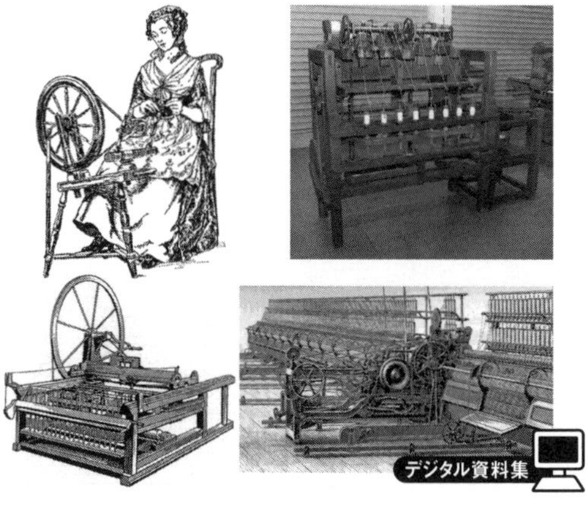

イギリスでは機械をとりいれて大量に安い綿製品を生産できるようになり、インドをはじめ世界中に輸出するようになった。「世界の工場」といわれるようになり、工場労働者として都市部に人口が集まったのである。

「では、綿工業において開発された機械を見てみましょう。資料4を古い順番に並べてみよう」グループで発表させる。糸車（左上）→ジェニー紡績機（左下）→アークライト紡績機（右上）→ミュール紡績機（右下）

となる。それぞれのちがいを説明する。アークライトのころから水力を利用するようになっていく。

(2) 急激な変化ではなかった産業革命

● 「**資料５**は19世紀初期のイギリスの炭鉱のようすです。目にとまるのはどこだろう？」(「煙突があって煙を出している」「馬やロバもいる」)

煙を出しているのは蒸気機関のリフト。石炭の巻き揚げや運搬には馬が広く使われていた。炭鉱主は馬を養うために農場を持ち、燕麦《えんばく》を栽培した。収穫時には、炭鉱労働者も畑に出て農業労働者となった。

資料５　19世紀イギリスの炭鉱

資料６　ヨークシャーの炭鉱夫

●**資料６**を見せる。「先ほどの炭鉱と変わったところはどこだろう」(「蒸気機関車が走っている」)

炭鉱で働く労働者を描いたこの作品には、蒸気機関車や、蒸気機関で動くリフトが描かれている。1830年代になると蒸気機関車が登場してきた。

資料７　鉄道網の発達（右＝1840年、左＝1850年）

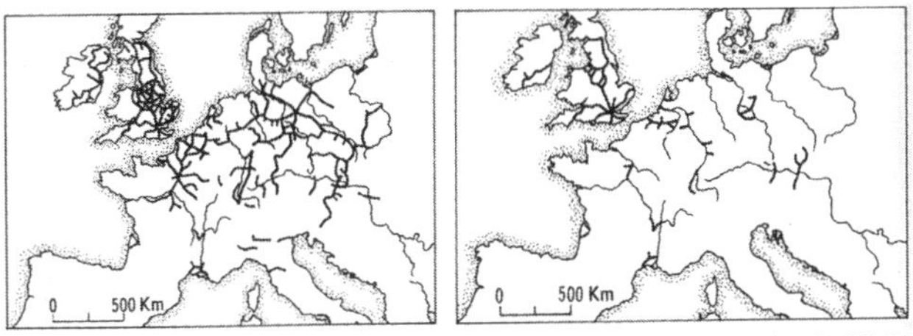

（『ビジュアル版世界の歴史14』講談社）

● 「イギリスの19世紀の紡績工場のようすを調べてみよう」

綿製品を中心に機械がとりいれられ、女性労働者が働くようになった。蒸気機関を利用して大量生産が可能になることを説明する。

● 「鉄道網の発達（**資料７**）を見てください。どうなっていますか」ヨーロッパ中に産業革命が広がっていくことを説明する。

資料８　19世紀なかばの工場

(3) 貧富の差と社会問題の発生

● 「19世紀なかばのロンドンの工場のようす（**資料８**）から、どんなことがわかるかな」工場で働かされる子どもには、５～６歳の幼児もいた。

「**資料９**は、1868年の大都市グラスゴーの裏通りの写真です」

スラム街が生まれ、貧富の差が社会問題となり、労働問題も深刻になっていった。やがて社会主義思想が生まれることを説明する。

資料９　グラスゴーのスラム

留意点

●イメージ化を容易にする当時の版画を、資料として多数活用する。

●綿工業の技術革新として紡績機の変遷をとりあげた。技術の発展と産業革命との関連を印象づけるためである。

● 18世紀末に蒸気機関が利用されるようになっていくが、炭鉱では相変わらず馬が運搬用として利用され、人びとは農業労働者でもあった。産業革命の変化が急激ではないことを印象づける。

●資本家と労働者の出現、女性や児童労働などの労働問題、都市のスラム化などの社会問題をとりあげ、その後の労働運動や社会主義思想につながっていくことを説明して、授業を閉じる。　（新福悦郎）

参考文献

松村昌家ほか編『英国文化の世紀１　新帝国の開花』（研究社）
J.M. ロバーツ『図説世界の歴史７　革命の時代』（創元社）
谷川稔ほか『世界の歴史22　近代ヨーロッパの情熱と苦悩』（中央公論新社）
木村靖二・近藤和彦『地域文化研究１　近現代ヨーロッパ史』（放送大学教育振興会）

56 インド大反乱
インド民衆の抵抗

1時間

ねらい

●**なぜインド大反乱が起こったのかを追究するなかで、イギリスの植民地化に対するインド民衆の抵抗であったことを理解する。**

●**インド大反乱の意義を考え、インド独立運動の原点となったことを理解する。**

資料1　ラクシュミー・バーイー

授業の展開

(1) インド大反乱の直接的な原因とその広がり

●ラクシュミー・バーイーの戦闘姿の絵（資料1）を見せ、気づいたことを発表させる。「インドのジャンヌ・ダルクと称えられるラクシュミー・バーイーという王妃の戦闘姿です。大反乱の若い指導者としてたたかい、戦死しました」

資料2を読ませる。

資料2　セポイ（シパーヒー）の反乱

> 1857年5月10日夜、デリーの東北50マイルの軍事基地メラートのセポイ（インド人傭《やと》い兵）3箇連隊が蜂起《ほうき》した。そのきっかけとなったのは、牛か豚の油がぬられていた弾薬筒の使用をセポイが拒否したことに対して、イギリスが厳罰を加えたからであった。セポイ蜂起の知らせは民衆の口から口へ伝わった。都市の市場は騒然となり、こん棒や刃物を持った群衆が、また農村からも農民がぞくぞくたちあがり、役所・税務署・郵便局・教会、英人邸宅を襲撃した。こうした民衆に支持されて、セポイ蜂起軍はデリーに向かい、ムガール皇帝をいただいて、「ムガール帝国の復活」を宣言した。…蜂起は燎原《りょうげん》の火のように北インドから中部インドへと広がり…長らく対立してきたヒンズー、イスラム両教徒ともこのときばかりはしっかりと手をにぎり、共通の敵に立ち向かった。（土井正興ほか『新講世界史』三省堂）

資料3　セポイの絵

「最初に蜂起したのは誰で、何に対して蜂起したのでしょうか。蜂起のきっかけは何でしょうか」（「牛や豚の油がぬられていた弾薬筒を、宗教上の理由で、セポイは拒否したんだ」）資料3から、セポイは東インド会社の傭兵であったことを説明する。

●「それにしても、群衆、農民、民衆まで、なぜ立ちあがったのだろうか。この地図（資料4）から、反乱はどこに広がっているでしょう」インドの3分の2をおおう大反乱となったことを説明する。

(2) イギリスのインド植民地化の状況と、大反乱になった理由

●資料5を見せ、資料6を読ませる。

資料4　インド大反乱の拡大

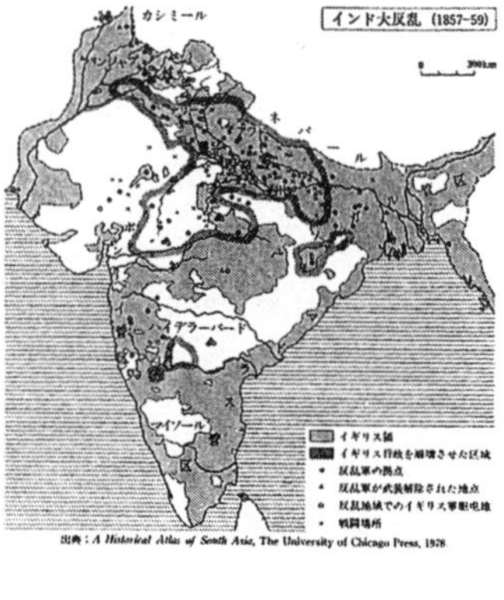

出典：*A Historical Atlas of South Asia*, The University of Chicago Press, 1978

インド人とイギリス人の姿に注目させる。インドの餓死者は、大反乱が起こる前後の1850〜74年で500万人もいた。インド総督は、「木綿織布工たちの骨はインドの平原を白くしている」と報告した。イギリスが産業革命を成し遂げ、安い綿布を大量に輸出したために、インドの手工業が壊滅したことを説明する（前時の資料３を参照）。

資料６　植民地となったインド

> 外国製品はどんどん奥地に侵入してゆき、村の手職人までも駆逐してしまった。…こうして生業をうばわれた手職人たちは、いったいどうなったのだろうか？…貧しく、家も仕事もなく、空腹をかかえた職人たちは、村へ帰って土地にすがった。しかし…そこには、すでにありあまる人びとがいて、所有できるような土地は残されていなかった。おちぶれた手職人の、ある者は農民になったが、大多数は土地をもたずに、雇い口をもとめてさがしあるく失業者になりはてた。そしてさらに、ただ死ぬよりほかに途がなかった者も、多数にのぼったにちがいない。
>
> （ネルー『父が子に語る世界歴史４　激動の十九世紀』みすず書房）

資料５　飢えたインド人職人とイギリス人

18世紀中ごろのインドの地図と反乱当時のイギリス領の地図を比較させ、東インド会社がインドの土地までとりあげていったことに気づかせる。

●「インド大反乱の結果はどうなったのでしょうか」

２年がかりで大反乱がおさえられ、ムガル帝国は滅び、東インド会社に代わってイギリス政府がインドを統治するようになった。

●「これまでの学習をふまえて、インド大反乱の意義について意見交換しよう」

「起こすべきであった」「起こすべきではなかった」それぞれの立場で意見を述べさせる。最後のまとめとして、次の資料７を紹介する。

資料７　インド大反乱の意義

> そして、この大反乱が敗北し、多くの人々が処刑されたあとも、この事件はひそかに民謡としてうたい継がれ、言い伝えとして語り継がれて、人々の脳裏にきざみこまれた。心にきざまれた記憶は繰り返しイギリス支配の正統性に疑問をなげかけた。…のちの民族運動の基層を形成していった。
>
> （辛島昇編『南アジア史』山川出版社）

留意点

●インド大反乱は、セポイだけの反乱ではなく、インドの３分の２の地域をおおい、民衆をはじめ国王までも参加したことを強調したい。イギリスの東インド会社による支配に対する抵抗であったことに留意したい。

●インド大反乱は最終的に、英国政府が直接インドを支配する植民地化という結果になった。しかし、この大反乱が植民地支配の問題性を世界に示し、日本に対する植民地化への動きにも影響を与えたこと、また、のちのガンジーに見られるインド独立運動の出発点となったことを印象づけたい。

（新福悦郎）

参考文献

長崎暢子『インド大反乱一八五七年』（中公新書）
溝口雄三ほか編『アジアから考える５　近代化像』（東京大学出版会）
歴史教育者協議会編『知っておきたいインド・南アジア』（青木書店）
『週刊朝日百科日本の歴史99　1850年の世界』（朝日新聞社）
辛島昇編『新版世界各国史７　南アジア史』（山川出版社）

57 高杉晋作の見た中国・清
アヘン戦争と太平天国の革命

1時間

ねらい

- アヘン戦争の原因と結果を理解させ、太平天国の革命に、なぜ中国の人びとが大勢参加したのかを理解する。
- イギリスの侵略に対する中国の抵抗が、幕末の日本にどのような影響を与えたのかを考える。

授業の展開

(1) 中国・清で何が起こったのか――高杉晋作の日記から

高杉晋作

- 1862年に上海へ留学した高杉晋作の日記（資料1）を読んでみよう」

「なぜ、こんな状況になってしまったのか。何があったのだろう」

資料1　高杉晋作の日記

ここ(上海)では、中国人はほとんど外国人の使用人になってしまっている。イギリス人やフランス人が歩いていくと、中国人はみなこそこそと道をよけていく。主権は中国にあるというものの、十分注意しておかないと、やがてこのような運命に見まわれないとだれが断言できようか。

（高杉晋作の日記『遊清五録』より現代語訳）

- 資料2を読ませる。アヘンが麻薬であり、中毒になること、ケシからとれること、清でアヘンが広がったことなどを説明する。

資料2　アヘン禁止の命令

どうして汝《なんじ》らの国でさえ吸食しないアヘンを、わが国に持ち込み、人の財を騙《だま》し、人の命を害するのか？ 汝らがこの物をもって中華の民を蠱惑《こわく》することすでに数十年に及ぶ。……このたび大皇帝がアヘンの根絶を決意され、販売人、アヘン吸飲所をひらく者はもとより、吸飲者も死罪となった。……すみやかにこれに従い、アヘンをことごとく官におさめよ。……寸毫《すんごう》も蔵匿《ぞうとく》してはならない。　（陳舜臣『実録アヘン戦争』中央公論社）

アヘン館のようす

（『ファミリー版世界と日本の歴史8』大月書店）

- 「次のグラフ（資料3）から、どんなことが言えるだろう」

清ではアヘン中毒にかかる人が急増していたことを押さえ、イギリス人がアヘンを中国に売りつけていたことに気づかせる。アヘン中毒患者は400万人（当時の中国の推定人口は4億人なので100人に1人）といわれ、「疲れがとれる」などと言ったり、ひどい例は、子どもがうるさく泣くときに吸わせればおとなしくなると言って売ったりした。

「このアヘンの取り締まりのために任命された人物は誰か。彼はどんなことをしたのだろうか」（「林則徐」「アヘンを没収、処分した」）

これに対して、イギリスは清を攻めた。このアヘン戦争（1840 年）の経過や結果、南京条約について簡単に説明する。「その結果、アヘンはどうなったのか」と問いかけ、資料 3 のグラフから、さらに増加したことを押さえる。

(2) 南京条約（1842 年）後の清のようす

● 「南京条約後、清で起こったことは何だろうか」**資料４**から、中国全土で反乱が起こったこと、そのなかで太平天国の革命がもっとも大きな反乱であったことを確認する。

「なぜ、中国全土で反乱が起こったのだろうか」南京条約の内容から、賠償金を取られ関税自主権を失ったこと、農民や手工業者に重税がかかったことを理解させる。

(3) 太平天国の革命になぜ人びとは参加したのか。日本への影響は？

太平天国は、土地を農民に平等に分け与え、男女の不平等もなくそうとした。そのために大勢力となったことを説明する。

● 「太平天国の革命は、日本にどんな影響を与えたのかを、**資料５**を読んで考えてみよう」

資料３　インド産アヘンの輸出額と財政状況

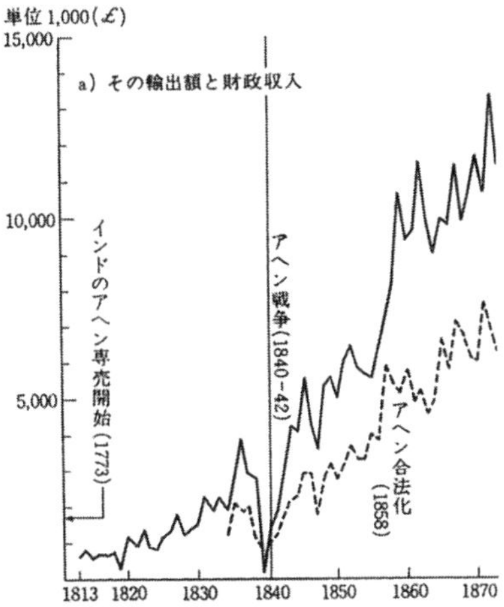

（加藤祐三『イギリスとアジア』岩波新書）

資料４　太平天国期の諸反乱

（『中国現代史　上巻』東京大学出版会）

資料５　太平天国の革命の日本への影響

・英駐日公使オールコック「アジア人の血を持ったいかなる国民、あるいは民族も、頑強な決然たる抵抗をせずに、ヨーロッパ人の優越した力に屈服したことはいまだかつてない」（『日本滞在三年記』）

・久坂玄瑞《げんずい》「英仏が力をほしいままにして日本に向かって武器を用いない理由は、中国の太平軍の勢いがはなはださかんであるからで、もしも太平軍が英仏に屈服していたら、日本に侵略してきたにちがいない」（『解腕痴言』）

「高杉晋作が見た、イギリス人やフランス人に対して中国人がこそこそと道をよけるすがたの裏には、どんな思いがあったのだろうか」と問いかけて、意見を述べさせて終わる。

留意点

●授業の展開は、長州藩出身の高杉晋作が中国滞在中、欧米による植民地化の実情や太平天国の革命を見聞し、帰国した後に記した『遊清王録』から始めている。アヘン戦争後の記録から、アヘン戦争と太平天国の革命が日本の明治維新に与えた影響を考えさせようとした。

●キリスト教信仰と農民反乱がむすびついて起こった太平天国の革命では、漢人地域の「中華 18 省」のうち 17 省が大混乱となり、2000 万～ 4000 万人にのぼる犠牲者を出したといわれる。貧しい農民たちにとって太平天国は、理想郷が出現したように見えた。　（新福悦郎）

参考文献

姫田光義ほか『中国近現代史　上巻』（東京大学出版会）
『週刊朝日百科日本の歴史 99　1850年の世界』（朝日新聞社）
加藤祐三『イギリスとアジア』（岩波新書）
陳舜臣『実録アヘン戦争』（中央公論新社）
平野聡『大清帝国と中華の混迷』（講談社）

58 異人、江戸に来たる
開国と条約

1時間

ねらい

- ペリー来航を契機に幕末動乱の時代が始まることを、庶民の日記を通して明らかにする。
- 幕府が欧米諸国とむすんだ条約が不平等であったかを考える学習にする。

授業の展開

(1) ペリーの来航——1853年（嘉永6年）7月8日14時ごろ

ペリー艦隊4隻の航路を**資料1**で確認する。

アメリカ→南アフリカ→インド航路→中国→琉球→日本

●「なぜ遠い日本に来ることができたのでしょうか？」（「産業革命」）

資料1　ペリー艦隊の航路

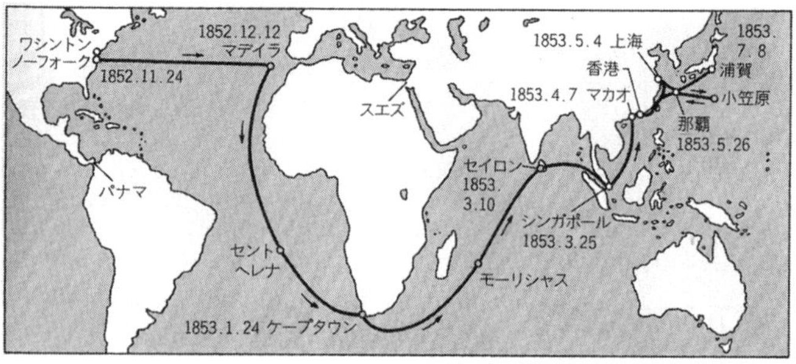

（『ファミリー版世界と日本の歴史 8』大月書店）

「鉄でできた船は何と呼ばれましたか？」（「黒船」「蒸気船」）

「このとき掲げられていた星条旗の星の数はいくつでしょう？」（「51？」「13？」）「このときは31でした。星はアメリカの州の数をあらわしているので、独立以後、国土が広くなっていることがわかりますね」（53時参照）

●ペリーの似顔絵（**資料2**）を生徒に提示し、「変だなぁ」と感じることを発言させる。（「鬼みたい」「天狗みたい」）

『ペリー日本遠征随行記』および『藤岡屋日記』（**資料3**）を生徒に読ませ、異国船を見物する民衆のようすをつかませる。「人びとはどうしていますか？」（「小舟に乗って、ビスケットや品物を船から投げてもらった」「幕府の船（御用船）が怒鳴りちらして解散させた」）

その後、江戸の町々に異国船見物禁止令が出されたが、川崎大師参詣と称して見物に行った人もいた。

来航の前年、オランダは、アメリカ大統領からペリーに日本へ向かう命令が出されたことを『和蘭別段風説書』で幕府に知らせていた。

「上陸して戦うための武器も積まれていることも事前に知っていた老中・阿部正弘は、これらを内密にしつつ、どうしたのでしょう？」（「大名や朝廷の意見を聞いた」）「このやり方で気になることはありますか？」（「意見がまとまるのかな」）

資料2　ペリーの似顔絵

資料3　黒船を見物する人びと

沿岸の住民はこのありさまにびっくりして、われわれが停止すると時を移さず、この奇妙な外輪船を見物しようと、男も女も乗り込んだ小舟を繰り出し、その多くはビスケットや品物を投げれば届くほどの間近に寄ってきた。二、三の船と交歓していると、御用船が一隻、怒鳴り散らしながらその間に割り込んできた。すると、彼らは蜘蛛《くも》の子を散らすように退いた。（『ペリー日本遠征随行記』）

外国人一人、神奈川へ上陸し、東子安まで街道を通り、それより山道を通り、生麦村へ来て、子生山より成願寺脇に来る。また街道を出て、川端より大師ヶ原まで来て、夜に帰る。神奈川より船に乗せ、元の船に送り返した。（『藤岡屋日記』）

資料4　新潟市章

1908（明治41）年に制定。いかりの五の字は安政の五カ国条約で開港した五港。雪環は越後の意味。

(2) 2つの条約

日米和親条約（1854年）の内容を教科書等で知る。「捕鯨船（灯火用となる鯨油を求める）の中継地として開港した港は？」（「下田と箱館」）2港を地図で確認する。

日米修好通商条約（1858年）の内容を知り、不平等条約かどうかを話しあう。「両国で交渉にあたった人は？」（「大老・井伊直弼《なおすけ》とハリス」）

教科書にある条約の内容を読ませる。「日本にとってどうですか？」（「不平等条約」）「どんな点で不利ですか？」（「日本が商品に関税をかけられない」）「条約締結時は、輸入税率は何％？」（「20％」）「これは世界的に高かったが、その後どうなったの？」（「5％に切り下げられた」）

「日本が自主的に税率を決める権利がないことを何と言いますか？」（「関税自主権がない」）「低い税率になるとどうなるのでしょう？」（「アメリカ製品が入りやすくなる」）「日本の製品はどうなりますか？」（「売れなくなる」）

「他に、不利なことがらは？」（「領事裁判権（治外法権）を認めた」「アメリカ人が日本人に対して法を犯しても、日本の裁判にかけられない」）

「ついで、どんな国と同じような条約をむすびましたか？」（「オランダ、ロシア、イギリス、フランス」）

留意点

- ペリー艦隊が日本へ来るとき、琉球を経由して入ってくる。ペリーの航路はアジア太平洋戦争の伏線ともいえるものである。
- その後アメリカは南北戦争（1861～1865年）で日本から手を引くことになることもつかませたい。
- 庶民の日記については、佐藤誠朗『幕末維新の民衆世界』（岩波新書）を活用して教材研究するのがよい。ただしこの本は品切なので図書館を利用してほしい。
- 日本の攘夷に対し各国が怒った。幕府は日本人が外国人を殺傷しても犯人を出さなかった。また、外国人に居留地以外での商売をさせなかったことなどにもふれたい。

（小林 朗）

59 江戸幕府がたおれる
攘夷から倒幕・世直しへ

1時間

ねらい

● 260年以上続いた江戸幕府を滅亡させたのは、坂本龍馬、木戸孝允、西郷隆盛、大久保利通といった志士による倒幕の動きだけでなく、庶民の世直しの動きや打ちこわしの続発にもよることを明らかにする。

授業の展開

(1) 井伊直弼惨殺！

● 武蔵国小曾木村の『市川家日記』（資料1）を読ませ、「この事件は何ですか？」と質問をする。

（「桜田門外の変」）「誰が犯人ですか？」（「条約に反対した水戸藩士」）「なぜ殺したのですか？」（「朝廷に許可を得ず条約をむすんだ」）「そうですね。加えて、安政の大獄への反発があったといわれます」

「開国したあと、庶民の生活はどうなりましたか？」（「生活が苦しくなった」）「日本からの輸出品はどんなもの？」（「生糸や茶が中心」）「その商品の値はどうなったの？」（「値上がりした」）「輸出用の生糸が貿易商人に買い占められると？」（「生産者が危機におちいり、物価上昇で民衆の生活が苦しくなった」）「このような混乱のなかで事件が起こったのですね」

資料1 『市川家日記』（現代語訳）

1860年3月3日（旧暦）、江戸で大騒動が起こった。大老・伊井《（ママ）》直弼が江戸城へ行く途中、何者かが大勢で駕籠《かご》に殺到し斬りつけた。家来をたくさん斬り殺し、伊井《（ママ）》も斬られたとの評判でもちきりだった。

(2) 生麦事件（1862年8月21日）

『関口日記』（生麦村名主関口家の日記）から事件の史料（資料2）を提示して生徒に読ませ、教師が質問する。

「事件はどうして起きたのでしょうか？」（「薩摩藩の大名行列にイギリス人が土下座しなかったので斬りつけた」）

(3) 尊皇攘夷運動の激化をまとめる

薩摩と長州の動きを中心に、教科書をみて年表にまとめさせる。結果的に「攘夷」から「倒幕」への流れとなったことを教師が確認する。

1862年	8月21日	生麦事件が発生
1863年	5月10日	長州藩が下関で外国船を攻撃
	7月2日	薩英戦争→薩摩藩敗北
	8月18日	尊皇攘夷派は京都を追われる
1864年	8月5日	英米仏蘭四国連合艦隊が下関を攻撃

資料2 『関口日記』（現代語訳）

島津久光の鹿児島（薩摩）への帰り、横浜の居留地から来たイギリス人4人（女性1人）が生麦村（神奈川近郊）の本宮町勘左衛門前にてすれ違った。（参勤交代なのに）馬から降りないので、薩摩藩士はイギリス人に斬りつけた。すぐにイギリス人は逃げたが追いつかれ、1人は松原にて即死した。他の3人は傷を負いながら神奈川まで逃げた。役人たちが桐屋（役所）へ来て、村役人一同もそこへつめた。死んだイギリス人の死体は多くのイギリス人が来て引き取った。

(4) 民衆の抵抗

● 「一揆の激増」（資料3）を提示する。「何年に一揆が多いですか？」

資料3　一揆の激増

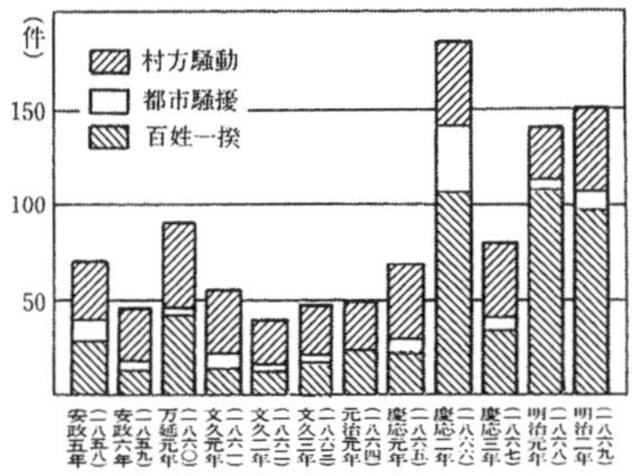

「村方騒動」とは、村役人による不正などを領主に訴え名主の交代を要求する動き。「都市騒擾」は打ちこわしを指す。（数値は『百姓一揆総合年表』より）

資料4　「ええじゃないか」のようす

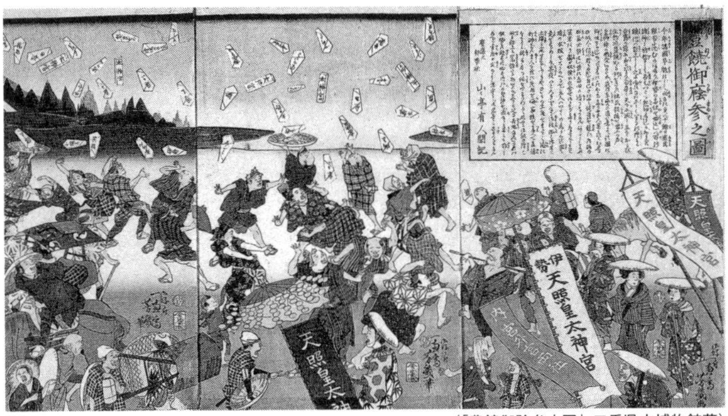

（「豊饒御陰参之図」三重県立博物館蔵）

（「1866年」「急に多くなった」）「年貢軽減を要求する百姓一揆だけでなく、どんなことも起こっていますか？」（「打ちこわし」）「米価の上昇で困った町人も、買い占めで値をつり上げる米商人に反発しました。教科書の“打ちこわしのようす”の図から、感じたことを言ってみよう」

「1866年は、『窮民』を自称し、不正な村役人や豊かな商人に対し人びとが立ち上がった『世直し一揆の年』でした」

● 「『ええじゃないか』の図（**資料4**）で、気がつくことを言ってください」（「みんな踊っている」「お札が降っている」「楽しそうだ」）「いつのようすですか？」

ええじゃないかの乱舞は、豊作で米価が下がったところで多発した。神仏に祈って「世直し」を求めたといえる。

(5) 次の事項を板書しながら、討幕への過程を確認する。

1866年 1月21日	薩長同盟
1867年10月13日	朝廷より討幕の密勅。翌14日、徳川慶喜が大政奉還
1868年 1月 3日	王政復古の大号令

留意点

● 討幕の要因として、志士たちの動きだけでなく、展開（4）の民衆の一揆・打ちこわしの役割は大きい。資料3の「一揆の激増」や資料4の「ええじゃないか」の絵図で、生徒に民衆の動きを実感させたい。

● 1867年1月に亡くなった孝明天皇は過激な攘夷論者で、妹・和宮を公武合体のため14代将軍家茂に嫁がせるなどした、幕末期の重要人物である。だが、遠山茂樹は『歴史学から歴史教育へ』（岩崎書店）で、幕末開明派と公武合体派の対立や討幕の過程での大政奉還派と武力討幕派の対立などは中学であつかうのは無理だとする。手塚治虫のマンガ『陽だまりの樹』（小学館文庫）などを発展学習であつかうのもおもしろい。

● 家近良樹『老いと病でみる幕末維新』（人文書院）は視点がおもしろい。

（小林 朗）

60 欧米に負けない国づくり
明治維新・地租改正

1時間

ねらい

●**江戸時代と明治時代はどこがちがうのかと比較し、明治時代の時代像をつかみ、近代学習の導入となる学習をすすめたい。そこで、明治維新という新しい時代を人びとは喜んだか、嫌がったかを、一揆の増減を通して考える。次に明治新政府の政治を調べ、地租改正反対一揆を通じて、人びとは何が不満だったかを追究する。**

授業の展開

(1) 明治維新を人びとは喜んだか、嫌がったか

●「明治維新を人びとは喜んだでしょうか、嫌がったでしょうか」

それはこの本でわかる、と『百姓一揆総合年表』を見せる（資料1）。

江戸時代全体で約3000件の一揆の、実に4分の1がこの時期に起こっている（年表①）。幕末は、江戸時代のなかでも一番百姓一揆が多かった（前時の学習の「世直し」「ええじゃないか」の言葉の意味に注目させる）。

その幕末と比べて明治維新を経て、百姓一揆は増えたか、減ったかと、次の3つから選ばせる。学習班ごとに予想を立てさせ、理由も言わせる。

（A）さらに増えつづけた　（B）同じくらい多かった　（C）減った

班ごとに予想を発表する。（A・B＝「新しい政策などで百姓たちがとまどってしまって一揆が増えたと思う」「明治維新で政治が変わると思ったのに、期待に反して変わらなかったので、怒った」「幕府がなくなって、急に年貢の取りかたが変わったから」C＝「幕府がなくなったから。将軍がいなくなったから」など）

次に、年表②から結果を発表する。答えはB。人びとは不満をもっていた。

(2) 人びとの不満のもとは何だろう――地租改正の場合

●「人びとの不満は、明治になっても減らなかった。なぜだろう？　明治維新ではどんなことがおこなわれたか見ていこう」（課題の提示）

新政府の政策について、教科書などから説明する。

地租改正についてどんな不満があったか調べる。地租改正に対して人びとが不満だったことを資料2、3から確かめる。

・「地租改正反対一揆はどんなことを要求したのだろう」資料4から一揆の要求したことを調べる。

資料1　青木虹二編『百姓一揆総合年表』（三一書房）

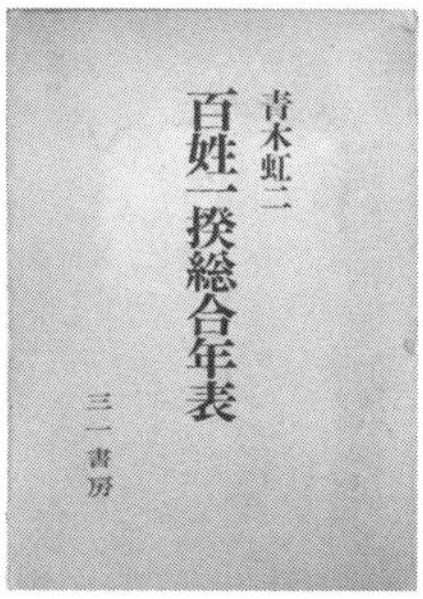

①幕末の百姓一揆件数	
慶応1（1865）年	69件
慶応2（1866）年	185件
慶応3（1867）年	80件
幕末10年間で	697件

②明治初期の一揆件数	
明治1（1868）年	141件
明治2（1869）年	151件
明治3（1870）年	92件
明治はじめの10年間で	674件

資料２　地租改正反対一揆の広がり

1876 年…熊本神風連の乱、福岡秋月の乱、山口萩の乱、…士族の反乱そのものは、たやすく鎮圧された。しかし政府がおそれたのは、これが人民の蜂起と結びついて“一大政変”となることだった。11 月に茨城県真壁郡数か村でおこった地租改正反対一揆、続いて 12 月 16 日三重県にはじまった一揆は４県（三重、愛知、岐阜、和歌山）にまたがる大一揆となった。

（加藤文三ほか『日本歴史　中』新日本出版社）

資料３　おもな農民一揆

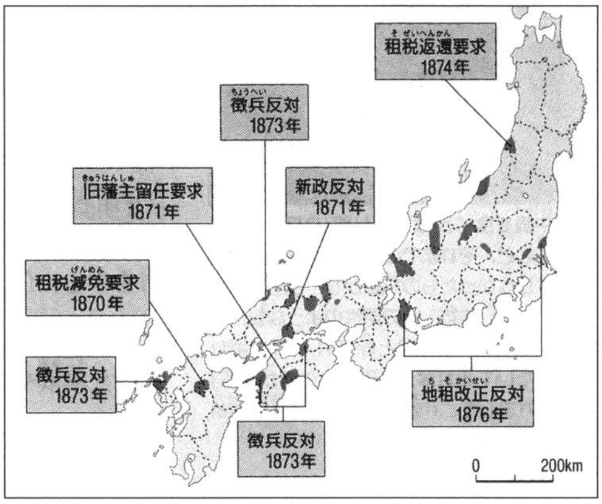

（東京書籍版教科書より）

資料４　竹槍で突き出す

1876 年 12 月、三重県の中部で、地租の取り方に不満を持った農民たちが集まり、税の引き下げを求める嘆願書を、県の役人に差し出した。騒ぎは広がり、北部の村の農民たちも加わって、地租関係の書類を焼きすてようとした。「御一新後につくられたものは残らず打ちこわせ」と竹槍をふるい、役場・刑務所・郵便局・学校などを破壊した。愛知県・岐阜県にも広がり、30 万人以上が参加する大一揆になった。

政府は、警察や軍隊を出動させておさえ、５万人以上を処罰した。地租は、はじめ地価の３％だったが、茨城県や三重県で大一揆がおきたため、2.5％に引き下げられた。新聞は、「竹槍でちょいと突き出す二分五厘」と書いた。

（学び舎版中学社会科教科書『ともに学ぶ人間の歴史』）

●「地租が３％から 2.5％に下げられたってどういうこと？」地券（**資料５**）を読ませる。

①住所　②土地の広さ　③持ち主

「このようなことが以前もありましたが、それは？」（「太閤検地」）「そのときは検地帳に、ほかに何が書かれましたか？」（「石高」）

地券では石高の代わりに地価が書かれていること、地価の 3％が地租とされたことを解説する。「此百分ノ三　明治十年ヨリ　此百分ノ貳ケ半」に気づかせ、つまり地租が 3％から 2.5％に引き下げられたことを話す。

(3)「富国強兵」と地租改正

●再び「おもな農民一揆」（資料３）を見る。

人びとは「地租改正反対」「徴兵反対」「（明治の）新政反対」だったことを確かめ、せっかく「御一新」になったのに、なぜ人びとの期待と現実の政治がずれてしまったかを考えさせる。それは、明治新政府が「富国強兵」をめざした政府だったことによる。

「政府はこれまでの年貢の収入を減らさない方針をとった。山林や原野などの入会地を国有としたため、農民は生活をおびやかされた」

江戸時代の年貢と同じになるように地租から先に決めたこと、幕府は天領からだけの年貢収入だったが、明治新政府は全国都々浦々から税を集めたことなどを解説する。

資料５　地券

デジタル資料集

留意点

●明治新政府の「富国強兵」の方針と関連づけて、「学制」「徴兵令」「地租改正」など明治維新の政策を考えさせる授業に挑戦してみよう。それらの政策に対し、「人びとはどう受けとめたか、賛成か、反対か」と問いかける形で、人びとの求める明治維新はどのようなものだったか想像させたい。

●後の「自由民権運動」の学習で、「富国強兵の道でない、もうひとつの道」について考えることにつながる学習をめざしたい。　（小堀俊夫）

61 徴兵徵役一字のちがい
徴兵令

1時間

ねらい

- **徴兵令の内容を学習し、（地租改正と同様に）徴兵令もまた人びとが嫌がったことを知る。**
- **なぜ人びとの嫌がる地租改正や徴兵令をおこなったのかという課題提示を通じて、これらの政策のねらい、明治国家が富国強兵をめざしたことに気づく。日本の勢力を外国に広げ、国内の反政府勢力を鎮圧する富国強兵路線は、日本近代史学習で何度も振り返ることになる（自由民権運動との対立、小国主義との対比など）。**

授業の展開

(1) 徴兵令を人びとは喜んだか、嫌がったか

「明治時代に出版された本を持ってきました」と、資料１～３を見せる。そのような本が出版され、人びとのあいだで読まれたことから、人びとの「徴兵令に対する意見」を予想させる。

●「徴兵令を人びとは喜んだか、嫌がったか」

嫌がった……「強制が嫌だった」「自分の子どもが死ぬかもしれないから」「働いてお金を稼ぐ人がいなくなっちゃうから」「免＝まぬがれる、だから徴兵されないための心得。徴兵されたくないと思っている」「家族と離れ離れになるから」「死にたくない、戦いたくない、のんびり暮らしたい」

喜んだ……「強くなれるから」など

「徴兵令の内容を、教科書で調べよう」

・1873年　・20歳に達した男子全員

・しかし徴兵されない人たちもいた……免除規定①長男、戸主②大学生、役人③廃疾（重い病気や障害で働けない人）④代人料270円を納めた者

「貧しい家に生まれた体が丈夫な二・三男は、あきらめるしかなかったのだろうか？」女子だけの家に婿養子に入るなどの方法が『徴兵免役心得』などには書いてあった。

「では実際に徴兵されたのは、男子全体の何％ぐらいだろう」（答え＝18％）「負担が増える」「3年間働きざかりを奪われる」などの理由で、みんな徴兵令を嫌がっていた。各地で徴兵反対の一揆も起こった。

(2) 徴兵令を断固として実行した政府のねらいは？

●「なぜ人びとの嫌がる徴兵令をしいたのでしょう」「軍隊に入った人は、

資料１『徴兵免役心得』（明治12年出版）

資料２『徴兵相當免役早見』（明治12年出版）

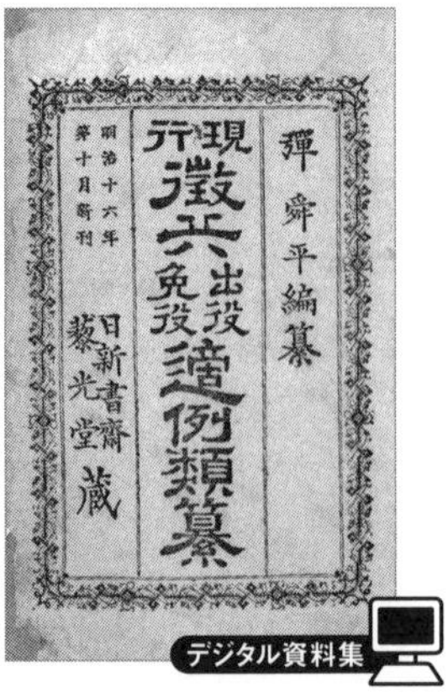

資料3『現行徴兵出役免役適例類纂』（明治16年出版）

本当に戦争に行っただろうか」と問い、予想して挙手させる。

台湾出兵
江華島事件
地租改正反対一揆
西南戦争
琉球処分
秩父事件

右のできごとをそれぞれ書いたカードを見せ、その語句を教科書で探してアンダーラインを引かせる（それぞれ裏に、起こった年と教科書の記述を書いておく）。

・台湾出兵（1874年）「台湾に流れ着いた琉球の漁民が先住民に殺される事件が起こると、政府は台湾に出兵し、清から賠償金を得ました」

・江華島事件（1875年）「軍艦を朝鮮に派遣し」（資料4）

・地租改正反対一揆（1876年）「政府は警察や軍隊を出動させておさえ」（→本書60時）

・西南戦争（1877年）「徴兵制によってつくられた政府軍によって鎮圧されました」

・琉球処分（1879年）「軍隊の力を背景に、琉球の人びとの反対をおさえつけて、沖縄県を設置しました」

・秩父事件（1884年）「政府は警察と軍隊を送ってこれをおさえ」

●「先ほどの資料1～3が出版された年は西暦何年？」それが1879年、1883年だったことから、「人びとはどんな気持ちでこれらの本を買い求めたのだろう」と予想を話しあわせる。

●「以上のことから、人びとが嫌がっても政府が徴兵令をしいた理由を考え、『富国強兵』という語を使って学習班でまとめよう」

富国強兵について、各自で教科書の説明をまとめさせる。

政府は「上下を平均し、人権を斉一（平等の意味）にする道こそ皆兵の基」だと述べた。それならば徴兵令が定める兵役の負担は、看板通り四民平等であったかといえば、そうではなかった。官吏および所定の官立上級学校に学んだ者、洋行修行者（海外留学した者）、代人料270円を納めた者（当時米1石は4円80銭、8440キロ相当）、つまり官吏とその候補者、富豪の子は免除された。また戸主とその相続者・養子も免役の対象だったので、結局3年の兵役に服したのは、庶民の二、三男であった。

資料4　江華島事件（当時の想像図）

デジタル資料集

留意点

●まだ忠君愛国、皇国史観に染められていない時期の庶民が、戦争や兵士になることに対してどんな考えを持っていたかと予想することは、その後の日本の近現代史を学習するうえで大事なポイントである。戦争をくりかえしていった歴史をなぞるだけではなく、「もうひとつの歴史の可能性」を、自由民権運動や石橋湛山らの小国主義を学習することで考えていくことが重要である。

●政府は徴兵令によってつくった軍隊によって、国内の反政府勢力を押さえこみ、また海外に派兵して富国強兵をすすめたことを、教科書や写真資料などで押さえたい。　（小堀俊夫）

62 学校のはじまり
学制

1時間

ねらい

●徴兵令や地租改正と異なり、学制（学校制度）は歓迎されたのではと予想されがちだが、やはりこれについても人びとは不満をもった。なぜだろう。その理由を追究して、明治維新に対する人びとの思いにせまる。

●しかし、子どもを学ばせたいという親の願いは、昔も今も変わらないのではないだろうか。洋風小学校を見ることで、新知識を身につける必要を感じた人びとから、しだいに「近代」が受け入れられていくようすを理解する。

授業の展開

(1) 本校の学区では学制を歓迎したか、嫌がったか

〈板書〉 1872年　学制　　6歳以上の男女全員が小学校に行くこと

説明しながら板書する。学制について説明したあと、「三郷（本校の地域）にも学校はつくられただろうか」と予想させる。

校史や当時の写真から、三郷にも学校はつくられたことを確かめ、写真や説明（お寺が学校として使われている）を見て気づくことを発表させる。（「お寺が使われている」「女の子がすごく少ない」「先生が少ない」）

●「三郷の人たちは、学制を歓迎しただろうか、嫌がっただろうか」

理由をつけて発表させる。（歓迎した……「立派な人になってほしい」「いろんなことを学んでほしい」嫌がった……「子どもには家の仕事をさせたい」「貧しくてお金がなかった」）

次に、教科書にどう書いてあるか調べさせる。教科書によれば「学校の建設費や授業料は地元の人びとが負担したため、はじめは入学する児童があまり多くありませんでした」とある。

「ということは、歓迎した？　嫌がった？」とたずねて「人びとは学制を嫌がった」ことを確認し、その理由のところに線を引かせる。

〈補足質問〉「女子の数が少ないのはなぜ？」「学校をお寺で開いたのはなぜ？」「先生が少ないのはなぜ？」

(2) 洋風小学校とは何だろう

●「人びとは学制を嫌がったのだが、子どもたちはどうだったのだろうか。子どもは学ぶことを喜んだのでは？」と、授業を逆転させる投げかけをする。

上の「歓迎した」理由で、「学校に行っていろんな知識を勉強すること

ができるから」「今まで勉強なんかしたことがないから、ワクワクしていたと思う」などがあれば、それに注目させる。

洋風小学校の写真（**資料2**）を見せ、感想を言わせる。（「西洋風の立派な学校」「装飾がカラフルで豪華」）「どのくらい費用がかかるのだろう」）

たとえば開智学校の建設費は1万1028円。学校が建てられた明治9年の米価は1升5銭。今はそのざっと1万2000倍である。「建設費が高い」と反対したのかと思ったら、意外な事実。そこで、「なぜこのようなすばらしい小学校を建てたのだろうか」と問いかけ、その理由を考えさせる（または教師が解説する）。

このような洋風小学校は、養蚕地帯の町村に多い。「では、なぜそうなのか」と問う。当時、生糸や蚕卵紙などの養蚕製品を輸出する関係で、横浜などへ出かけていた人びとは、都会の近代化を目の当たりにして、欧米文化を学ぶことの大事さを感じ取り、力を込めて学校をつくっていった。

●「洋風小学校をつくった村の人びとの気持ちをまとめよう」ノートにまとめさせ、2～3人に発表させる。

資料2　洋風学校（松本市、旧開智学校）

（CC by 663highland）

資料3　『世界国尽』

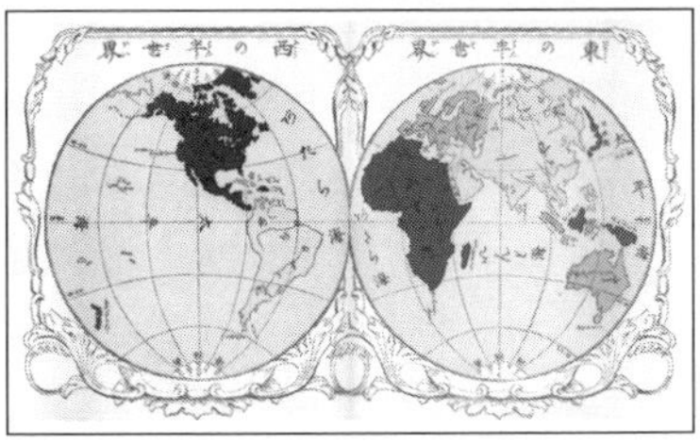

留意点

●政府は、近代国家に国民教育は欠かせないとして、全国を8つの大学区に、各大学区を32の中学区に、各中学区を210の小学区に分け、その小学区にひとつずつ小学校を置くことにした（目標5万3760校、人口約600人に1校）。だが、校舎建設や教員の雇用などは全部村任せだったので、学校建設の意義をまだ理解しない人びとにとって、これは大きな負担と感じられた。しかし江戸後期からの寺子屋の伝統もあり、「実学」の大切さは知っていた。まだ西洋式教育が必要だとは思っていなかったのである。人びとは「学ぶ」ことを否定していたのではないことに留意したい。

●では学校で何を学んだのだろうか。生徒は、本時の学習を通してそんな疑問をもつ。たとえば福沢諭吉の『世《せ》界《かい》国《くに》尽《づくし》』（**資料3**）などが教科書として使われたのだが、それらは次時の「文明開化」で学習していくとよい。続いて『学問のすゝめ』のこと、書き出しの「天は人の上に人を造らず、人の下に人を造らずと言えり」はアメリカ独立宣言の直輸入であること、などを学習していく。欧米の教科書を翻訳・翻案した教科書が小学校で使われたり、西洋の本や思想を翻訳したものを学校で教えるなどして、文明開化は全国に浸透していくのである。

●学区（地域）の市町村史や写真集にかならず明治初期の学校のことが出ているので、ぜひ教室に持ち込みたい。生徒の興味が倍増することうけあいである。

（小堀俊夫）

本書14ページの実践例「わたしたちの学校の歴史と学制」も参照。

63 文明開化の音がする
本当に日本の文明は開化したのか？

1時間

ねらい

●明治になって、日本の社会と人びとの生活は大きく変貌、それを文明開化と言った。何が変わったのか、その実際のすがたを生徒自身が調べ、発表する。

●しかし本当に変わったのか、当時日本に来ていたイギリスの旅行家イザベラ・バードの記録から、文明開化の実際を考える。果たして文明開化は本当か？　生徒に話しあわせる。

授業の展開

(1) 文明開化って何？

●「明治になりました。何が変わったでしょうか？」と**資料1**をカラーで見せる。 見せたあとコピーを配布し、「明治発見競争」をスタート。生徒が発見した「明治」をどんどん板書し、全体を眺めて気づいたことを発表させる。(「便利になった」「ヨーロッパ風になった」「欧米化！」など)

資料1　「東京名所之内銀座通煉瓦造鉄道馬車往復図」

（東京都立中央図書館特別文庫室所蔵）

「この変化を、4文字で何と言うでしょうか？」(「文明開化」)

「このころできた生活様式が、今の私たちの生活様式のもとにもなっています。たとえばどんなものだろう」(「髪型」「洋服」「くつ」「鉄道」など)

「この町はどこ？」と、自分たちの町の江戸時代と明治期の地図などを見せ、地域の変化にも気づかせたい。

(2) 身近な地域の文明開化と新しい考え

●「私たちの地域（埼玉県上尾）も大きく変わりました。**資料2**を見てください。何が新しいですか」(「汽車」)「そう。一番の変化は汽車ですね」

「市史にはこう書いてあります」と当時のようすを説明する。

資料2　「上野高崎間鉄道之図」

（埼玉県立歴史と民俗の博物館所蔵・提供）

開業した上野―熊谷間の鉄道は明治17年6月に全通、時速30キロで2時間30分かけて運行された。現在の高崎線の所要時間の約1時間強に比べて2倍近かったが当時は乗合馬車で8時間、徒歩だと2日がかりだったことを考えると驚異的な速さといってよい。　（埼玉県上尾市史関係書より）

(3) 新政府の開化政策の展開

●「なぜ明治になってこんなに急に変わったのだろうか。ひとりでに変わったのか、誰かが変えたのか？ 調べてみましょう」と、教科書と資料集で調べさせる。

調べ終わったら、黒板に書いて発表させる。

「文明開化と明治政府のやったこと」
① 1871 年、郵便制度が始まった。
② 1872 年、東京・横浜間に鉄道が通った。
③ 殖産興業といって、政府が新しい工場などをどんどん取り入れた。
④ 1873 年、有名な官営富岡製糸場（群馬県）ができる。

(4) 岩倉使節団の目的は？

資料 3　岩倉使節団

● 「なぜこんなに急に欧米化がすすんだのか？　その秘密は、この写真（資料 3）にあります。この人たちは何でしょう？　正装していますね。ちょんまげの人も一人」と、岩倉使節団の服装・人物に注目させる。

「どこに行ったのでしょうか」教科書の地図を見て、ヨーロッパ、アメリカを視察した足跡を確認する。

● 「なぜ、新政府は彼らを欧米に行かせたのだろうか？」（「強い国をつくりたかった」「欧米風になって自慢したかった」「条約を改正したかった」）

文明開化がひとりでに進行したのではなく、政府の欧米化政策があったことを押さえ、殖産興業政策につながることも考えさせたい。

資料 4　岩倉使節団の出発

（『ファミリー版世界と日本の歴史 8』大月書店）

(5)「文明開化」は本当か？――イザベラ・バードの記録から考える

● 「こうして変わった日本を旅行して記録した人がいます。この本です」とイギリス人女性旅行家イザベラ・バードの『日本紀行』（資料 5）を紹介。「本当に日本は文明開化したのか？　読んでみよう」

「読んでどう思ったか、感想を発表してください」（「文明開化によって日本は大きく変わったと思ったら、どうもそうでもない」）

「ここに明治の本質があるようです。そういう 2 つの視点で、これからも見ていきましょう」

資料 5　『イザベラ・バードの日本紀行』

（講談社学術文庫）

留意点

● 文明開化の実際のすがたは、できるだけ目に見える形で視覚的に発見させたい。そのひとつが開化錦絵である。東京の錦絵は有名だが、あわせて身近な県や市町村の明治期の絵や写真を、江戸期とくらべる形で使うとよい。絵や写真は県史や市史に載っていることが多い。

● 文明開化は、日本を確実に欧米化していったが、表層的でもあった。それは政策的であり、都市中心であり、その恩恵も一部の人たちのものであった。イザベラ・バードの記録には「日本のよさ」も「遅れた面」もかなり正確に描かれている。その客観的な記録を使うことで、日本の文明開化とは何だったのかを考えたい。そのことが、のちの明治社会を見ていく伏線となり、複眼的見方のもとになるだろう。　（倉持重男）

64 蝦夷地を日本領「北海道」にする

1時間

ねらい

●蝦夷地を「北海道」と命名し日本領にすることで、多くの移民による農地開拓と開発が大規模におこなわれたことを理解し、そこには自分たちと身近な人びとの関わりがあることに気づく。

●先住民族のアイヌは、広大な大地とともに生きる手段を失ったこと、法規制によって伝統的な言語や文化を奪われたことを理解する。

授業の展開

(1) 北海道を「開拓」せよ

●北海道にある道路標識の写真を示す（資料1）。

「この道路標識がある都道府県はどこ？」(「岐阜県じゃないの」)

「これは北海道の北見市にある標識だ。“岐阜”は岐阜県大野町の人びとが明治時代に移住した地域だよ」「北海道には、全国から移住した人びとがつけた“ふるさと地名”が各地にある」(資料2)

・戊辰戦争が終結した1869（明治2）年8月、松前藩以北異域としていた蝦夷地も含め、「北海道」に改称して政府が本格的に統治を始めた。

「教科書の明治政府のしくみ図を見よう。開拓使という役所があるね」

「開拓使」や「屯田兵令」という言葉を示してイメージを問う。

・江戸時代の蝦夷地は、海岸部で漁場経営をする和人がいる程度だった。内陸の広大な土地を実態のある「日本領土」とするため、土地の開墾とともにロシアに対する北方防備として軍隊を配備したことを説明する。

●「屯田兵による開発は23か村にすぎないが、広大な北海道の開拓には大量の移民が必要だ。そこで、『さあ、みなさん、北海道に移住しましょう』と政府が働きかけたんだ。みんなが明治時代の人なら、それに応えるかな」(「いやだよ」「寒いしクマが出るし」「仕事がどうしても無かったら行くかも」)

・資料3のような募集パンフが広く配布された。

・5町歩（約5ha）を5か年以内に開墾したら「無償」で自分の土地にできるという契約。(「小作農よりいい！」「そうか、貧しい農民も多いし」)

「その気になってくれたね。では、あなたにこの土地を開墾してもらおう」と資料4を示す。(「えー、ここを農地にするのは……」「できないよ」)

広大な北海道の畑作地帯のイメージがある生徒には、原始林開墾の大変さを知ってもらいたい。

・このような個人移民に加え、安価で数百haの土地も手に入るので、小作を

資料1　ふるさと地名の道路標識

(筆者撮影)

資料2　県別の主な移住地

導入は本例のように地元からの移住事例を使いたい。

資料3　北海道移住手引草

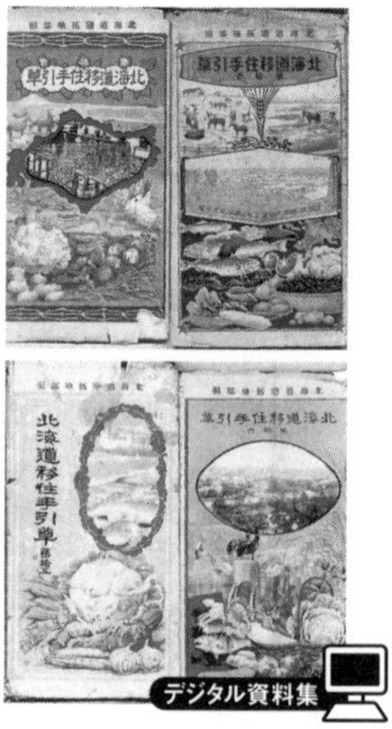

復刻資料が北海道歴史教育者協議会から実物教材として販売されている。

雇い大農場を経営する資産家の「不在地主」も増えていった。

・道路や鉄道も整備し、鉱山の開発も進めたが、労働力は少なく囚人労働もおこなわれた（御一新反対一揆や自由民権運動の弾圧との関わりも補足したい）。太政官大書記官であった金子堅太郎の言葉（**資料5**）「彼らはもとより悪徒だから、苦役に耐えられず死んだとしてもやむをえない」を紹介する。

(2) それは誰の土地だ

●**資料6**の戸籍記録を提示。「アイヌの人たちの戸籍だ。日本式の姓名を名づけられ“日本国民”になったわけだ。アイヌの人びとにとって、明治はどんな時代だったのだろう」

●さまざまな法規制や命令（「同化政策」）の**資料7**を提示。

「次々と政府から出される命令で生活は激変し、反すれば日本国民として“刑罰”を課された。山や川での狩猟採集や交易で暮らしていたアイヌの生活は、これらの法令でどのように変えられただろう」（「山も川も住居も官有地って、どういうこと？」）「政府に利用や処分の権限があるということ。さっき移民はタダで土地がもらえたって言ったよね」（「アイヌの生活の場を法律で奪って払い下げたのか」）

●旧土人保護法（**資料8**）の制定（1899年）

「『救済の方法を無くば、数万の人民絶滅に至らん』。これは札幌県令の調所広郷の言葉。アイヌの生活は限界に達していた。『旧土人保護法』はそういう背景で出された。アイヌの人びとは救われただろうか」

・農耕に限定した土地の給付。多くを日本人に払い下げた後の農耕不適地が多かった。種や農具の支援、土人学校の設置に関する規定もあるが、アイヌ民族の生活や伝統文化の否定を決定づけ、差別の温床になった。

(3) 近代国家としての国境画定と先住民族

●石狩川下流、江別の墓地にある碑（**資料9**）を紹介する。

「樺太移住旧土人先祖之墓。樺太の場所はわかるかな。1875年の樺太千島交換条約で、樺太はロシア領、国境は宗谷海峡になった」

・図面上で国境を引く近代国家。そこには住人がいる。樺太アイヌは移住を迫られ、慣れぬ土地で多数の死者を出した。一方、新たに領有した北千島のアイヌも色丹島に移住させられ、多くが困難のなかで亡くなっている。

「近代日本が北海道まで領土を広げ、国境を決めたことで、そこに暮らした人びとにどのような影響があったか、ノートにまとめてみよう」

留意点

●アイヌ民族への迫害を、移住した人びととの軋轢としてではなく、近代化の中で日本政府がとった施策の結果として理解させる。　（平井敦子）

資料4　北海道の原始林

資料5　金子堅太郎「北海道三県巡視復命書」（1885年）

デジタル資料集

資料6　アイヌの戸籍の例

山越郡内の事例　一八七三年
（『開拓使公文録』五八一八
北海道立文学館蔵）

第〇番屋敷居住
父土人　マカシカモ
トサンロク事
漁業
戸桟録平
何
何年
妻　ニシユツ事
にし
何年
男　クチヤシキ事
口弥
何年
男　口弥妻スフチ事
すう
何年
男　口弥女
はる
六年三月何日出生
産土神稲荷社
神葬祭

（海保容子『近代北方史』三一書房）

資料7　アイヌ民族に対する法令

デジタル資料集

資料8　北海道旧土人保護法（1899年）

デジタル資料集

資料9　樺太移住旧土人先祖之墓

参考文献
関口明ほか編『アイヌ民族の歴史』（山川出版社）
関秀志ほか『北海道の歴史（下）』（北海道新聞社）
川越宗一『熱源』（文藝春秋）

65 国策としての「征韓論」と朝鮮人差別

琉球処分・台湾出兵、そして「征韓論」の行きつく先は

1 時間

ねらい

- 明治政府の対アジア外交が、きわめて高圧的であったことについて考える。
- 明治政府最初の海外派兵としての「台湾出兵」と、その後の「琉球処分」までの流れを理解する。
- 明治政府の国策としての「征韓論」とは何かを理解する。「征韓論」の流れのなかで江華島事件を引き起こし、軍事的圧力によって不平等条約である日朝修好条規（1876 年）をむすばせ、それは 1910 年韓国併合につながることを理解する。
- 「征韓論」をおしすすめていくなかで、朝鮮人差別が民衆のなかに広まっていくことを理解する。

ワークシート（5−65）

デジタル資料集

授業の展開

(1)「沖縄は昔から日本の領土だったのでしょうか」さらに「沖縄は昔、何と呼ばれていたのでしょうか」と発問する。ワークシートの年表「琉球処分とは何か」（**資料 1**）から「処分」の中味と語感について意見交換する。

資料 1　琉球処分とは何か（ワークシートに収録）

デジタル資料集

江戸時代、琉球国は薩摩藩（鹿児島県）と中国（明・清）の両方に従っていた。明治政府は琉球国を日本の領土とするため 1872 年に琉球藩を置いたが、清は日本の政策に反発していた。

- 「琉球領有の正当化のために、明治政府は何をしたでしょうか？」と発問する。

台湾に漂着した琉球漁民が台湾島民に殺された事件（1871 年）を引き合いに出して、その報復として 1874 年に「台湾出兵」をおこなったことに注目する。1879 年に琉球藩を廃止して沖縄県を置いた。この一連の流れを「琉球処分」ということを確認し、意見交換する。

(2) 教科書に「征韓論」はどのように記されているだろうか？

「政府内には武力で開国をせまる主張（征韓論）…」などとある。**資料 2** で橋本左内、吉田松陰、勝海舟の 3 人の主張を紹介して、「征韓論」の最終目的は何か考えさせ、発表させる。

- 「国策（日本の方針）として征韓論（正義の日本が悪い朝鮮を討つという考え）をおしすすめるために、誰を英雄として称えたか」と投げかける。答えは豊臣秀吉。征韓論＝朝鮮侵略のために、秀吉の朝鮮侵略を正当化したことに気づかせる。

資料2　幕末の「征韓論」

> 橋本左内「独立に致し候には、山丹・満州の辺、朝鮮国を併せ」（日本が独立したら、山丹〔沿海州〕・満州のあたりや朝鮮国を合併し）
>
> （村田氏寿宛書簡、安政4年11月28日付）
>
> 吉田松陰「国力を養い、取り易《やす》き朝鮮・満州、支那《しな》を切り随《したが》え、交易にて魯国《ろこく》に失う所は又土地にて鮮満にて償うべし」（日本が独立したら、取りやすい朝鮮・満州、中国を従えて、交易でロシアに対して失うところに対しては朝鮮・満州を取って償うべきだ）
>
> （杉梅太郎宛書簡、安政3年4月24日付）
>
> 勝海舟「我おもふ所あり云々。その要は、征韓の一事」（私が思うところがある。その大切なことはただひとつ征韓です）
>
> （勝海舟の日記、文久3年5月27日付）

● 「征韓論＝朝鮮侵略の第一歩として、何をしたのでしょうか？」

江華島事件（日本の軍艦が江華島に近づき、測量・挑発行動をした事件。朝鮮側が抗議の発砲をするのを見こんでいた）を利用して軍事的圧力で開国を要求し、翌年に日朝修好条規（1876年）をむすばせたことを説明する。

「朝鮮と対等・平等な内容でしょうか？」と投げかけ、①朝鮮が自立した国であることを認める（清の宗主権を否定）②領事裁判権（治外法権）③関税自主権がないなど、不平等な内容であることを確認する。ペリーが日本に対してむすばせた内容に近く、その最終目的は日本の朝鮮支配（韓国併合）であることに気づかせたい。

・朝鮮人差別の根源はまさに「征韓論」にあり、その後の日清戦争、日露戦争で国民のあいだに朝鮮人差別感情が広がっていくことを予想させたい（資料3を例として紹介）。

・福沢諭吉『脱亜論』の「悪友を親しむ者は共に悪名を免《まぬ》かる可《べか》らず。我は心に於《おいて》亜細亜《あじあ》東方の悪友を謝絶するものなり」を読んで、その一方で『学問のすゝめ』で「天は人の上に人を造らず、人の下に人を造らずと言えり」と述べていることをどう思うか、意見交換したい。

資料3　日本人の朝鮮観

（『東京朝日新聞』1894年10月9日に掲載の広告）

留意点

● 「征韓論」はペリー来航以来、幕末にかけて尊王攘夷・倒幕派の志士、国学者の中から数多く生まれた。3人の主張を紹介して、アジア侵略論＝「征韓論」がすでに幕末にあったことに気づかせたい。

● 日朝修好条規（1876年）によって朝鮮を開国させ、不平等条約をむすばせたことと、ペリーが日本におこなったことの類似点にふれたい。

● 明治政府の対アジア外交と関連づけて福沢諭吉『脱亜論』にふれたい。福沢諭吉のような知識人が、朝鮮に対してさげすむ見方をしてきたので、庶民のあいだでも朝鮮を見下すことが当たり前のようになってきたことを理解させたい。

（中條克俊）

66 国会をつくれ！ 自由民権運動と秩父事件

1時間

ねらい

- 自由民権運動は広範な国民的運動であり、政府の富国強兵国家政策に対するもうひとつの近代民権国家をめざした運動であった。その内容を理解したうえで、「その運動に歴史的意味はあったのか、なかったのか」、対話的学びを通じて現代日本とのつながりのなかで発見させたい。
- 自由民権運動は日本各地にその足跡を残している。身近な地域のできごとや人物を取りあげることでより具体的に、より身近に学ばせたい。

資料1　板垣退助

デジタル資料集

授業の展開

(1) 自由民権運動といったら？

「この人は誰でしょう？」と若き板垣退助と有名な髭の退助（資料1）を見せる。「何をした人？」(「自由民権運動」) と小学校での既習知識を活用。「では、自由民権運動とは何をしたのか？　板垣退助らが政府に提出した建白書（1874年）を読んでみよう」

資料2　民撰議院設立建白書（現代語訳）

> 今の政府はごくわずかな薩摩や長州の人たちがにぎり、勝手気ままな政治をし、国民の自由を認めず圧迫ばかりしている。このままの政治が続けば国が滅んでしまう。これを改めるには、世論を起こすことが大切である。そのためには民撰議院をつくる必要がある。国民は租税を払う義務があるのだから、当然政治に参加する権利も持っている。
> 今はまだ早いというのは間違っている。今すぐに必要なのである。天下の元気をふるいおこし、我が帝国の勢いを盛んにするためにも一日も早く、民撰議院を開いてほしい。ここに要求する。
> 明治7年　板垣退助　江藤新平　後藤象二郎ら

自由民権運動の諸要求
- 国会の開設
- 憲法の制定
- 選挙の実施（選挙権）
- 地租軽減

その内容と意味を把握し、「みんなは支持しますか？」「どうして？」と聞く。「当時の政府はこの要求を受け入れたでしょうか」(「いいえ」)「なぜ？」

1875年新聞紙条例、1880年集会条例の制定などにより弾圧した。ビゴーの言論弾圧の風刺絵（資料3）で説明する。

資料3　民権運動の弾圧（ビゴー画）

(2)「自由民権運動はその後どうなったかな？」（資料4、5）(「大きくなった」「激しくなった」)「なぜ？」(「人びとの支持」) 大きな国民的運動になっていったことを理解する。

「今度は政府は認めたでしょうか？」生徒が教科書から発見する。（「1881年、国会の開設を約束した」国会開設の勅諭）「国民は喜んだかな？」（「喜んだ」）「板垣退助は？」（「自由党をつくった」大隈重信は立憲改進党）

「では、これで終わったか？」と激化事件地図（**資料6**）を掲示。（「激化事件が起こった」「激しくなった」）人びとは10年後の国会開設で納得せず、激しい運動が続いたことを把握する。

(3) 地域のなかの自由民権運動——秩父事件って何？

「私たちの地域（埼玉県）では民権運動が起こっているかな？」（地図から）（「秩父事件」）「聞いたことある？」（「ある！」「小学校の郷土カルタ」）小学校での学習とつなげる。

《農民の貧しさ語る　秩父事件》（埼玉県郷土カルタ）

「では、どんな事件か？　読んでみよう」（**資料7**）

感想と質問から、秩父事件を簡潔にまとめる。

> まとめてみよう。秩父事件って何？
> Q１　いつ、どこで？ → 1884（明治17）年　埼玉県秩父地方
> Q２　誰が？→多くの農民たちが立ちあがって困民党をつくった。
> Q３　なぜ立ちあがったの？
> ・村が苦しい生活に ←政府の富国強兵政策＋増税
> ・多くの農民が困民党・自由民権の考え方に賛成したから
> Q４　何を求めて？ →高利貸し、政府や地方に「４つの目標」
> ・借金の返済を延ばしてほしい。
> ・税金を減らして。学校を休校に。
> ・「圧政から良政へ」「国会をつくれ」「平等な世の中を」
> Q５　結果は？
> ・8000人から１万人が立ちあがって行動を始めた。
> ・政府軍隊が弾圧→約30名死亡。3000名以上逮捕。11名死刑

● 「この秩父の農民たちの運動をどう思いますか」と問い、自由に感想を書く。

資料４　民権運動拡大図

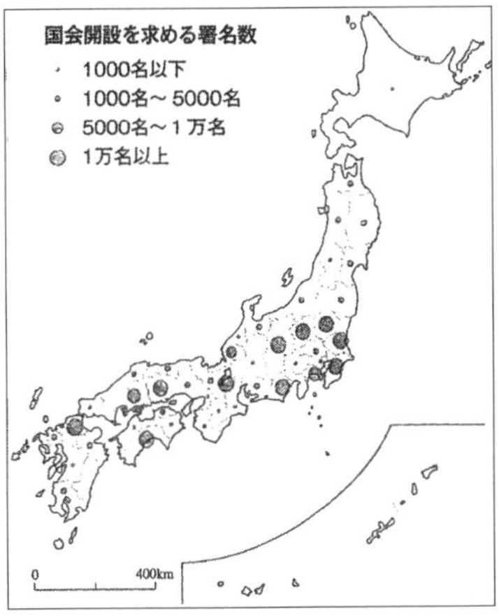

（学び舎版中学社会科教科書より）

資料５　演説会の絵

資料６　自由民権運動激化事件地図

（『朝日ジュニアブック日本の歴史』朝日新聞社より）

留意点

● 自由民権運動の授業は、ややもすると板垣退助中心の授業になったり、経過史の授業になりがちである。国民的な運動としての自由民権運動をつかみ、その歴史的成果が今の社会と深くつながっていることを確認したい。それを「主体的・対話的学び」を通して生徒自身に調べ、話しあわせ、発見させたい。174ページの「学習活動」例も参照。

● 各地域には、かならずといってよいほど地域の自由民権運動があり、活動家がいる。市史や県史に紹介されている事実を生徒に伝えながら、地域のなかの自由民権運動を理解させ、その内容と意味を身近に考えさせたい。

（倉持重男）

資料７　秩父事件

67 憲法と国会ができた！
大日本帝国憲法の成立

1時間

ねらい

- 自由民権運動がすすめられるなか、「民衆の憲法づくり」がさかんにおこなわれた。憲法や国会ができたのは、こうした運動の成果であることをふまえ、憲法と国会の成立の意味を体験的に考える。
- 実際にできた大日本帝国憲法はどのような憲法なのかを考えさせ、近代日本のしくみの基本を理解する。そのうえで、この憲法と大日本帝国の成立をどう考えるかを対話的に学ぶ。

授業の展開

(1) ミニ憲法づくり体験――こうしてみんなで論議して憲法をつくった！

- 「みんなで憲法をつくってみましょう」と、当時の論議をふまえてミニ憲法づくり体験をする。

1	日本国の中心者は誰にすべきか。	
2	言論や思想や出版は自由にすべきか、否か。	
3	日本国民は平等であるとすべきか、否か。	
4	選挙権は女性にも認めるか、否か。	
5	道路上での接吻（キス）は認められるか、否か。	

- 「では、当時国民がつくった憲法案を見てみましょう」

「みんなの憲法案はどうだったかな？」と聞きながら、大きく拡大した資料1を配布し、当時の人びとの近代国家づくりの願いと要求を理解する。

(2) 憲法をくらべてみよう

- 「もうひとつ、初代総理大臣の伊藤博文らがつくった憲法案を見てみよう」と大日本国帝国憲法条文（資料2）を配布。民権派の憲法案と比較し、「あなたならどちらを選びますか？」と問い、短時間討論する。

(3) 大日本帝国憲法の発布

- 「この絵（資料3）は何の場面でしょう？」「おごそかに捧げているものは何でしょうか？」（「……」）「こちらを向いて立ってる人がいます。誰でしょうか？」（「天皇？」）

教科書の同じ絵で確認し、憲法であることを確認する。

「いつ？」「名前は？」と聞き、下の表を黒板に書き、生徒に板書させる。

年　　月　　日	正式名は?（　　　　　　　　　　）

こうして、ついに日本に「アジア初」とも言われた憲法が誕生した。

資料1　民権派の憲法案(要約)

五日市憲法案（1880～81年、民権派住民の共同制作）

①日本国民は、法律の前では平等の権利をもつ。
②日本国民は、法律を守っている限り、事前に検閲をうけることなく、自由にその思想・意見を表現し、出版、演説などをすることができる。
③政府が憲法や自由や平等や財産権などを侵すようなことをすれば、国会はこれを拒絶する権利をもつ。

東洋大日本国国憲按（1881年、植木枝盛起草）

42条　日本人民は法律上において平等とする。
49条　日本人民は思想の自由をもつ。
54条　日本人民は自由に集会をする権利をもつ。
56条　日本人民は自由に結社をする権利をもつ。
70条　政府が国憲にそむくときは日本人民はこれに従わなくてもよい。
72条　政府がみだりに国憲にそむき、ほしいままに人民の自由権利を侵害し建国の趣旨をさまたげるときは、日本国民はこれを滅ぼして新政府を建設することができる。

(4) 憲法を読んでみよう

● 「では、どのような憲法なのか？　その内容を読んでみよう。どうですか？」(「あっ、伊藤博文の憲法だ！」)

「伊藤博文が明治15年（1882年）からヨーロッパに渡り、特にプロシャで勉強して秘密裏につくった憲法だった」

資料２　大日本帝国憲法（現代語訳）

朕は、国家の繁栄と臣民の慶福を祈ってこの大典を宣布する。

第１条　大日本帝国は万世一系の天皇が統治する。

第３条　大日本帝国は神聖にして侵すべからず。

第４条　天皇は国の元首にして統治権を総覧する。

第11条　天皇は陸海軍を統帥する。

第13条　天皇は戦いを宣言し和を講し条約を締結する。

第20条　日本臣民は兵役の義務を有す。

第29条　日本臣民は法律の範囲内で言論、集会および結社の自由を有す。

第33条　帝国議会は貴族院と衆議院をもって成立する。

第35条　衆議院は選挙法の定めるところにより公選された議員で構成する。

(5) 憲法のしくみと大日本帝国の成立

● 「この憲法によってできた国のしくみをあらわした**資料４**の空欄を埋めましょう」教科書などを見ながら完成させ、基本事項を覚える。

「この日本国は、今と同じですか、ちがいますか」(「同じ」)「どこが？」(「選挙がある」「国会がある」など)(「ちがう」)「どこが？」(「天皇中心」「軍隊がある」など）国会や選挙権など、今とのつながりを確認し、近代国家の基礎ができたことを確認したうえで、決定的にちがう点（天皇中心や制限選挙）をしっかり押さえる。

「似ているけれども、今の日本とは決定的にちがう国。だから国の名前も今とはちがいます」と、国名〈大日本帝国〉を確認。

資料３　憲法発布

(『ファミリー版世界と日本の歴史８』大月書店)

「こうして近代日本国が成立しましたが、民権運動が求めた自由・民権の国とはちがった。天皇中心で、軍隊を持つ大日本帝国でした。でもアジア初、厳密に言うとトルコに次ぐアジアで２番目の立憲君主国が誕生しました」

● 〈対話的な学び〉この憲法ができてとても良かった⁉

記録によると、「東京市民は山車や仮装行列で町を練り歩き」憲法発布を祝い、「絹布《けんぷ》のハッピがもらえると喜んだ」という。一方、東洋のルソーと言われた民権思想家・中江兆民は、「憲法の中身も知らないで喜んでいる場合か」と皮肉ったという。「あなたたちはどう考える？」と問いかける。

資料４　大日本帝国の基本的なしくみ

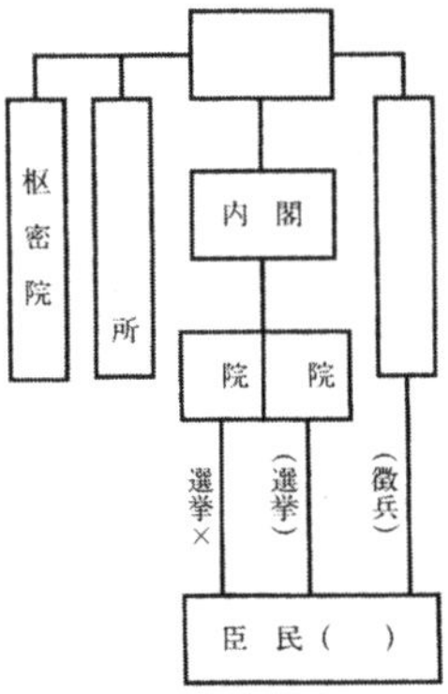

(6) 教育勅語の発布と学校

1890年に発布された「教育勅語」を配布し、教師が朗読し、「天皇崇拝の国」が学校を通してつくられていったことを理解する。

留意点

● 憲法の発布を一方的に説明するより、ミニ憲法づくり体験や民権憲法との比較を通して見ることで、当時の人びとの要求や願いから考える。

● 大日本帝国憲法の天皇中心の国家主義的な面を基本的に押さえつつも、はじめて選挙権や議会が定められた面も押さえたい。その二面性を押さえたうえで、「この憲法ができてよかったか」「あなたはどう考えるか」という対話的学びを通して思考を深めたい。　（倉持重男）

68 なぜ民衆は日清戦争を支持したのか?

1時間

ねらい

- 日本の戦争目的は何かを考える。
- なぜ民衆は日清戦争を支持したのかを考える。
- 日清戦争に勝利した結果、日本人の中国への見方がどう変わったのかを理解する。

授業の展開

(1)〈発問〉「日清戦争がなぜ起こったか、教科書を見てみよう」

「反乱（甲午農民戦争）の鎮圧のため、朝鮮の政府が清に出兵を求めたことに対抗して、日本も朝鮮に出兵したため」（東京書籍版）とあるが、これではなぜ戦争が起こったのか、よくわからない。

- 〈発問〉「1890年の第1回帝国議会での山県有朋首相の施政方針演説（資料1）から、日清戦争が起こった理由を考えよう」

資料1　第1回帝国議会での山県有朋首相の施政方針演説

> 国家が独立を維持するためには「主権線」（国境線）の外側に「利益線」を設定して、そこを守らなければならない。日本にとっての「利益線」とは朝鮮のことであり、ロシアのシベリア鉄道が完成すると、朝鮮が危機におちいり、朝鮮が危機になると、東洋全体が危機におちいる。

・日本の戦争目的は朝鮮への進出であり、日清戦争とは日本と清が朝鮮の支配をめぐって戦った戦争である。だから主戦場が朝鮮であった。

(2)〈発問〉「なぜ民衆は日清戦争を支持するようになったのか？」

・日清戦争が始まる直前の1894年7月29日『東京朝日新聞』は、朝鮮から「速やかに清兵を一掃せよ」と論じた。

・7月29日、福沢諭吉は新聞『時事新報』に、日清の戦いは文明（日本）と野蛮（清）の戦いだと書いた。「文明世界の公衆」がこの戦争を見れば日本の目的に同意するのは間違いない。文明進歩のために「多少の殺風景」（戦争のこと）を演じるのはやむを得ない。むしろ「支那人」は「文明の誘導者」である日本人に感謝するにちがいない、というのが福沢の主張だった（大日方純夫『はじめて学ぶ日本近代史（上）』大月書店）。福沢は三井八郎右衛門、岩崎久弥、渋沢栄一らと軍資金献納を国民に呼びかけ、みずからも1万円を献納した。

・キリスト教徒の内村鑑三は「日本は東洋における進歩主義の戦士である。

ゆえに進歩の大敵である支那諸国を除けば、日本の勝利を希望しないものは世界万国にあるわけがない。日清戦争はわれらにとっては実に義戦である」と論じた。内村は、人を殺すという道徳的問題も無視して、正義のための戦争と主張した。こうした知識人の言論が国民に支持されていった。

・戦場は日本から遠く離れた朝鮮・中国である。民衆は戦争のようすをどうやって知ったのだろう。60の新聞社が新聞記者、画工、当時まだ珍しかった写真師を戦場へ派遣し、記者からの情報、従軍した将校・兵士らの手紙を新聞に載せ、戦場のようすを伝えた。『大阪朝日新聞』は7万6000部（1893年下半期）から11万7000部（1894年下半期）へ、『東京朝日新聞』は7万6000部（同期）へと購読者を増やし、新聞を読んだ民衆は戦争支持を強めていった。

資料2 「戦争ごっこ」の絵

（小松裕『日本の歴史14 「いのち」と帝国日本』小学館）

(3) 中国への見方はどう変わったのか？

〈発問〉「日清戦争の前と後で、日本人の中国への見方はどう変わったのか？」

子どもたちに戦争ごっこがはやった。学校の授業では教師が戦争の話を熱く語り、唱歌の時間には軍歌を歌わされた。

のちに新聞記者となる生方敏郎《うぶかたとしろう》は、数え年13歳のときの思い出を次のように書いている。「毎夜、父から教えられた漢文も中国のもの、学校で教わる文字も中国のもの。夏祭りの山車の上に置かれる人形も多くは中国の英雄だった。日清戦争以前、子どもの頭に映じた中国とは、こんなにも立派でロマンチックで、ヒロイックなものだった。／ところが、戦争に勝ち進むにつれ、敵（中国）を軽蔑する心が、誰の胸にも湧いてきた。絵にも、唄にも、中国人に対する憎悪が反映してきた。錦絵に描かれた日本軍は勇ましく、中国兵は皆逃げている。夏祭りの射的の的は中国兵だった。中国人の人形の首を年末売出しの景品にした商店もあった」（生方敏郎『明治大正見聞史』中公文庫。大日方、前掲書より）

日清戦争の前は、日本は中国を立派な国だとみていたが、日清戦争のあとは中国を軽蔑するように変わっていったことを理解させる。

留意点

- 日清戦争は、朝鮮の支配をめぐって日本と清が戦った戦争であることを明らかにする。
- 日本は日清戦争で、朝鮮の民衆の運動である甲午農民戦争を弾圧し、台湾征服戦争では台湾の民衆を弾圧したことも教えたい。　（斎藤英樹）

69 なぜ民衆は日露戦争を支持したのか?

1時間

ねらい

- 何のために日本はロシアと戦争したのかを理解する。
- なぜ民衆は日露戦争を支持したのかを考える。
- 戦後、日本人の多くはどのような意識を持つようになったのかを理解する。

授業の展開

(1)「日露戦争は何のための戦争だったのか、日本の宣戦布告を見てみよう」(資料1)

資料1　日本の宣戦布告（現代語訳）

> 朕（天皇）はことをかまえたくないが、ロシアのために満州が侵され、韓国の安全が保てなくなったので、東洋の平和と日本の安全のためやむなく戦う。韓国の存亡は、日本の安否につながっているからである。

・朝鮮（韓国）の支配が日露戦争の目的であり、おもな戦場は満州だった。

(2) 1903年、ロシアが満州から撤退をせず、軍隊を増強しているという情報が伝わると、「ロシアと戦え」とする意見が国内で強くなった。帝国大学教授の戸水寛人《とみずひろんど》ら7博士やほとんどの新聞が開戦論を主張した。

・日清戦争のときは、反戦論を主張したのはごく一部の人たちだったが、日露戦争のときは反戦論を主張する人たちが現れた。

社会主義者の幸徳秋水、堺利彦は1903年11月、週刊の『平民新聞』を発行、反戦論を主張した。第1号は売り切れるほどとなり8000部を発行、その後も3500〜4500部を発行した。

- 「幸徳秋水は、どのような根拠で反戦論を主張したと思いますか？」(資料2、3)

資料2　幸徳秋水の主張（現代語訳）

> 私は、あくまで戦争を否認する。戦争の目的は、植民地および新しい市場の拡張にある。多くの国民の貧しさは、戦争によってなくせるか。いや、戦争は常に政治家・資本家のためだけに戦われる。

資料3　社会主義者の見た日露戦争

（1904年3月20日付『平民新聞』のさし絵）

・キリスト教徒の内村鑑三、歌人の与謝野晶子も戦争反対を主張した（**資料４**）。内村鑑三は日清戦争を支持したことを反省し、キリスト教の絶対的平和主義に基づき日露戦争反対の立場を表明した。

●「幸徳秋水の主張と兵士の手紙（**資料５**）をくらべて、民衆はどちらに共感したと思いますか？」

「帝国意識に包摂されつつあった民衆には、戦争の最中に、階級的連帯の名目でたやすく国境（国家）を超え、敵国の人間と握手をしてしまう社会主義者の感覚が理解できなかった。その結果、民衆から孤立した平民社は、資金面でも行き詰まり、1905年10月９日に解散を余儀なくされる」（小松裕『「いのち」と帝国日本』小学館）

(3) 戦後、日本人の多くはどのような意識を持つようになったのか

教科書は「帝国主義の一員になったという大国意識が生まれ、アジア諸国に対する優越感が強まりました」（東京書籍版）と書いている。

●「アジア諸国に対する優越感が強まったというが、この意識に欠けていることがあります。どのようなことでしょう？」

それは、アジアの人びとが日本をどう見たかという視点である。インド人のネルーによる回想（**資料６**）を読ませる。

資料４　内村鑑三の主張

私は日露戦争非開戦論者であるばかりではない。戦争絶対的反対論者である。戦争は人を殺すことである。大罪悪を犯して、個人も国家も永久に利益を収められるはずがない。日清戦争は２億の金と１万人の生命を消費して、どんな利益を日本にもたらしたか。

資料５　日本兵が戦地から送った手紙

「お前が手紙を寄こしてくれると、お前に会ったようなここちがする。うれしくあります。…どうか家のことを頼む。わしの体はおかげでたっしゃであるから、お前も用心して、どうか病気にかからんように頼む」（妻への手紙）

「ロシア兵を10人殺すつもりです」「もしも命があったら、ロシア兵の首を引き下げ、みやげに持ち帰るつもりです」（友人への手紙）

（わかりやすくするため、一部書きあらためた。『龍野市史』第6巻所収。大日方純夫『はじめて学ぶ日本近代史（上）』大月書店より）

資料６　ネルー（独立後のインド初代首相）の回想

日本のロシアに対する勝利がどれほどアジアの諸国民をよろこばせたかということをわれわれは見た。ところが、日露戦争のすぐ後の結果は、ひとにぎりの侵略的帝国主義国のグループに、もう一国をつけ加えたのにすぎなかった。そのにがい結果を最初になめたのは朝鮮であった。

（ネルー『父が子に語る世界史４　激動の十九世紀』みすず書房）

1910年、韓国併合条約が調印され、日本は韓国を併合し、植民地支配をおこなった。

韓国併合条約が調印されたことを知った韓国の数千人の民衆は怒り、悲しみ、条約破棄を求めてビラをまき、演説をおこなった。商店は国が滅んだと、店を閉じた。韓国の民衆は日本を、その植民地支配からの解放と独立を求める国とみなすようになった。

留意点

●日露戦争には賛成・反対の両方の主張があった。それは、今も戦争が始まるとき賛成・反対の主張が起こることと同じである。生徒が歴史に主体的に関わることができるように、その主張について考えることを大切にしたい。

（斎藤英樹）

70 なぜ民衆の不満がポーツマス条約に爆発したのか?

1時間

ねらい

- なぜポーツマス条約に対して民衆の不満が爆発したのかを理解する。
- 政府はポーツマス条約に満足だったことを理解する。
- 日露戦争後、民衆が普通選挙権の獲得をめざしたことを理解する。

授業の展開

(1) 1905年9月5日、ポーツマス条約の破棄を求める国民大会が開かれ、その後東京市内の2か所の警察署、214か所の派出所・交番が焼き打ちされる「日比谷焼き打ち事件」が起こった。

- 「その理由を知るために、『東京朝日新聞』に掲載された投書を見てみよう」(資料2)

「民衆は領土の割譲が樺太の南半分だけとなり、国債(国の借金)に応じたことに不満を持った。その理由を知るために、政府が戦争の費用をどうやってまかなったのかを考えよう」

日露戦争の戦費は約18億円(1904年度の国家予算の約6倍)で、イギリス、アメリカからの外債(借金)で約8億円(44%)を、国債(国民からの借金)で6.4億円(36%)をまかなった。それで得た資金でイギリスから兵器や弾薬を購入して、戦争を続けることができた。

軍事費をまかなうために、1981〜95年の平均租税収入6729万円が、1896〜1904年には1億2725円となり、約2倍の大増税がおこなわれた。この増税は、酒税、地租、所得税などの引き上げ、営業税などの新設によった。特に酒税は1895年の1700万円が1900年には約3倍の5000万円になった。こうした大増税は国民の生活を圧迫したため、民衆はその代償として賠償金や領土割譲に大きな期待を寄せた。しかし、ポーツマス条約で賠償金が得られないことがわかると、民衆は不満を爆発させた。

(2) 日露戦争は、日本とロシアの両方に大きな損害を与えた。

二〇三高地への肉弾攻撃がおこなわれた旅順攻撃では、1904年8月19

資料1 ポーツマス条約破棄を求める国民大会に参加した群衆

(『東京騒擾画報』1905年。藤野裕子『民衆暴力』中公新書より)

資料2 『東京朝日新聞』への投書

「何だ馬鹿馬鹿しい、樺太が半分になった上に賞金が一文も取れないというじゃないか。…一体政府は何であんなに弱かったのか。さっぱり合点がいかない。あんなことなら稼人の倅《せがれ》を2人まで戦争に遣って殺してしまうんじゃなかった」

「われら村の有志は一同申し合わせ、今後戦争が起ころうとも、兵役の招集は勿論、国債の募集にも一切応じない決議をおこなった」

(藤野裕子『民衆暴力』中公新書より。文章をわかりやすくするために一部書きあらためた)

日の第一回総攻撃から12月5日に二〇三高地を占領するまで、1万5000人以上の戦死者が出た。

●「その戦闘に参加した日本兵のようすを**資料3**で見てみよう」

日露戦争は、日本側に約8万4000人の死者と約14万3000人の負傷者、ロシア側に約5万人の死者と約20万人の負傷者を出した。1905年3月の奉天会戦で、日本軍約25万人、ロシア軍約32万人が戦い、日本軍はロシア軍を撤退させたが、日本軍は備蓄していた33万発の弾丸を撃ち尽くしていたため、撤退するロシア軍を攻撃することはできなかった。ロシア側も、皇帝の専制政治に反対する第一次ロシア革命が起こり、軍隊の中で反政府運動が広がったため、戦争を継続することが困難になってきた。

資料3　日露戦争の兵士たち

「祖父は二百三高地の生き残りである。撃ち合いが激しくなると、居職《いじょく》の兵士たちは上官の目を盗んでは足を高く上げ、『撃ってくれ！撃ってくれ！』と叫んだという話を聞いたことがある。足の一本やそこら無くなっても、生きてさえ帰れば、手があればやってゆけるということなのだろう。祖父自身の気持ちだったのかも知れない」

（向田邦子『眠る盃』の中の「檜の軍艦」より。小松裕『「いのち」と帝国日本』小学館より重引）

●「政府はポーツマス条約に不満だった？　それとも満足だった？」

日本政府の方針は、韓国に対する日本の支配権の確立、遼東半島とハルビン—旅順間の鉄道の譲与を「絶対的必要条件」として、あくまで貫徹を期すとしたが、賠償金の支払い、樺太割譲は「比較的必要条件」であった。

日本政府は韓国に対する支配権をロシアに認めさせ、旅順、大連の租借権と長春以南の鉄道を譲り受け、大陸進出の足場を手に入れることができたので満足だった。しかし、国民には戦争の実態や真の国力が知らされなかったため、政府への不満が爆発した。

●「日本の民衆は日露戦争のために納税、兵役の義務を果たした。一方、民衆には、ある権利がなかったので、その権利を獲得するための運動を起こすようになった。その権利とは何か？」

普通選挙権の獲得である。女性も1924年、市川房枝らが婦人参政権獲得期成同盟を結成し、女性の選挙権の獲得をめざした。

留意点

●日清戦争や日露戦争は今から100年以上も前のことであり、生徒にとってははるか昔のできごとで、自分とは関係ないと思いがちである。市町村史や忠魂碑などから、地域と日清戦争や日露戦争がつながっていることを示したい。

（斎藤英樹）

71 植民地にされた朝鮮の人びとは何を奪われたのか?

1時間

ねらい

●植民地にされるとは、どういうことを意味するのかを理解する。

授業の展開

(1)「植民地にされると、何が奪われるのか」という視点で授業を展開する。

●「資料1の地図を見てください。どの都市の地図でしょう?」

地図が日本語で書かれていて、西本願寺があるので「京都」と言う生徒がいるが、「朝鮮の釜山《プサン》です」と言うと驚く。

ソウルは朝鮮語で「都」という意味の伝統ある地名だが、日本は朝鮮を植民地支配するなかで、京城《けいじょう》という名前に勝手に変えた。朝鮮の人びとは地名を奪われた。

1904年に京釜《けいふ》線(釜山—京城)、1905年に京義《けいぎ》線(京城—新義州)が日本の資金によって開通した(資料2)。この鉄道によって、朝鮮の産物や旅客者が輸送されることになった。

●「日本は鉄道の用地をどうやって確保したのか?」

朝鮮の人びとは土地を無償提供させられ、鉄道建設にかり出された。そのため、朝鮮の人びとは鉄道建設の妨害や駅の焼き打ちをおこなった。これに対して日本は「鉄道に害を加える者は死刑」として弾圧した。

1910〜18年に土地調査事業がおこなわれ、朝鮮の土地所有者を調べて、所有者には税をかけた。期限付きのわずらわしい手続きによる自己申告のため、多くの農民は土地の所有権を失った。調査が終わった1918年には、全農民の80%が小作農か自小作農になった。

●「没収された土地はどうなるのでしょう?」

日本人が所有する土地になった。朝鮮の人は土地を奪われた。

・1938年、学校で朝鮮語を使うことが事実上禁止され、日本語を使うことが強制された。

朝鮮の子どもたちは、朝鮮語を使った友だ

資料1 1938年ごろの釜山中心部(当時の地図)

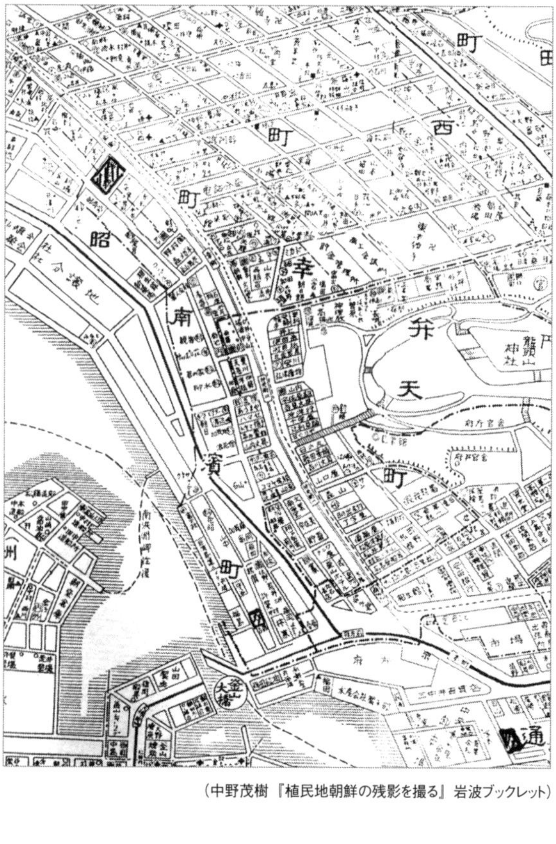

(中野茂樹『植民地朝鮮の残影を撮る』岩波ブックレット)

ちを先生に告げ口させられた。朝鮮の歴史や地理を教えられず、日本の歴史や地理が教えられた。朝鮮の子どもたちは、言葉と文字を奪われた。

朝鮮では義務教育はおこなわれず、1930年の小学校就学率は16%だった。

●「では、朝鮮の子どもたちは何も学ばなかったのでしょうか？」

私立学校や書堂《ソダン》（私塾）で、公立学校で教えることを禁止された朝鮮の地理、歴史、民族の誇りを学んだ。

(2) 憲兵による支配

日本は、朝鮮の義兵との戦いから、村ごとに憲兵を配置し、朝鮮人の動きを監視した。憲兵は、正式の裁判をすることなしに朝鮮人を処罰する権限を持っていた。朝鮮人を鞭《むち》でたたく笞《ち》刑《けい》を加えることもできた。犯罪者を取り調べるときに用いる刑板は、うつ伏せに寝るようになっていて、両腕は十字の板に縛られ、足と腰も固く縛られるようになっていた。鞭の先には鉛がつけられていて、鉛が肉の中に食い込んで肉片が飛び出し、血が飛び散った。

資料2　京釜線・京義線

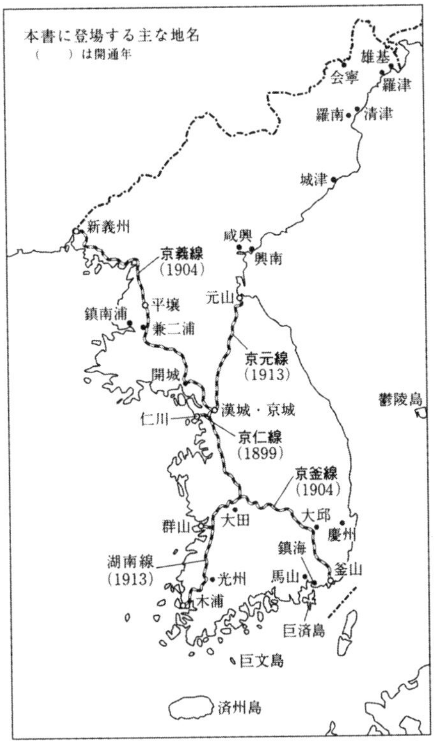

（高崎宗司『植民地朝鮮の日本人』岩波新書）

●「なぜ日本は、こうしたことをしたのか？」

朝鮮の人びとに恐怖心を抱かせ、独立の意志をくじくためだった。

(3) 朝鮮の人びとへの差別

日本人が経営する朝鮮の商店では、年下の日本人店員が年上の朝鮮人店員を呼びつけにすることも多かった。銭鎮漢《チョンジンハン》が、京城にあった寺田商会に勤めはじめたとき、日本人の主人は、銭より年下の日本人の山木には「この子は銭と呼びなさい」と言い、銭には山木を「山木さま」と呼ぶようにと言った。そして、夜間中学入学をめざして勉強していた銭に対して、「朝鮮人のくせに」と言いながら、電灯の使用を禁止した。銭は耐えられずに店を辞めた。そのとき、銭は肌着1枚で追い出された。

高崎宗司『植民地朝鮮の日本人』（岩波新書）にあるエピソード。

●「その日、銭が決意したことは何でしょうか？」

銭は日本を倒す（日本から独立する）ことを決意した。

留意点

●「朝鮮が日本の植民地になって、産業が発展するなど良いこともあった」という意見があるが、それはあくまで日本のためにおこなったのであり、朝鮮のためではないことを確認する。

●日本の支配に対して、義兵闘争という朝鮮人の抵抗運動があったことも教えたい。

（斎藤英樹）

72 北陸から来た少女たち
日本の産業革命と社会問題

1時間

ねらい

- 日清戦争・日露戦争を通じて、日本は産業革命をなしとげる。そのようすを、八幡製鉄所だけではなく、地域の産業革命を通して理解する。
- 日本の産業革命と社会の問題を身近な教材を通して理解させ、人びとの命と人権を守る行動が工場法という社会政策を生み、現代につながることを対話を通して考えたい。

授業の展開

資料1　八幡製鉄所

(1) 日本の産業革命は人びとを幸せにしたか？

- 「資料1は、明治時代につくられたある工場です。何という工場でしょうか」(「八幡製鉄所」)「どこにつくられた？」(「九州」)

　小学校で学習した既習知識を活かしながら導入する。

〈板書例〉九州、福岡県八幡村　官営八幡製鉄所
　　　　1901年操業　2000万円かけて設立

「何をつくる工場？」(「鉄」)「どうして九州に？」(「石炭があるから」)

「2000万円はどうしたの？　誰が出したの？」(「国」)

- 資料2のグラフを通して、日本の産業革命の進展を確認する。

「グラフを見てわかることは？」「こういうできごとを歴史的に何といいましたか？」(「産業革命」)「そうだね！　イギリスのところで勉強したね」既習知識を思い出させながら、用語を確認する。

「私たちの地域にも大きな工場ができました。行ったことある？」

　有名なD51をつくった大宮鉄道工場（明治時代に設立）があった。地域につくられた近代工場から、産業革命を身近に実感させたい。

「こうした日本の産業革命は、国民みんなを豊かにしたでしょうか？」そこを調べ学習を通して追究させる。

(2) 産業を支えた子どもたちの黒い墓

- 「このお墓（資料3）は何でしょう？」(「古いね」)

「何が書かれているか、読んでみよう」

　この文を声に出して読んでみる。「気づいたことは？」(「子どもの墓！」「女の子の墓」「みんな富山とか石川県」)

「そうだね。なんでこんな遠いところの子のお墓があるんだろう？」

資料2　おもな産業の生産の伸び率

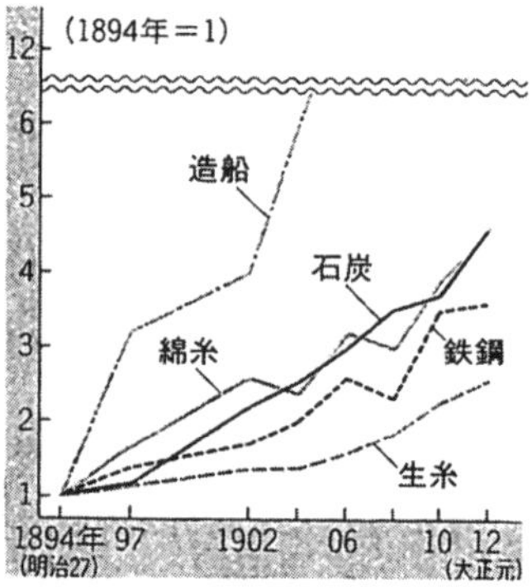

（土屋喬雄『続日本経済史概要』岩波書店）

資料3　女工の墓と墓碑銘

法音信女
明治三十三年五月十八日
俗名 石野カノ 石川県金沢市
亀門町 石野タン 二女 行年十五
空真童女
明治三十四年六月二十四日
俗名 河田キヨ 石川県金沢市
木の新保町 河田菊蔵 長女
秋光童子
同年 九月七日
俗名 下村幸七 富山県射水郡
伏せ木供町 戸主 下村助太郎 長男
行年十四

（歴教協編『わかってたのしい中学社会科歴史の授業』大月書店）

資料4　女工の生活

　明治30年代。多門院の近くに小さなコールテン工場がありました。15〜6歳の女工が27〜8名働かされていました。そのほとんどが石野カノのように遠く石川、富山から来た少女達でした。コールテンを織るのは、ことのほか力のいる仕事です。浦和の監獄署では、女性の囚人にではなく、男性に織らせることにしたくらいなのです。

　そういう体力のいる仕事の上に、「受け取り」といって一日の仕事の量が決められていました。働きに来た当初は、その工場の経営者も、家族のように扱ってくれたのですが、次第に注文が多くくるようになると、その注文に応じるために次第にひどいことをして少年・少女達を働かせるようになっていきました。決められた量を織ることができないと見せしめのためにひどい乱暴をしました。

（歴教協編『わかってたのしい中学社会科歴史の授業』大月書店）

資料5　田畑ツヤのたたかい

　その工場に、田畑ツヤというやはり石川県から来ていた少女がいました。ツヤは、仕事がたいへん速くて上手でした。そのために、工場の若旦那からどんどん仕事を増やされました。（中略）三度の食事のほかは、少しも機械を離れることができませんでした。ある時などは、夜通し織り続けて一番鶏の鳴き声を聞いたこともありました。ツヤは工場を三度逃げ出しました。そしてそのたびに工場に連れ戻されては、他の女工への見せしめのために、ひどい乱暴を受けました。それでも、四度目の脱出に挑み、そして、成功しました。（中略）親切な人の指図で時事新報社の場所を教えてもらいました。そこで、工場のことを話しました。ツヤは次のような言葉を新聞社の人に話しています。「世間には人の皮を着る鬼も沢山ありましょうが、若旦那のような鬼はありますまい。」つまり、工場主やその息子は同じ人間とは思えなかったということです。この訴えは新聞で大きく報じられました。

（大宮歴史教育者協議会編『地域から見る日本の近現代』）

(3)　少女たちはなぜ死んだか？

●「では、当時の記録を読んでみましょう」（**資料4**）

　「なぜ死んだのか、わかりましたか？」（「仕事がきつい」「時間が長い」「虐待！」）こうした子どもたちが産業を支えていたことを確認する。

　「なぜ北陸出身が多いのだろう？」教科書と資料集で調べ学習。北陸農村の貧しさから子どもを売り、その子を工場が安く働かせる社会構造をつかむ。

(4)　自分ならどうする？——女工たちの行動と生き方を対話的に考える

●「みんなならどうしますか。想像してください」（「一揆を起こす」「死ぬ」）

　「では、実際はどうしたのでしょうか？　**資料5**から読んでみよう」

　この少女の行動は「ムダだ」と思うか「意味がある」と考えるか。「対話して理解しよう」

●「こうした行動の結果、社会はどうなったでしょうか?」——対話的学びへ

　「社会はよりよくなった」か「変わらなかった」か話しあう。

　その上で、工場法（**資料6**）ができたことを知る。

　「脱走した女工たちの訴えによって他の工場も検査され、大きな社会問題となり、働く人を救う運動が起こり、この法律ができたのです」

　こうした法律が、子どもや働く人が守られる第一歩となり、労働基準法のような労働者を守る法律につながることを説明する。当時の女工たちの行動や法律が、今とつながっていることを確認して授業を締めくくる。

資料6　工場法（1911年成立）

第2条　工場主は12歳未満の者を工場で働かせることを禁止する。

第3条　工場主は15歳未満の者および女子に対して1日12時間を超えて働かせることを禁止する。（現代語訳）

留意点

●産業革命期の女工の虐待については、有名な『あゝ野麦峠』があり、社会問題の事例としては「雨宮製糸工場のストライキ」や「足尾鉱毒事件と田中正造のたたかい」などがある。ここでは身近な地域の事実から、同世代の女工たちの労働実態と生き方をとりあげて今とつなげたい。　（倉持重男）

参考文献

山本茂実『あゝ野麦峠』（角川文庫）

犬丸義一『職工事情（上中下）』（岩波文庫）

山川弘美『多門院に眠る少女たち』

73 足尾銅山と田中正造

労働者と社会問題

1 時間

ねらい

- **産業革命後の日本において、労働問題や公害が発生したことを、足尾鉱山鉱毒事件を例に学ぶ。**
- **この問題に立ち向かった「いのち」の思想家、田中正造の思想や行動について学ぶ。**

授業の展開

(1) 足尾銅山の労働者たち

●小野崎一徳の写真（**資料1**）を見せる。「この人たちの仕事を当てましょう」（「坑夫」「忍者？」）

「この人たちは、足尾銅山の坑夫です。写真から、仕事のようすを予想しましょう」（「服が汚れる仕事」「ボロボロになる仕事」「重労働」「こき使われている」「砂ぼこりとかがひどくて、とてもつらそう」）

(2) 足尾銅山鉱毒事件

●足尾銅山の絵（**資料2**）を見せる。山に注目させ、「気づいたことを発表しよう」（「鉱毒ではげ山になっている」）

1884年暮れから1885年夏にかけて、足尾銅山周辺の山林樹木の枯死が報じられ、次いで渡良瀬川の鮎の大量死が報じられた。1895年ごろの足尾銅山（**資料3**）を見せる。煙に含まれた亜硫酸ガスが山々の樹木を枯らし、山肌がむき出しになっている。煙害で、近隣の松木村が廃村に追い込まれた。

「1896年9月の渡良瀬川大洪水によって、鉱毒被害が1府5県に拡大・深刻化しました」

足尾銅山から高濃度の硫酸銅が流れ出して川の水を汚染し（水質汚濁）、魚が死んだり農作物が枯れたりするなど、銅山の下流の地域の農業や漁業に大きな被害をあたえた。**資料4**を見せる。

(3) 田中正造や被害民の訴えに対し、政府はどうしたか

●「この銅山の操業を停止しろと言った人がいる」と、**資料5**を提示。

「この人（田中正造）は、帝国議会で次のように言った。『民を殺すことは国家を殺すことである。法をないがしろにすることは国家をないがしろにすることである。みな自分で国家を壊していることになる。財を濫用し、民を殺し、法を乱して滅びない国はない。これをどのように考えるか』

資料1　有木坑口

（小野崎一徳撮影、小野崎敏所有）

資料2　足尾銅山の絵

（『足尾銅山図絵』）

資料3　1895年ごろの足尾銅山

（栃木県立博物館提供）

(「亡国に至るを知らざれば之れ即ち亡国の儀に付質問」)。それに対し、政府はどう答えたと思いますか」

予想させたあと、首相（山県有朋）は「質問の趣旨が理解できないので回答せず」と言っただけだったと話す。

被害民は、1900年2月13日、政府や議会に請願するために大挙して上京した。「それに対して政府はどうしただろうか」

被害民たちは「非命の死者」の「仇討」として出発した。その数は1万2000人ともいわれている。ところが、あらかじめ利根川北岸の川俣に待機していた三百余名の憲兵・警官隊によって被害民たちは大弾圧を受けた。このとき警官たちは、「土百姓」という罵声とともに襲いかかり、被害民たちに殴る蹴るの暴行をほしいままにしたあとで「勝ちどき」をあげたという。そのうえ被害民百余名が逮捕され、51人が裁判にかけられた。

● 「政府はなぜ願いを聞きとどけなかったのか」と投げかけ、説明する。

1894年日清戦争、1904年日露戦争。銅はその戦争の武器や軍艦に使われ、また輸出で外貨を稼ぐ主要産物でもあった。政府は稼いだ外貨で外国からさらに軍艦を買う。銅がなければ日本の富国強兵はおぼつかないのである。足尾銅山の生産額は1893年で275万6000円、全国産銅の40%を占めた。

(4) 谷中村強制破壊と田中正造の言葉

政府は渡良瀬川が洪水を引き起こさないように、広い遊水地をつくることにした。そこにあった谷中村を強制破壊。谷中村は廃村させられ、村民は北海道などへ移住した（1907年）。破壊された村の写真（**資料6**）を見せる。しかし、家屋が強制破壊されても16戸の残留民は粗末な仮小屋をつくって住みつづけ、谷中を去ろうとはしなかった。田中正造は、そんな残留民とともに、亡くなるまでたたかいつづけたのである。

“真の文明は山を荒らさず、川を荒らさず、村を破らず、人を殺さざるべし”と言った田中正造は1913年、73歳で亡くなったが、そのとき所持していたものは「大日本帝国憲法と聖書をつづり合わせた本」「日記帳3冊」「河川調査の原稿」「鼻紙数枚と川海苔」「小石3個」だった（**資料7**）。

● 「田中正造について、君の感想を書こう」

留意点

● 足尾銅山鉱毒事件は、その被害においても、田中正造らの反対運動においても、公害の原点というべきものだった。鉱毒の被害はその後も相次ぎ、深刻な被害をもたらしたが、被害民の声は圧殺されたままであった。近代日本の富国強兵、「いのち」よりも利益を優先させてきた政策に気づかせ、その後の日本がどんな道を進んでいくか追究させるきっかけの授業としたい。

（小堀俊夫）

資料4　足尾銅山の鉱毒被害

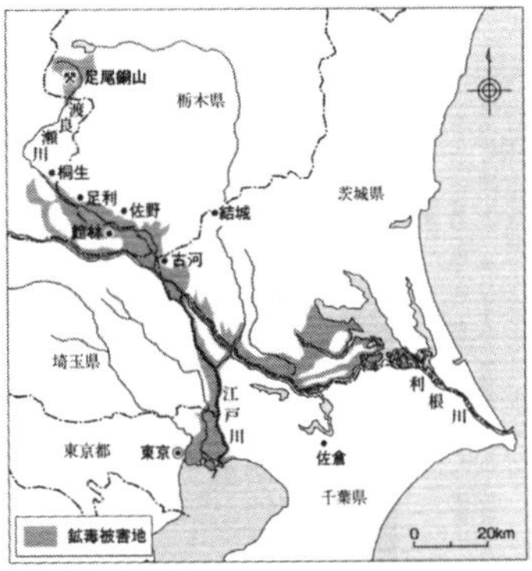

（小松裕『「いのち」と帝国日本』小学館）

資料5　田中正造

資料6　強制破壊後の茂呂家仮小屋

資料7　田中正造の遺品

（資料6・7とも佐野市郷土博物館提供）

石を集めることは、田中正造の数少ない趣味のひとつだった。

参考文献
たからしげる・堀切リエ『非暴力の人物伝①マハトマ・ガンディー／田中正造』（大月書店）

74 明治の教育と文化

1時間

ねらい

● 日清・日露戦争を通して、教育や文化はどのように変わっていったのだろうか。当時の教科書や絵画、グラフなど、さまざまな資料を子どもの視点で読みながら考えていく。

授業の展開

(1) 日露戦争後の修身の教科書を読んでみよう

● 資料1は小学校4年生の修身（現在の道徳にあたる）の教科書で、当時一番重要とされた教科だったことを話す。グループで読ませ、疑問点などを出しあう。

（「国のために死んだ人とはどういう人か」「ちょくしって何？」「国定教科書って何？」「修身には成績がつくか」「御めぐみとは？」）

「国のために死んだ」とされる日清・日露戦争の日本の戦死者・戦病死者数を復習する。「日清戦争で2647人、台湾での戦闘で1万841人」「日露戦争で8万4000人」

左ページの続きに何と書いてあるか想像させる。その後、書いてあることを紹介する。次のページには、「(人びとに)ならって、国のため君のためにつくさなければなりません」とある。感想や、もっと知りたいことを聞く。（「戦死した人を見習えと言っている」「キーワードは忠臣義士」「小4の子にはきつい内容だ」「反対の意見は言えたか」「中学校にも修身はあったか」）

(2) グラフをグループで読み取る

● 「資料2のグラフから1909年ごろの小学校について説明してみよう。知りたいことも出そう」

（「1909年に就学率は男女とも100％近くになった」「就学率が急に伸びた」「なぜだろう」「通学していない（卒業しなかった）子が20％以上だ」「男女の差はあったか」「学校に行かない子は何をしていたのか」）

● 「資料3の統計からわかることや疑問点を出してみよう」

資料1　尋常小学4年修身教科書「靖国神社」

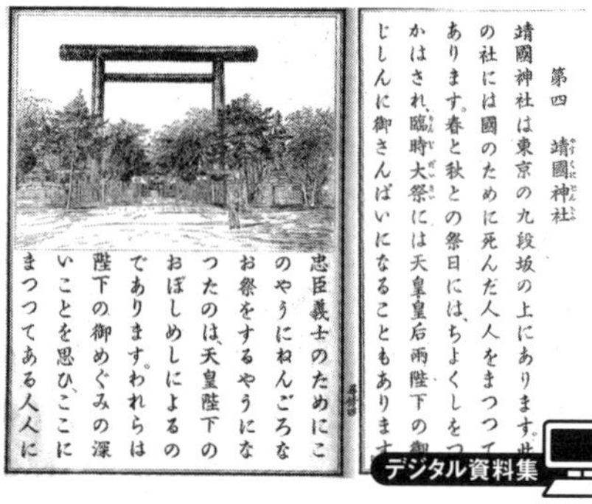
第四　靖國神社

靖國神社は東京の九段坂の上にあります。
の社には國のために死んだ人人をまつつて
あります。春と秋との祭日には、ちよくしをつ
かはされ、臨時大祭には天皇皇后兩陛下の御
じしんに御さんぱいになることもありま

忠臣義士のためにこのやうにねんごろなお祭をするやうになつたのは、天皇陛下のおぼしめしによるのであります。われらは陛下の御めぐみの深いことを思ひ、ここにまつつてある人人に

（明治43年　国定教科書「修身」）

資料2　就学率と通学率の変化

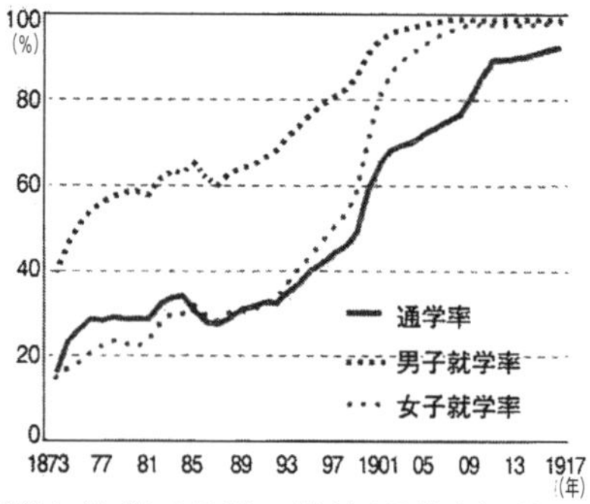

就学率（入学した子どもの割合）と通学率（通学する子どもの割合）の変化　（『日本近代教育百年史』による）

資料3　学校別の卒業者数（1910年）

1907年に尋常小学校6年間を義務教育とした。卒業後の進路先には高等小学校2年、中学校（男子）5年、女学校4〜5年などがあった。

	卒業人数	指数
尋常小学校（6年）	74万9994人	100
高等小学校（2年）	18万8653人	25.15
中学校（5年）	1万7409人	2.32
女学校（4〜5年）	1万2881人	1.72

（文部省第38年報による）

（「小学校しか行かない子が多い」「4人に1人が高等小学校に行く」「中学や女学校に行く人はすごく少ない」「小学校卒業後はどんな仕事をしたのか」）

(3) **資料4**の絵画から気づいたことや知りたいことを出しあおう

（「油絵？」「何歳ぐらいか」「子どもが新聞を読めるようになった」「横に長い新聞だ」「どんな記事を読んでいるんだろう」）

・少女が読んでいるのは『読売新聞』（1896年の発行部数は1万8000部で10位）である。新聞各社は社会面、経済面、新聞小説に力を入れた。現在まで小説発行累計部数が1位とされる夏目漱石『こころ』も新聞小説だった（**資料5**）。

(4) 新聞と戦争について考えよう

●**資料6、7**を見る。日清・日露戦争のときに、なぜ新聞の号外の部数が伸びたのか考えさせる。

資料4　和田英作「少女新聞を読む」（1897年）

資料5　夏目漱石『こころ』（『朝日新聞』1914年）

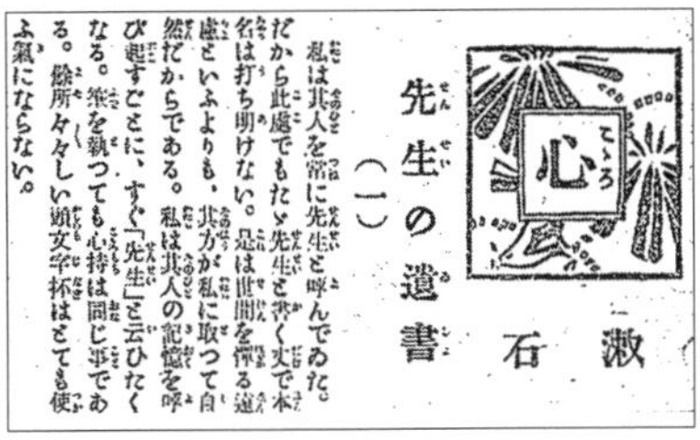

心《こゝろ》　漱石

先生の遺書（一）

私は其人を常に先生と呼んでゐた。だから此處でもたゞ先生と書く丈で本名は打ち明けない。是は世間を憚かる遠慮といふよりも、其方が私に取つて自然だからである。私は其人の記憶を呼び起すごとに、すぐ「先生」と云ひたくなる。筆を執つても心持は同じ事である。餘所々々しい頭文字抔はとても使ふ氣にならない。

資料6　日清・日露戦争での号外競争

> 日清戦争が始まると、各社競って号外による速報合戦が行われ、部隊の動き、戦闘の様子、死傷者の数に至るまで、事細かに号外で報道されるようになった。日露戦争での『大阪朝日新聞』と『大阪毎日新聞』の号外合戦は凄まじいもので、戦争中の両社の号外発行回数は、『大阪朝日新聞』が389回、『大阪毎日新聞』が498回という記録が残っている。
>
> （小林宗之「戦争と号外（1）」『Core Ethics』8号）

資料7　ビゴー画「号外売り」

（「ニュースを知るのに新聞しかなかった」「戦争に行った家族が心配だから」「戦争は大ニュースだから」）

日露戦争に反対した人を復習する。（「与謝野晶子」「内村鑑三」）戦争反対を主張した平民新聞について話し、小学校の教育について書かれた**資料8**を読む。こうした記事を載せた平民新聞はどうなっただろう。

資料8　幸徳秋水「戦争と小学児童」（『平民新聞』1905年3月）

> おそろしいことである。全国各地の小学校もまた、少年・少女の知識・道徳の練磨《れんま》や、性格・感情の陶冶《とうや》の場でなくなって、まるで一種の狂熱《きょうねつ》・煽動《せんどう》の道具になろうとしている。見よ。いまや小学校の児童が、朝夕口にするところは、征露《せいろ》の軍歌である。（略）平和が尊ばれねばならないことが教えられないで、戦争を喜ばねばならないことが教えられているのである。鋤《すき》・鍬《くわ》をとる労働の大切なことがわからないで、銃剣をかつぐ愉快《ゆかい》にふけろうとしているのである。人を救い人を活かす人道の高いことに気がつかないで、人を苦しめ人を殺す戦争の勇壮を信じようとしているのである。そして、できあがってくる将来の国民は、はたして、どんな国民になっているだろうか。（現代語にあらためた）

(5) まとめ

「日清・日露戦争後の教育や文化について、印象に残ったことと、さらに知りたいことを書こう」

留意点

●教育や文化の事項を羅列的に学ぶのではなく、日清・日露戦争という大きなできごとを軸にしてとりあげた教材がむすびつき、人びとの生活や考え方、社会のようすを感じられるようにしたい。教師は生徒の発見や疑問、つぶやきを大切にし、授業の最後には生徒自身の言葉で学習のまとめができるようにしたい。

（山田麗子）

学習活動 自由民権運動(秩父事件)に歴史的意味はあったのか?

ねらい

- **社会科の授業は個別事象を理解・暗記すればよいというものではない。そのできごとを「自分はどう考えるか」という歴史的思考・判断・表現活動が大切である。自由民権運動を学んだあとに、その運動や蜂起には意味があったのか、なかったのか、日本の近現代史全体の流れのなかで事象の意味を考える探究学習である。**
- **国会や憲法、選挙権や自由・平等という民主的人権を「人類の多年にわたる自由獲得の努力の成果」と謳う憲法97条につながる学習でもある。こうして「今」や「自分たち」につながったとき、生徒は「歴史がわかった」と言うのだ。**

授業の展開

この活動に丸々1時間かけられるほど時間的余裕はない。「主体的・対話的な学び」はまず何より、通常授業の中で5分でも10分でも取り入れることが大事である。

①身近な地域の自由民権運動を学ぶ

今回は筆者の地元である埼玉県の秩父事件をとりあげた。

「自由民権運動は、私たちの県や町にもあった。ウソ?ホント?」

②生徒の感想と疑問から〈考える問い〉を立て、共有する。

「自由民権運動、意味ないじゃん」という率直な疑問をとりあげる。

③班になり、その問いに向かって調べ、話しあい、発表する探究発表学習へ発展させる。

資料は教科書・資料集等を使う。教師は机間指導。思考・判断・表現力を伸ばす。

「この運動があったから憲法や国会がつくられ、普通選挙権も生まれた」

「こういう運動がなかったら、今の選挙権も自由もなかったのではないか」

⑤意見の食い違いは全体討論に発展させ、大きな歴史の動きの中に位置づけて考える。

「当時できた憲法や国会を教科書で確認しよう」「現在の憲法97条を読んでみよう」

留意点

- 自由民権運動はどの都道府県でも起こっている。身近な事実や人物に接して、民権運動を実感することが大切である。市町村史や県史を調べることから始めたい。
- 自由民権運動も秩父事件も弾圧され、多くの犠牲者が出た。その結果から「こうした運動に意味はあったのだろうか?」と生徒は率直な疑問・質問を出す。教師による上からではなく、生徒の声から〈考える問い〉を立てて共有し、対話的探究学習へと発展させたい。 (倉持重男)

Ⅵ

近代2

二度の世界大戦と日本

75 第一次世界大戦
毒ガス・戦車・二十一か条要求

1時間

ねらい

- **近代科学兵器がはじめて使用された第一次世界大戦とは、どんな戦争だったのかについて、兵器の変遷や戦争の実相を詳しく学習する。**
- **第一次世界大戦はまた、国民を大動員した戦争でもあった。なぜ国民は戦争に駆りたてられていったかについて理解する。**
- **第一次世界大戦中の日本は、ドイツが支配していた青島（中国）や南洋諸島を占領し、領土を拡大する。また中国への二十一か条要求が、中国民衆の排日運動につながっていくことにふれる。**

資料1　当時の風刺画

授業の展開

(1) ヨーロッパの火薬庫

- **資料1**のイラストを見せながら、「上に乗っているのは、ドイツやイギリスなどの国王や首相です。BALKANという文字も見えますが、ここはどこでしょう？」と聞く。（「バルカン半島」）「ここをめぐって諸国が対立していたため、バルカン半島は『ヨーロッパの○○○』と呼ばれました。○○○に入るのは何でしょう？」（「火薬庫」）
- **資料2**の地図を見せながら、「3B政策（ベルリン・バグダッド・ビザンチウム）と3C政策（カルカッタ・ケープタウン・カイロ）について説明してみよう」と発問。ドイツを中心とするグループと、イギリスを中心とするグループの、植民地をめぐる対立を、地図に着色しながら説明させる。

資料2　第一次世界大戦のようす

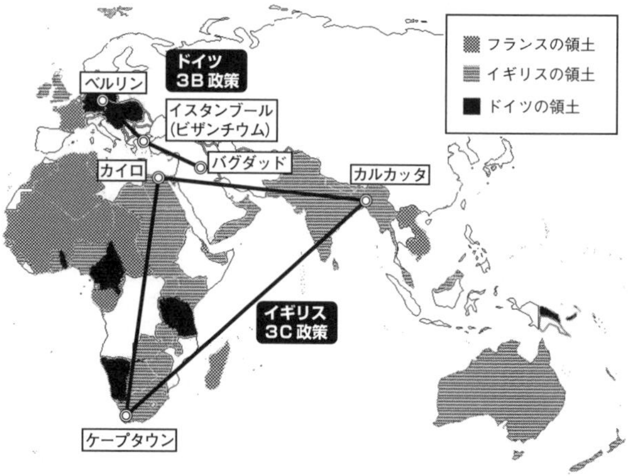

(2) 大量殺戮兵器の登場

- **資料3**のアメリカのポスターを見せながら、「国民はこの戦争をどう受けとめたのでしょうか」と聞く。「戦争に反対した」などの意見も出るが、実際には多くの若者が戦争にみずからすすんで出かけたことにふれる。しかし、戦場で待ち受けていたのは、大量殺戮兵器だった。
- **資料4**を見せながら、「これは日露戦争でも使用された新兵器。何だろう？」と聞く。（「機関銃」）「機関銃から身を守るために、どんな作戦を立てただろう」（「地面に塹壕を掘った」など）塹壕戦により、戦争が長

資料3　アメリカのポスター

デジタル資料集

びくことになった点にふれる。「**資料5**は塹壕の中のようす。気がつく点はありますか」と聞く。(「毒ガスマスクをつけている」など)「このときから毒ガスなども使用されるようになったんだ。そのほか、飛行機や潜水艦なども使われた」塹壕戦を打ち破る武器として、農業用トラクターをヒントに戦車(**資料6**)がつくられたことにふれる。

第一次世界大戦の死傷者については、**資料7**の表を見せながら、ロシア、イギリス、フランス、イタリア、ドイツ、オーストリア、トルコなどの国ぐにが多いことに気づかせる。ロシア、ドイツでは厭戦気分が広がったことや、世界大戦がインフルエンザの大流行(パンデミック)を招いたことにもふれる(**資料8**)。

(3) 日本の野心

第一次世界大戦は「欧州戦争」とも呼ばれた。ヨーロッパが戦争をしている間に、日本はドイツが支配していた中国の青島《チンタオ》や南洋諸島を次々に占領していく。これらの経過については、板書で説明する。

中国に対する「二十一か条の要求」が中国民衆の反発を招いたことを、教科書を読んで理解させる。

資料7　第一次世界大戦の死傷者と戦費

国　名		動員兵力	死者の合計	損害率	直接戦費
連合国(24か国)	ロシア	1200万人	915万人	76.3%	226億ドル
	フランス	841	617	73.3	243
	イギリス	890	319	35.8	353
	イタリア	562	220	39.1	124
	アメリカ	436	36	8.0	226
	日本	80	(1210人)	0.2	0.4
同盟国(4か国)	ドイツ	1100万人	714万人	64.9%	378億ドル
	オーストリア	780	702	90.0	206
	トルコ	285	98	34.2	14
	ブルガリア	120	27	32.2	8
合　計		6504万人	3751万人	57.6%	1863億ドル

(加藤文三ほか『歴史教育の資料と扱い方』地歴社より)

留意点

- 第一次世界大戦のきっかけとなったサラエボ事件については簡単にふれる程度とする。内容が膨大だが、説明に終始しないように注意する。板書と地図を有効に活用する。
- 近代科学兵器については、それが大量殺戮を招いたことを具体的にわからせるため、死傷者数の比較とともに映像資料なども活用する(NHKスペシャル『映像の世紀 第2集 大量殺戮の完成』など)。
- 第一次世界大戦は大量の国民を戦争に動員したが、その具体例としてアメリカのポスターを示し、国民(青年)が積極的に戦争に参加したことに気づかせる。
- 中国民衆の覚醒については、日本が植民地支配を強めていく過程のなかで理解させる。

(本庄 豊)

資料4　機関銃

資料5　塹壕

資料6　戦車

資料8　スペインかぜ予防をよびかける当時の日本のポスター

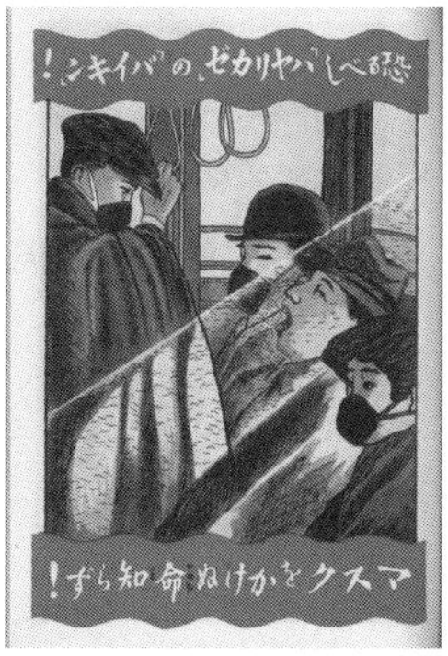

第一次世界大戦末期の1918年から始まった「スペインかぜ」(インフルエンザ)は軍隊によって世界中に拡大した。死者数は第一次世界大戦による死者より多かったと推定される(数千万人~1億人)。日本でも約39万人が亡くなった。

76 第一次世界大戦とレッドポピー

1時間

ねらい

- 「レッドポピー」の習慣を通じて、第一次世界大戦がこれまでの戦争と異なり、現代にまで影響を及ぼす大きな戦争であったことに気づく。
- 映像資料から戦争の恐ろしさ・残酷さを実感させる。
- 「平和のためには何が必要か」とみずから考えることで、過去のできごとではなく、自分ごととしてとらえる。

授業の展開

資料1　ポピーの造花

(CC by Daniel Williams)

(1) 導入

導入に、ポピーの造花を見せる。「この花の名前を知っている？」と問いかけると、ほとんどの生徒は、バラやカーネーションなど身近な赤い花の名前をあげる。ポピーという名前を口にすると、多くの生徒が、それなら知っているという顔をする。実は、このポピーと第一次世界大戦には深いつながりがあると話して、本時の授業プリントを配布する。

資料2　ロンドン塔とレッドポピー

(CC by Begnaud)

(2) 第一次世界大戦の衝撃とレッドポピー

授業プリントにテーマと課題を書き終わったところでスライドを見せる。**資料2**はイギリス・ロンドン塔の周りが88万本の真っ赤なポピーで埋め尽くされた写真。生徒たちは、すかさず「うわぁ、それ何⁉」と聞く。これがすべてポピーの造花であることを伝え、興味関心を高める。

（以下、スライドの内容）イギリスでは毎年、11月11日には胸に赤いポピーをつける。エリザベス女王も赤いポピーを手向ける。この日はリメンバランスデー（記憶の日）。何かを忘れないために――。忘れてはいけないできごととは第一次世界大戦。塹壕を掘っての激しい戦い、兵器の進歩が進み、戦車や毒ガスも登場。はじめは偵察用だった飛行機も戦闘で使われるように。

スライドから、レッドポピーは人びとがこの戦争を忘れないように願い、毎年祈りを捧げるための花であることがわかる。では実際に、第一次世界大戦とはどのような戦争だったのか。実際の戦場のようすを10分くらいの映像で見せる。クリスマスまでには家に帰ってこられると、ピクニック気分で出かける兵士たちのようすから、砲弾が飛び交う戦場、緊張や不安で顔がこわばる兵士のようす、次々と倒れていく人びと、死体の山など。思わず目をふさぎたくなるような映像も含まれる。

映像資料（例）
NHKスペシャル『新・映像の世紀 第1集 百年の悲劇はここから始まった』

生徒たちに、この戦争で犠牲になったのは何人くらいだと思うか問いかける。100万人から1000万人などの数字が出てくる。そこで、何も言わないまま黒板に「37,000,000人」という数字を書く。生徒たちはゼロの多さに驚きながら、3700万人という数字を口にする。しかし、この数字だけではまったく実感がわかない。そこで、クラスの人数から中学校全体の人数、さいたま市、埼玉県、東京都の人口を並べ、最終的に、東京都と埼玉県に住む人を合わせても足りないくらい多くの人びとが犠牲になったことを示す。

クラスの人数	36人
学校全体	330人
さいたま市の人口	132万人
埼玉県の人口	734万人
東京都の人口	1400万人

（2021年現在、概数）

ここで、この戦争はどのように終結したのか、教科書を見ながらプリントの空欄を埋める作業をさせる。何人かの生徒を指名し、黒板に答えを書かせ、第一次世界大戦の終結を確認。

戦争が終わっても、第一次世界大戦を忘れないようにと始まったレッドポピーの運動。「なぜレッドポピーなのか」と問うと、さまざまな答えが返ってくる。そこで、リメンバランスデーを紹介する映像を見せる。第一次大戦の悲惨な戦場に力強く咲いていたのがレッドポピーであったこと、この花に込められた「戦争を忘れないように、平和でありますように」というメッセージから、今のリメンバランスデーがあることを伝える。

映像資料（例）
「A Very Special Flower: The Red Poppy」（オーストラリア戦争記念館）
www.youtube.com/watch?v=4UHRC1H06Cc

(3) 平和の五か条を考えよう

- ●レッドポピーの取り組みのように、戦争を再び起こさないようにするためには何が必要か。「平和の五か条を考えよう」と呼びかける。それぞれ3～4人の班ごとに、平和であるための五か条を考えさせる。

どの班もそれぞれ個性的な意見を出すが、ほとんどの班で共通するのが「話し合いをする」「武器を持たない」「植民地を廃止する」という三つの考えである。では、実際にこれらは実現したのか見てみようと声をかける。最後のまとめとして、国際協調の高まりから国際連盟・ワシントン会議やパリ不戦条約・民族自決の考えなど、自分たちで考えた平和への取り組みが実際に試みられたことに気づかせ、戦後の世界はどのように変わったのだろうか、と次時以降につなげる。

生徒の意見（例）

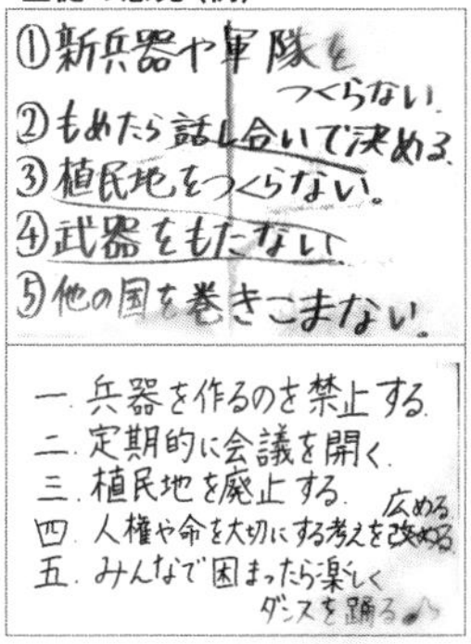
①新兵器や軍隊をつくらない。
②もめたら話し合いで決める。
③植民地をつくらない。
④武器をもたない。
⑤他の国を巻きこまない。

一. 兵器を作るのを禁止する。
二. 定期的に会議を開く。
三. 植民地を廃止する。
四. 人権や命を大切にする考えを広める
五. みんなで困ったら楽しくダンスを踊る♪

留意点

- ●この前の時間で、第一次大戦が欧米列強が植民地を奪いあう帝国主義の戦争であったことを生徒に気づかせておくことで、「植民地解放」の意見が出やすくなる。
- ●生徒の興味関心を引くために、実物や映像資料は使いやすい。そこから生徒の疑問や驚きを引き出し、展開につなげていく。
- ●リメンバランスデーの慣習は各国で異なり、戦死者の追悼だけでなく愛国心の表明というとらえ方もあるため、伝え方に注意が必要である。

（倉持紗月）

77 ロシア革命
「パンと土地と平和を」・第一次大戦後の世界

1時間

ねらい

- **レーニンが指導したロシア革命がどのようにして起こったかを学習するとともに、レーニンの「民族自決権」提唱の意義について理解する。**
- **世界最初の社会主義革命であったロシア革命に対して、欧米列強や日本は干渉戦争をおこなった。ロシア革命干渉戦争のなかでの日本のシベリア出兵の位置について理解する。**
- **第一次世界大戦後の世界の変化（アメリカの台頭）について学習する。**

授業の展開

資料１　レーニンと民衆

デジタル資料集

(1)「パンと土地と平和を」

●**資料１**を見せながら、「壇上の人は、ロシア革命を指導したレーニンという人です。どんな人が演説を聞いているだろう」と聞く。（「労働者」「兵士」「武器を持った人たち」など）

「ロシア革命は、ある戦争の最中に起こっている。何という戦争ですか？」と聞く。（「第一次世界大戦」）

「この戦争で一番死傷者が多かった国はどこ？」（「ロシア」）「そう、ロシアなんだ。レーニンは、労働者にはパンを、農民には土地を、兵士には平和を、と訴え、多くの人たちの支持を集めた」

レーニンの提唱した「民族自決権」は、植民地となっていた地域の人びとを励ますとともに、国際連盟の理念に受け継がれ、国際法となっていったことについて、ていねいに解説する。

資料２　ソ連の国旗

ロシア革命によって生まれた新しい国家の名前は「ソビエト社会主義共和国連邦」（ソ連）だった。**資料２**を見せ、「この国旗の図柄はどういう意味なのだろう？」と聞く。ハンマー＝労働者、鎌＝農民の象徴であることから、労働者と農民のための国をつくろうとしたことを説明する。

「平和に関する布告」
ロシア革命のさなか、レーニンが第２回全ロシア・ソビエト大会で発表。第一次世界大戦の全交戦国に、無賠償・無併合・民族自決に基づく即時講話を求めた。

(2) シベリア出兵

●「ロシア革命でレーニンが提唱した民族自決権が広がっていけば、困るのはどんな人たちだろう？」と聞く。（「植民地を持っている国ぐに」「帝国主義の国」など）

「そうだね。それらの国ぐにはロシア革命に対して、どのような態度をとっただろうか」（「ロシアに戦争をしかけて、革命をつぶそうとした」）

「日本もほかの国ぐにと一緒にロシア革命に干渉した。一番長くロシアに兵を滞在させた国は？」(「日本」)

正露丸はもとは「征露丸」だった、などのエピソードを入れるのもよい。干渉戦争は成功しなかったことを押さえる。

●**資料３**を配布し、日本が占領した地域に着色させる。

シベリアは極寒の地であったので、日本軍は厚手のフードつき外套や手袋、長靴などを装備していた。兵舎にはストーブを設置するなどの寒さ対策はとっていたが、不十分な防寒だったので、シベリアの日本兵が故郷に送った手紙のなかには寒冷への不満や不安を訴えるものが多かった。2割の兵士が、衛生や寒冷などの戦闘外の要因で倒れたという。

(3) 第一次世界大戦後の世界

●「第一次世界大戦で戦場にならなかった国はどこ？」と聞く。(「日本とアメリカ」)

日本では「成金」と呼ばれる人たちが生まれ、アメリカはイギリスを抜いて世界一の経済大国になっていったことにふれる。

資料3　シベリア出兵の占領地

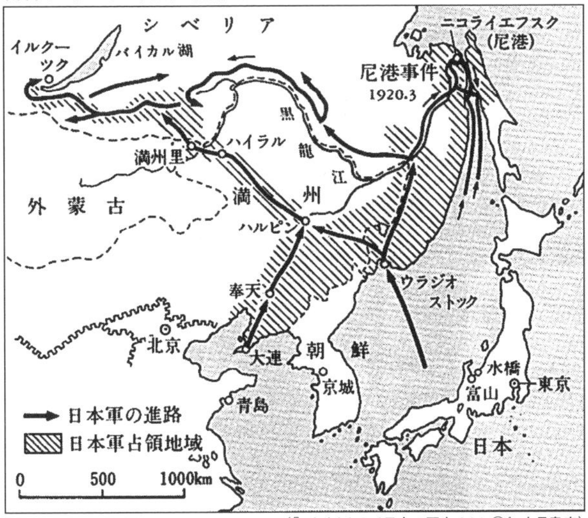

(『これならわかる日本の歴史 Q&A ③』大月書店)

資料4　成金

(和田邦坊「成金栄華時代」)

資料5　T型フォード

デジタル資料集

資料4、5について、何を表しているのかを説明させる。資料４は日本の成金、５は大衆車フォードに乗るようになったアメリカの人びと。

留意点

●その後ソ連はスターリンが指導する官僚制独裁国家へと変貌していくが、ロシア革命が世界にあたえた影響の大きさについては、きちんと押さえておく必要がある。社会主義とは何かについては諸説あるので、ここでは深入りしないようにする。

●シベリア出兵は、日本にとっては第一次世界大戦以上の兵力と死傷者を出した戦争であることも理解させる。

●日米の台頭、とりわけアメリカの発展については、世界恐慌にもつながるので、大量消費社会の登場という状況を押さえておく。

●シベリア出兵は、75時でふれた「スペインかぜ」の大流行と重なることを押さえておく（戦争が伝染病を広める）。　　（本庄 豊）

78 三・一独立運動

1時間

ねらい

- **三・一運動に朝鮮の人びとがどのような考えをもって参加したのかを考え、生徒たちが「自分のこと」としてこの運動をとらえることをめざす。**
- **史資料を読み解き、三・一運動の意義を理解させたい。また、三・一運動への賛否の意見発表を通じて、歴史認識を深めたい。**

授業の展開

(1) 導入の部分で、すでに学習している韓国併合と日本の植民地支配についてふれたうえで、「なぜ1919年に朝鮮で独立運動が高まったのだろう」と発問する。第一次世界大戦や大戦中に起きたロシア革命、ウィルソン大統領の十四か条の講和原則などの世界の動きと関連しながら三・一運動が始まったという事実を理解させたい。

(2) 東京の在日本韓国YMCA会館にある「独立宣言記念碑」の写真と「二・八独立宣言」をもとに、授業を展開していく。

「三・一運動には、意外な場所から始まったできごとも影響をあたえています。この『独立宣言記念碑』(**資料1**) を見てください。これはどこでしょう？」(「日本？」)

「朝鮮からの留学生たちが、東京でこのような宣言を出しました。**資料2**の [ア] [イ] に当てはまる語句は何でしょう？」(「アは、日本の植民地だったから日本。イは独立？」)

「この宣言はいつ出されたものでしょうか。碑に日付が書かれていますが、わかりますか?」(「2月8日？　3月1日よりも早いの？」)

(3) 次に、ソウルのタプコル公園 (パゴダ公園) のレリーフをもとに授業を展開していく。このレリーフは、三・一運動のようすを生徒たちに理解させるのに適した資料である。

「**資料3**から、三・一運動がどのように始まったかわかりますか？」(「大勢の人びとに向かって、何かを読み上げている」)

「独立宣言書を読み上げて始まった三・一運動は、朝鮮半島中に広がっていきました。資料3と**資料4**のレリーフを見ると、三・一運動に参加したのは、どのような人びとかわかりますか？」(「学ランみたいなものを着ているから学生」「女性もいる」)

(4) 人びとは何を求めて運動に参加したのか、レリーフと「三・一独立宣言」を用いて考えさせる。また、これらの運動を日本が弾圧したことを

資料1　朝鮮独立宣言一九一九 二・八記念碑

デジタル資料集

(筆者撮影)

資料2　二・八独立宣言 (抜粋)

ここにわが民族は[ア]及び世界各国に対し、自決の機会を与えることを要求する。もしその要求が入れられなければ、わが民族はその生存のために自由行動をとることで、わが民族の[イ]を期成せんことをここに宣言する。

資料3　タプコル公園のレリーフ（独立宣言）

（筆者撮影）

資料4　独立万歳を叫ぶ人びと

（筆者撮影）

レリーフの図を用いて気づかせる。

「資料4のレリーフから、この運動で人びとは何を求めているように見えますか？　手を挙げている人たちは、何と叫んでいるのでしょうか？」（「朝鮮の人びとにも自由がほしい」「平等がほしい」）

「資料5の『三・一独立宣言』を読んでみましょう。何と書いてありますか？」（「わが朝鮮国が独立国であるということを宣言している」「自由の民であると言っている」）

「資料6のレリーフから、三・一運動に対して朝鮮総督府はどのように対応したのか、わかりますか？」（「武器をもって弾圧した」）

(5)「当時、もし自分が日本で生きていたら、この運動をどのように考えますか？」という問いをもとに、三・一運動への賛否を考えさせ、自分の意見を発表させる。

資料5　三・一独立宣言（抜粋）

> われらはここに、わが朝鮮国が独立国であること、朝鮮人が自由の民であることを宣言する。これを世界万国に告げて人類平等の大義を明らかにし、子孫に告げて民族自存の正当な権利を永久に享受させようと思う。

資料6　日本の警察による弾圧

（筆者撮影）

・意見を組み立て発表させる際に、三・一運動を「支持する」「弾圧する」「どちらともいえない」という3択から選んだうえで意見表明をおこなわせたい。その後、グループに分かれて討論をおこない、他者の意見を聞くことで自身の考えを深めさせたい。

留意点

●まとめの部分では、三・一運動は中国の五・四運動へも大きな影響をあたえたこと、三・一運動に参加した独立運動家は海外に亡命し、臨時政府をつくったことについてもふれたい。そして、現在の韓国と北朝鮮はどちらも、日本に対する独立運動のなかに建国理念をおいていることについても注目させたい。

（小林優香）

▶▶在日本韓国YMCA「2・8独立宣言記念資料室」
www.ayc0208.org/2_8/
宣言書の原文や背景資料が読める。

79 米騒動は私たちの町にもあった!?

1時間

ねらい

- **米騒動は何をきっかけに、どんな背景のもとで発生したかを理解する。**
- **米騒動が全国にどのように広がり、生徒たちの住む地域ではどのような動きがあったのかを確かめる。**

授業の展開

資料1　桜井清香「米騒動繪巻　三巻（米屋征伐）」

（徳川美術館所蔵©徳川美術館イメージアーカイブ／DNPartcom）

(1) 米騒動のようすを理解する

- 「米騒動繪巻」（**資料1**）を見せ、「名古屋市で米屋をおそっているようすですが、この絵に登場するのはどんな人たちですか？」（「民衆」「警察官」「軍隊」など）

(2) 米騒動が起きた理由について考える

- 「この騒動は、米の価格が高騰したことにより起きました。米の価格が急に上がるのは、どういうときでしょう？」

　飢饉などがあげられるが、時期として夏場の「端境期」である。

　「米騒動が最初に起きた富山県における米の価格は右のように変化しました。この価格の変動には、世界史における大事件が影響しています。それは何でしょうか。年表の中から探してください」（「第一次世界大戦」）

米価の上昇（富山県）
1918年7月16日
　36銭8厘（1升あたり）
同年8月8日
　60銭8厘（1升あたり）

　「戦争があると米価が上がるのは、なぜでしょうか」軍需物資としての米についてふれる。

　「どうして富山では、女性たちが最初に行動を起こしたのでしょうか」

　男性は遠洋漁業航海で不在。台所をあずかる女性たちにとって、他県への米の移出に対する反感が高まっていた。大戦景気で生活の一定の向上が見られたときに、米価の高騰により生活水準が下降することへの抵抗があった。

(3) 米騒動の広がりについて理解する

- 「この米騒動は、**資料2**のように、またたく間に全国（1道3府38県）に広がりました。ここには被差別部落の人びとや小作人、炭鉱夫などが多く参加したと言われますが、なぜでしょう」（「かねての不満が一気に噴き出した」）

　歴史研究者によると、米騒動が起こった背景には次の4つの要因があった（成田龍一『大正デモクラシー』岩波新書）。

①米価の高騰と政府の対策の不備に起因する「一般生活の不安」

②炭坑夫の暴動、小作人の騒擾に見られる「不徳の富豪に対する平素の余憤」

③被差別部落の人びとの「境遇上の不満」
④政党や「危険思想」の影響は見られない

弁護士の布施辰治が、この動きを「生存権を背後にもつ運動」と評価していることから、「生きるため、生活のため」の行動であったことがわかる。

●「政府はこの騒動にどう対応したと思いますか」

「力で鎮圧した」イメージが強いと思われるので、「米価を抑える」という視点から意見を引き出すように努める。具体的には次のような対策をとった。①「外米」の緊急輸入②白米の廉売政策③寄付金を利用しての救済(天皇家300万円のほか三井・三菱など)。

それでも米騒動が拡大したことから、政府は8月11日以降、122か所で10万人の兵士を派遣し、2万5000人以上を検挙、7786人が起訴された。逮捕者には、職工、日雇い労働者、職人、商人など「雑業層」が多かった。

この「米騒動」の責任をとって、寺内内閣は9月21日に辞任した。

(4) 地域における米騒動（以下は各地の事情に応じて展開する）

●「米騒動はここ鹿児島でも起こったと思いますか」と問い、資料2を見て判断させる。

「大きな騒ぎは起きませんでした。その理由は、この米価の比較表にあります。鹿児島では米価が高騰しなかったわけを考えてみよう」(多くの意見を出させる) いち早く「米価調節会」という組織がつくられ、右のような対策がとられた。

また、県内には貧困地域が多く、新聞記事によれば、ある離島では「安売りの米さえ買う余裕はなかった」という。唯一、奄美大島の住用村では、起訴された事件も起きている。ある意味では、他県による多くの「米騒動」のおかげで、鹿児島で米価が抑えられたと考えることもできる。

留意点

●「騒動」という言葉には、たんなる暴動のような響きがある。しかし、大正期において庶民がみずからの生活を守るために自然発生的に勃発し、全国に拡大した希有な民衆運動だと考えられる。その中には女性、被差別部落民、炭鉱夫など「抑圧されてきた人びと」も含まれている。組織的なものではないが、そうであるがゆえにさまざまな階層の人びとが加わったと思われる。

●米騒動が起きなかった県は5県だけだったといわれている。つまり、全国各地に教材が存在することになる。富山から始まった米騒動が、生徒の住む地域にどう伝播したのかを調べさせたい。起きなかった地域でも「なぜ起きなかったか」を話しあうことは有意義である。米価の暴騰がなかったとしても、それには全国の米騒動が影響しており、そのつながりを指摘することも重要である。

（山元研二）

資料2　米騒動の広がり

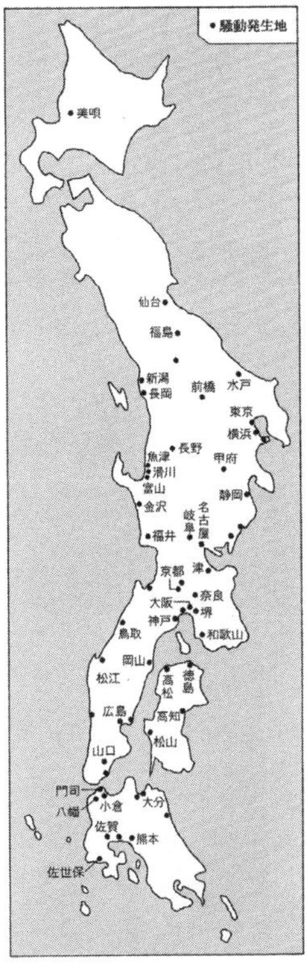

起きていないのは、青森・秋田・岩手・栃木・沖縄の5県のみ。市町村では49市217町231村。29の炭鉱でも起きた。

(『ファミリー版世界と日本の歴史9』大月書店)

米相場の比較表

東　京……46銭4厘
大　阪……47銭4厘
兵　庫……50銭
熊　本……43銭
鹿児島……38銭1厘

米価調節会のとった対策

①市場での競争入札は当分やめる。
②問屋の売り米は、白米商に計画的に分配する。
③他県からの買いつけはことわる。

80 大正デモクラシー期に活躍した人びと

1時間

ねらい

● **大正デモクラシーは「民主主義を求める動き」であるが、どのような時代背景・国際状況のなかで起こった運動であるかを理解する。**

● **大正デモクラシー期に活躍した人物にどのような人がいるか、その人の思想と行動について理解を深める。**

ワークシート（6−80）

デジタル資料集

授業の展開

(1) 大正デモクラシーはどういう時代状況のなかで起きた運動か

資料1　押しかけた人びと

デジタル資料集

「資料1は1913（大正2）年のものです。大勢の人が押しかけているこの場所（建物）はどこでしょうか？」(「衆議院」)

「押しかけた人びとが掲げたスローガンは、『閥族《ばつぞく》打破』『憲政擁護』でした。どんな意味でしょう」「『閥族打破』とは薩長を中心とする藩閥による政治を終わらせることを意味し、『憲政擁護』とは憲法に基づく政治の実現です」「この動きはのちに、米騒動のあと、原敬を中心とする日本最初の本格的政党内閣の成立につながります」

「この動きは、当時の世界の動きとも関係しています。民主主義を求める動きに関係するできごとを、教科書から抜きだしてみよう」(「ベルサイユ条約」「ワイマール憲法」「ヨーロッパにおける普通選挙」「三・一独立運動」「五・四運動」「ガンジーの非暴力・非協力・不服従運動」「ロシア革命」など)

「アメリカのリンカーン大統領が民主主義をわかりやすい言葉で説明していますが、何でしょうか」(「人民の、人民による、人民のための政治」)「当時、日本でこの民主主義を実現するのは不可能との意見が主流でした。それはなぜでしょう」(「天皇が主権をもっているから」という発言を引きだす)

「この民主主義を求める動きの盛りあがりに貢献した人物に、吉野作造という学者がいます。吉野は、『主権は天皇にあっても、政治の目的は民衆の幸福である』という考えを示し、その言葉は『民本主義』と訳されて、大正デモクラシーにおける重要な考えとして広まりました」(資料2)

資料2　民本主義（ワークシートに収録）

デジタル資料集

「このなかで、これまで抑圧されてきた人びとが、さまざまな社会運動を起こしました。次の人びとがどのような動きを見せたかをまとめなさい」と、「労働者」「農民」「女性」「被差別部落の人びと」「アイヌの人びと」の項目について生徒がワークシートに書き入れていく。

(2) 大正デモクラシーのなかで活躍した人びと

● 「この時期に活躍した人物を2人紹介します。一人はジャーナリストの石橋湛山《たんざん》（**資料3**）、もう一人は弁護士の布施辰治（**資料5**）です」

「石橋は、当時『植民地拡大は当然』と考える風潮が強いなかで、『植民地は放棄すべきである』という『小日本主義』を掲げました。なぜ、そう考えたのか、**資料4で考えてみよう**」人道的立場からだけでなく、経済的合理性も提唱していたことを伝える。

「布施は、大正から昭和にかけて、抑圧された人びとのために積極的に弁護活動をおこないました。布施がモットーとした言葉は『生きべくんば民衆と共に、死すべくんば民衆のために（民衆と共に生きて、民衆のために死にたい）』です。そして1920年5月、40歳のときに『自己革命の告白』（**資料6**）を発表し、これからの弁護活動を『官権の人権蹂躙に泣く冤罪』『財閥の横暴の枉屈《おうくつ》に悩む弱者』『真理の主張を圧迫する筆禍舌禍《ひっかぜっか》の言論犯』『無産階級の社会運動の迫害』事件に限るとしています」

「このように、多くの人びとが民主主義や人権・平和の進展のために努力したのが大正デモクラシーでした。その成果のひとつが1925年に成立した普通選挙法です。しかしこの年、治安維持法も成立しています。この法律で、天皇中心の国のありかたの変革や私有財産制度の否定をとなえる人たち、つまり政府に反対する人びとを捕らえていきました。昭和に入って布施は治安維持法により逮捕され、懲役2年の刑を言いわたされています」

資料3　石橋湛山

資料4　石橋湛山の「小日本主義」（ワークシートに収録）

資料5　布施辰治

資料6　布施辰治の「自己革命の告白」（ワークシートに収録）

留意点

- 大正デモクラシーの思想的背景としては、①依然として続く藩閥政治に対する庶民の不満と、②第一次大戦後から国際的に「国際協調」「人道主義」「民主主義擁護」の風潮がさかんになったことが挙げられる。大正期の前半は、「大正政変」から民本主義に代表されるように、国民の政治的権利の拡張を目的とする運動が主で、本格的な政党内閣となった1918年の原敬内閣成立から1925年の加藤内閣における普通選挙法成立まで続く。一方、ロシア革命に影響を受け、労働運動、農民運動、女性運動、水平社運動などさまざまな社会運動がわが国でも進展を見せる。これらも世界の流れを受けたものである。国内状況と国際状況の両面から大正デモクラシーを語っていく。
- 具体的な人物のすがたを通して大正デモクラシーを理解させたい。ここでは石橋湛山と布施辰治をとりあげた。石橋は、「内に立憲主義、外に帝国主義」と評された大正期の多くの知識人のなかで、植民地放棄論を提唱した希有な存在である。布施は常に弱い立場の人びとに寄り添い、国内の被抑圧者に限らず、在日朝鮮人や植民地における台湾人、朝鮮人をも弁護し、関東大震災時には朝鮮人虐殺への抗議もおこなった。昭和に入って弁護士資格を剥奪され、治安維持法で逮捕され実刑判決も受けているが、その姿勢は戦後も変わることはなかった。　（山元研二）

81 浪速《なにわ》のエッフェル塔
都市化・大衆文化

1時間

ねらい

●**近代都市の成立過程を、民衆と「新世界」とのかかわりを手がかりにとらえる。**

授業の展開

(1) 初代通天閣登場

●初代通天閣の写真（**資料1**）を見せる。「これは何だろう？」（「通天閣」）「大阪環状線の電車から見えますね。登ったことがある人はいますか？今とちがうところをあげてください」（「今の通天閣にはない土台がある」「通天閣の近くに遊園地があって、ロープウェイもある」）

この写真は初代通天閣のもので、現在の通天閣は2代目。

「『通天閣』ってどういう意味なんだろう？」明治45（1912）年に建設されたときは東洋一の高さを売りにした。天にも通じるという意味である。

「通天閣の建っているところの周辺を何といいますか？」（「新世界」）「なぜ『新世界』っていうんだろう？」初代通天閣は“凱旋門”の土台に“エッフェル塔”。まさしくパリである。そしてロープウェイ（落下事故のため運転中止になるが）でルナパーク（ニューヨークの遊園地ルナパークの日本版）へ。それゆえここは「新世界」なのだ。

「新世界には、どんな人が遊びに来たんだろう？」と**資料2**を見せる。「これはルナパーク内の『サークリングウエイブ』です。円盤が上下しながら回転する人気施設だったそうですが、どんな感じの人が乗っていますか」（「和服を着ている」「庶民的な感じ」）「当時の庶民の服装は、和服が一般的なのですね」

資料1　初代通天閣

資料2　ルナパークのサークリングウエイブ

（資料1・2とも橋爪紳也『なにわの新名所』東方出版より）

(2) 地図から見える明治・大正時代の大阪

●「今からタイムスリップして、みんなを明治・大正時代の大阪に案内します」と、**資料3、4**を配る。「AとBは、大阪の地図です。どちらが古い地図ですか？　根拠は？」（「B。田んぼが多いし、難波が村になっている」「Aは鉄道路線が増えていて、新世界もあるし、軍隊もある」）

正解はB。Aが大正7（1918）年、Bが明治19（1886）年。地図Aより、上級学校（商業・女学校・師範・中学）が増え、鉄道も延長されて、鉄工所、化学、汽車製造、紡績などの工場・会社が立ち並んでいることなどが読みとれる（**資料5**、地図A北西部の西九条から安治川口を拡大したものも併用）。

資料3　地図A

資料4　地図B

資料5　地図Aの拡大

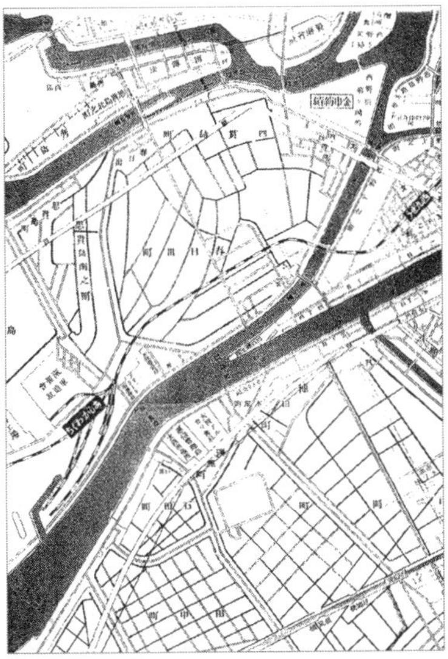

(3) 都市の変貌と労働者の増加

「第一次世界大戦による好景気は、大阪の工業を飛躍的に発展させました。明治初期～中期において、都市に多くの人が流入するものの、衛生状態が悪く死亡率も高い“蟻地獄”と呼ばれました。残飯屋という商売もありました。都市で働く労働者は日銭で生活し、正式な結婚ではなく内縁でした。しかし明治後期になると都市の環境が改善されていき、さらに大正はじめの大戦景気が都市を大きく変貌させます。大戦期に輸出が輸入を上回り、工業生産高が農業生産高を上回ります。農村から都市へ仕事を求めてやってきた人たちが、工場や会社で正社員として働く労働者となり、月給をもらいお金を貯め結婚もして、子どもができ家庭をもつようになっていきます。そして、そういった民衆のささやかな楽しみが、休日に家族で繁華街や観光名所に“お出かけ”をすることでした。休みの日に『新世界』へ行き、通天閣に登ってロープウェイでルナパークへ。帰りには飲食店街に立ち寄り、ビアホールやうなぎ屋や中華料理店で食事をして家路につく。もちろん、毎日がそんな楽しい生活ではありませんが、『新世界』の出現は、都市に労働者が定住するようになり、彼らがささやかな楽しみをもてる時代になったことを示しています」

留意点

- 教科書は、東京の浅草を例にして大正期の都市の発展と大衆文化について記述しているが、ここでは大阪を例にした。
- 最後の説明が長いが、この授業の目的をここではっきりさせる。
- 通天閣の写真は、大きくコピーして張りだすとよい（1920年にはライオン歯磨きの広告が取り付けられる）。地図の読みとりに時間をかけ、色鉛筆で学校・工場・駅・鉄道路線などを塗り分けさせる。（森口洋一）

82 関東大震災直後に何が起きたか？
朝鮮人虐殺事件と朴烈・金子文子事件

1時間

ねらい

- **朝鮮人虐殺事件の事実とその原因、国家責任と民衆責任について考える。**
- **朴烈《パクヨル》・金子文子事件を通して、金子文子は現在の私たちに何を伝えたかったのかを考える。**
- **同じ過ちをくりかえさないためにできることは何か、未来志向で考える。**

授業の展開

資料1　3つの大震災の比較

- 関東大震災
  (1923年9月1日午前11時58分)
  マグニチュード7.9（最大震度7）
  死者10万5千余人
- 阪神・淡路大震災
  (1995年1月17日午前5時46分)
  マグニチュード7.3（最大震度7）
  死者6434人、行方不明者3人、
  負傷者4万3792人
  (消防庁調べ、2005年12月22日現在)
- 東日本大震災
  (2011年3月11日午後2時46分)
  マグニチュード9.0（最大震度7）
  死者1万5899人、行方不明者2526人
  (警察庁調べ、2021年3月10日現在)

資料2　関東大震災直後に何が起きたか

デジタル資料集

自警団と虐殺された朝鮮人

竹槍を持ち「不逞鮮人襲来」にそなえる自警団

(『かくされていた歴史――関東大震災と埼玉の朝鮮人虐殺事件（増補保存版）』関東大震災六十周年朝鮮人犠牲者調査追悼事業実行委員会)

(1) **資料1**を提示し、関東大震災・阪神淡路大震災・東日本大震災の規模と被害を比較する。そして「3つの大震災直後には何が起きただろうか？」と投げかける。東日本大震災では津波と原発事故があったこと、阪神・淡路大震災直後には朝鮮学校が炊き出しの場となったことにふれる。

「それでは、関東大震災直後には何が起きたのでしょうか？」と問い、**資料2**から、「関東大震災直後の2枚の写真を見てみましょう。何が起きたのだろうか？」と考えさせる。

資料2の読み合わせをする。**資料3**の年表で補足説明したあと、以下の質問をする。

「大震災直後にどのようなデマが発生しましたか？」(「朝鮮人が暴動を起こした」「朝鮮人が井戸に毒を入れている」「朝鮮人が放火している」)「その現場にいたら、あなたはこのデマを信じましたか？」

デマについて、自分ごととして意見交換する。普段の生活のなかで根拠のないうわさを信じてしまわないか振り返り、日常的に朝鮮人差別があった当時、「朝鮮人暴動」を信じてしまった民衆が多くいたことをふまえ、差別を乗り越え真実を見抜くにはどうしたらいいか考えさせたい。

「当時の内務省警保局長が各地方長官へ打電した内容を、わかりやすく書きましょう」(「朝鮮人は各地に放火し、けしからん目的をもっている。現に東京市内で爆弾を所持し、石油を注いで放火している者がいる」)

朝鮮人による放火や井戸への投毒という事実はなかったことを説明し、政府が事実とちがう情報を発信したことによってどうなったか、次の質問につなげたい。「打電した結果、関東近隣で何が起きましたか？　そのことについて、どう考えますか？」(「朝鮮人暴動というデマが事実として伝わり、自警団が組織されて、朝鮮人虐殺が各地で起きた」)

自警団の一員の立場になって意見交換する。政府の誤った伝達によって組織された自警団総数3869（東京府1593、神奈川県603、埼玉県300、千

葉県366、茨城県336、群馬県469、栃木県19……吉川光貞『関東大震災の治安回顧』法務省特別審査、1949年より）にふれ、組織的に朝鮮人殺害がおこなわれたことを理解させたい。

(2) **資料4**を読ませ、「『すべての人間は完全に平等』という、今では当たり前のことを主張した金子文子が、なぜ死刑判決（その後無期懲役）になったのでしょうか？　金子文子は現在の私たちに何を伝えたかったのか考えてみましょう」と問い、自分の言葉で表現、意見交換させる。

金子文子は、獄中手記『何がわたしをかうさせたか』の中で、みずからの生い立ちと思想を世の親たち、教育家、政治家、社会思想家、すべての人に読んでもらいたいと語り、「未来に向けての日本人の可能性」（山田昭次『金子文子』影書房）に賭けていた。よりよい社会への変革を後世の人たちに託した金子文子のメッセージについて考えさせたい。

(3)「朝鮮人虐殺の国家責任と民衆責任について、そしてこれからどうしたらよいか、あなたの考えを書きましょう」と投げかけ、未来志向で意見交換する。

当時発表された朝鮮人死者数は、最小で政府発表231人（内務省警保局の調査）、最大で『独立新聞』の6661人（1923年11月末まで。「在日本関東地方罹災朝鮮同胞慰問班最終調査報告」）である。虐殺された朝鮮人の遺体を官憲が隠した事実にふれ、「数千人に達したことは疑いないが、これを厳密に確定することはもはや今日では不可能」（山田昭次『関東大震災時の朝鮮人虐殺』創史社）であることも付け加え、亡くなった朝鮮人の無念の想いにふれたい。なお、朝鮮人と交流していた日本人は虐殺に走らなかったという事実が残されていることにもふれ、現代の民族差別（ヘイトスピーチ）解消に向けて何ができるか考えさせたい。また、国家の責任（誤認情報の発信、軍・警察による虐殺、暴動捏造、遺体の隠匿）と民衆の責任（真実を見抜けず虐殺に走った事実、今後の国家責任追及と謝罪の要求）などが考えられるが、生徒の発言から授業者がまとめていきたい。

留意点

- 戒厳令を出した内務大臣水野錬太郎は、1919年の三・一独立運動を弾圧したときの朝鮮総督府元政務総監であり、警視総監の赤池濃は元警務局長であった。朝鮮民族の正当な独立運動を「暴動」と位置づけ弾圧した彼らは、関東大震災の大混乱時に再び朝鮮人が「暴動」に走ると警戒して戒厳令を出した。その結果、虐殺が起きた点に留意したい。
- 金子文子は不幸な幼少時代を過ごし、9歳から16歳まで朝鮮で生活して三・一独立運動を目の当たりにした。思想統制の厳しい時代にあっても差別を見抜き、それを許さないヒューマニティが備わっていた金子文子は、現代に生きる私たちに何を伝えたかったかを考えさせたい。（中條克俊）

資料3　関東大震災関連年表

デジタル資料集

資料4　朴烈・金子文子事件

デジタル資料集

ネット上では朝鮮人虐殺を否定ないし矮小化する否定論が横行している。それに対する反証は以下の文献を参照。

中央防災会議『災害教訓の継承に関する専門調査会報告書　1923関東大震災　第2編』
第4章第2節「殺傷事件の発生」で、朝鮮人犠牲者の総数は不明としつつ、「震災による死者数の1～数%」としており、数千人規模であったことを認定している。内閣府ホームページで閲覧できる。
www.bousai.go.jp/kyoiku/kyokun/kyoukunnokeishou/rep/1923_kanto_daishinsai_2/

加藤直樹『九月、東京の路上で』（ころから）
関東各地に残された追悼碑や証言・伝承を丹念に調べたノンフィクション。現代のヘイトスピーチ問題ともむすびつけて論じている。

83 世界恐慌！どうする日本
世界恐慌とファシズムの台頭

1時間

ねらい

- 世界恐慌について事実を実感的に知り、そこからの脱出の道を考えながら、アメリカのニューディール政策とドイツのファシズムを理解する。
- 日本に恐慌はあったかを調べ、石橋湛山と石原莞爾という、立場と主張がちがう２人の論客を登場させる。そして、歴史に問いながら日本のすすむべき道を対話的に考えたい。

授業の展開

(1)「世界恐慌」って何？

- 「世界恐慌って何でしょう？　まず文字から想像してみよう」(「恐ろしいこと」)「『慌』は？」(「荒れる？」)

「では、実際の写真（資料1）を見てみよう。どう？何か荒れてる？」(「行列？」)「何のだろう？」(「食べもの？」)

「どこの国？」(「アメリカ！」「英語で書いてある」)「何て書いてある？」家族でドライブの写真の上に、皮肉にもこう書かれている。“WORLD'S HIGHEST STANDARD OF LIVING”（世界最高水準の生活）

「では、この写真の説明を読んでみよう」(資料2)

〈板書例〉1929（昭和4）年10月24日（木）
アメリカ発・世界恐慌

「恐慌ってどうなることか、実感できましたか？」

(2) 恐慌脱出の道――あなたならどうする？

- 「なぜ『アメリカ恐慌』ではなく『世界恐慌』なの？」(「アメリカ以外の国もなっていたから」)

「資料３を見てみよう。1929年から生産が落ちこんだ国は？」「ソ連以外、主な国がみんな落ちこんだ。だから『世界恐慌』といいます」

- 「どう脱出するか」ここが問題。「あなたならどの道をとる？」と問い、教科書を見ながら資料４の空欄を埋める。

資料１　失業者の行列

資料２　あふれる失業者

憂うつな年が暮れて、1930年の春さきになると、無料給食の行列が、ニューヨークをはじめ全米の各都市に現れだした。…破れ靴の栄養失調の失業者が、ブリキのコップ一杯のスープと一片のパンにありつくのを待っている。氷のような冷たい風が吹きつける中で、すりきれた外套のえりをかきあわせてのろのろと動くブレッド・ラインはなかなか前へ進まない。（石垣綾子『さらばわがアメリカ』三省堂）

資料３　世界各国の工業生産指数
（1929年を100とした場合）

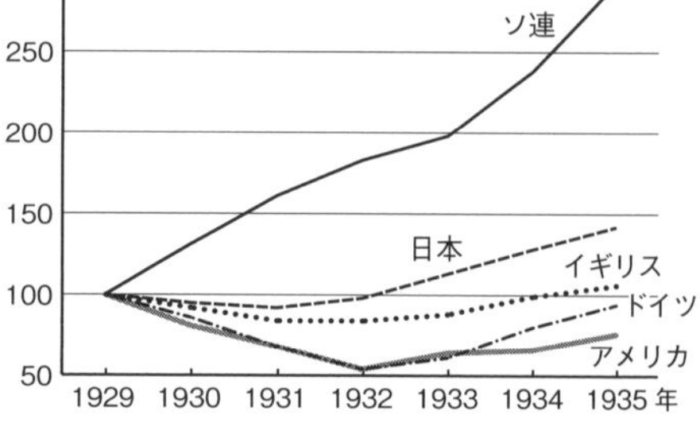

（岩波講座『世界歴史27』による）

資料4　恐慌脱出の２つの道

	主な考えと政策	国とやり方	代表的な人
A	失業者に職を与えるためには仕事をする場所を増やさなければならない。そのためにはお金を投資しなければならない。投資が増えれば仕事が増える。仕事が増えれば、給料ももらえる。給料が増えれば物を買う。すると物が売れる。こうしてふたたび豊かになる。だから働く機会と所得を増やさなければならない。それを政府の力でおこなう。	このやり方をとった国は （　　　　　　　　） このやり方を （　　　　　　　　）	 名前 （　　　　　）
B	雇用創出、道路建設、自動車普及！　何よりわれわれは世界最良の民族。世界はすぐれたものが治める。だから民主的に事を決めるようなことは必要ない。またわれわれは、わが国民を養い過剰な人口を移住させるために、土地および領土（植民地）を要求する。その実現のために、われわれは強力な軍隊と中央権力をつくる。	このやり方をとった国は （　　　　　　　　） このやり方を （　　　　　　　　）	 名前 （　　　　　）

（答え）
A：アメリカ／ニューディール政策／ルーズベルト大統領
B：ドイツ／ファシズム／ヒトラー

「では聞きます。ＡとＢのどちらの道を支持しますか？」

(3)　日本にも恐慌があった？

●「日本にも恐慌はあった。ウソ？ホント？」と聞き、教科書、資料等で調べさせる。

発表後、当時の写真（**資料５**）を見せる。飢餓45万人、欠食児童22万人、失業200万人といわれている。

「ここで、２人の有名な人に登場してもらいます」

一人は石橋湛山《たんざん》（時事新報社の論人）、もう一人は石原莞爾《かんじ》（陸軍参謀）。２人の顔写真を提示。

「では、**資料６**で２人の考えを見てみよう」

●**〈対話的学び〉**石原・石橋、どっちを支持する⁉　ミニ討論会

（「石原のやり方だと戦争になると思う」「石原さんのやり方は、日本を元気にさせると思う」など）

石橋支持が多いが、石原支持の意見も現実的でするどい。この２つの意見が、満州事変以降の日本の歴史を見るための視座となる。最後に自分の考えを書かせ、次の時間のはじめに発表させて、「では、実際に日本はどうしたのか」と、満州事変の授業に入る。

資料５　大根をかじる子どもたち

（毎日新聞社、『写真集 子どもたちの昭和史』大月書店より）

資料６　石原莞爾と石橋湛山の主張

留意点

●世界恐慌の経済的理解はむずかしい。実際の人びとの生活のようすから実感させ、そこから「脱出の道」を考え、脱出の道は戦争だけではないことを理解させたい。

●日本の場合も同様で、世界恐慌があったから戦争になったという必然論にならないように、歴史に照らしながら「あなたならどう考えるか」を問い、対話的に展開したい。（倉持重男）

84 満州事変が起こった！
満州事変と軍部の台頭

1時間

ねらい

- **満州事変は誰が引き起こしたのか、ここが授業の核心である。これを教師が経過史的に説明するのでなく、生徒自身に発見させたい。**
- **満州事変が不戦条約等の国際法違反であり、日本による中国侵略の始まりであり、その後の15年にわたる戦争の始まりでもあることを理解する。**

授業の展開

(1) 満州事変って何が起こったの？

●「満州事変って知っていますか？」と、既習知識を活かしながら授業に入る。(「知ってる」「鉄道が……」)「鉄道が……？　見てみよう」

「実際に何が起こったか、写真と当時の新聞（資料1、2）を見てみよう」(「鉄道が爆破された」「戦争になった」)

「『満鉄線爆破』これは何と読む？」(「まんてつせんばくは」)

「爆破された鉄道の名前は？」「場所は？」「どこの国がやったの？」と、当時報道された「事実」を確認し、板書していく。

資料1　満鉄線爆破地点

(江口圭一『十五年戦争小史』青木書店)

資料2　当時の新聞

奉軍満鐵線を爆破
日支両軍戰端を開く
我鐵道守備隊應戰す
我軍北大營の兵營占領
奉天城へ砲撃を開始
駐在二十九聯隊出動

(『東京朝日新聞』昭和6年9月19日)

〈板書例〉

1931年9月18日　満州で事変勃発
＊中国にある日本の鉄道が爆破される。
日本軍 —報復・攻撃・占領（怒る！許せない）→ 中国のしわざ
1932年3月1日　満州国建設

(2)〈対話的学び〉中国・日本どちらの主張を支持？

日本軍は、約半年で満州全土をほぼ占領。1932年3月には「満州国」をつくった。日本は「中国による爆破への報復であり、当然の行為」と主張して多くの軍を派遣した。

一方、「中国政府は訴えた。どこにだと思う？」(「国際連盟」)

「2つの国の主張を整理してみよう」と、用意したカードを貼る。

日　本	国際連盟で激突	中　国
・報復は当然のこと。 ・満州国は独立国。	→ × ←	・日本の軍事行動は国際法違法。 ・満州を返してほしい。

「あなたは、どちらを支持しますか？」と問い、班別で5分討議してから結論を発表。「では、どうなったか見てみよう」

(3)〈主体的学び〉「42 対 1」どうして？——満州事変の真実を追究しよう

国際連盟はリットン調査団を派遣し 1932 年 10 月に報告（**資料 3**）。翌 1933 年 2 月 24 日に国際連盟で、「日本と中国、どちらの言い分が正しいのか」を総会で採択することになった。

「結論は？　42 対……1」(「42 はどっち？」)「中国支持」(「えっ、じゃあ 1 は日本だけ？」)

「日本の軍事行動を正当化することはできない。満州から撤退すべし」これが国際社会の結論だった。(「どうして？」「爆破されたのに？」)「そうですね。どうしてか、調べてみよう」

ここで満州事変の真実を教科書と資料等で調べ、追究する。

資料3　リットン調査団報告（要旨）

デジタル資料集

(4)「事件」は日本軍の謀略だった

調べた結果の発表を受けて、教科書の「これは日本軍の謀略であり」を確認し、その実際のようすを**資料 4** で説明。これを実行した背後には、石原莞爾ら日本陸軍（関東軍）がいた。これは明らかにパリ不戦条約等の国際法に対する違反だった。

資料 4　満州事変は誰が起こしたか

> その夜、大陸の空は暗かった。満天はふるような星空だったが、半円に近い月は、背の高いコウリャンの畑に沈んでいた。
>
> 奉天独立守備隊（島本大隊）の川島中隊に属する河本末守陸軍中尉は、部下数名をつれて「満鉄」線路巡察の名目で奉天市（現・瀋陽市）北郊の柳条溝にむかっていた。一行は、中国・東北軍——張学良軍——の軍事基地である北大営を横にみながら、800 メートルほど南下した地点を選び、河本中尉みずから、「満鉄」線のレールに騎兵用の小型爆薬をセットして、それから、点火した。
>
> 時刻は午後 10 時半すぎ（しかし、10 時 40 分よりは前）、はげしい爆発音とともに、レールと枕木がとびちった。しかし、爆薬量は精密に計算されていたから、爆破はあくまで小爆破であり、現に、その直後、長春を出発した南行列車は、爆破地点を無事通過し、ほぼ定時に到着している。
>
> ——これが日中 15 年の戦争の発端となった柳条湖事件である。ときに、1931（昭和 6）年 9 月 18 日。
>
> （秦郁彦「満州事変はこうして計画された」『別冊知性』1956 年 12 月号における花谷正の証言）

●「支持されなかった日本はどうしたと思いますか？」

1933 年 2 月 24 日に日本は国際連盟を脱退。3 月に正式通告。

「こうして日本は世界から孤立し、中国を本格的に侵略し、1945 年までの 15 年にわたる長い戦争が始まったのです。中国では『抗日 14 年戦争』と言います。この日本の行動をどう考えますか」と自由に振り返り感想を書かせる。

留意点

- 日本軍による謀略で始まった満州事変を、政府も天皇も追認していく。しかし日本国民には真実は知らされなかった。こうして日本の中国侵略が始まった。この事実を立ち止まって追究させ、生徒自身に発見させることが、それ以降の歴史を深く見る目となる。
- 日本が謀略によって占領・建国した「満州国」はその後どうなったか——日本の満州移民政策と関連させて、次時に展開する。　（倉持重男）

85 日中戦争、日本は中国で何をしたか？

南京事件・日本の侵略と加害

1 時間

ねらい

- **「満州事変のあと、日本と中国はどうなったか？」と問いかけ、日本の中国侵略の経過と加害の事実に向きあわせたい。**
- **中国への侵略戦争について、中国人虐殺をすすんで実行した日本人と、それを拒否した日本人から、「日本人は中国で何をしたのか」を自分の問題として考えてみる。**

授業の展開

(1) 満州事変後の日本と中国はどうなったか？

- 「満州事変・国際連盟脱退のあと、日本と中国はどうなったのでしょうか。戦争は終わったでしょうか？」と問いながら地図（**資料1**）を提示する。(「戦争が大きくなった」)「そう、大きくなった。この大きくなった戦争を何といいますか？」

「日中（全面）戦争」という名称を教科書で確認し、1937年7月の「盧溝橋事件」をきっかけに全面戦争に突入したことを理解する。「戦場は？」(「中国」)「攻めてるのは？」(「日本！」)「ということは、日本軍が中国の国土へ行って攻めている。こういうやり方を何といいますか？」教科書にある「日本の中国侵略」に注目させる。

(2) 日本の中国侵略と南京事件――あなたはどう考える？

- 「この戦争の結果、日本は勝ったのでしょうか?」1937年12月の新聞記事と、そのときの日本のようす（**資料2、3**）を見せる。「喜んでるね。日本中がわきかえった」

「では今度は、中国の写真を見てみよう」と、**資料4**を提示。(「怖がってる？」)「なぜ怖がっているんでしょうか。中国で何が起こっていたんでしょうか？」

「日本が勝った裏で大変なことが起こっていた。**資料5**を見よう」「このできごとを何といいますか。教科書で探してみましょう」(「南京事件」)「では、どんな事件なのか、**資料6**を読んでみよう」

(3) 虐殺した日本人と拒否した日本人――あなたはどう考える?

- 「でも、こういう人もいました」と、**資料7**を読ませる。

こういう行動は「非国民」としていじめられた。「あなたは

資料1　日本の中国侵略

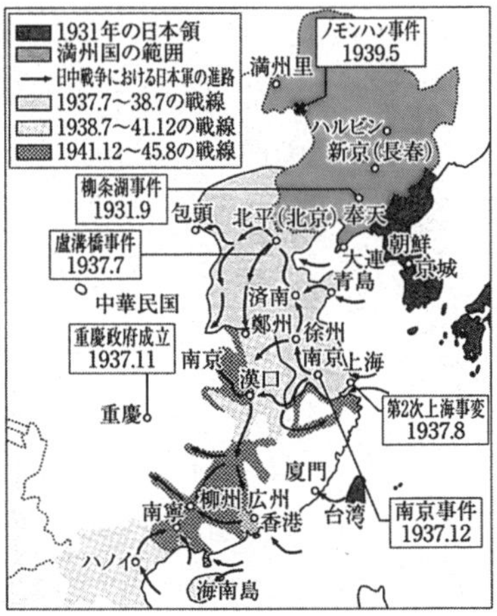

（『グラフィックワイド歴史』東京法令出版）

資料2　南京陥落を伝える新聞記事

南京南側全城壁に日章旗翻る

潮の如く城内へ殺到

凄絶・暗夜の大市街戦

敵の二個師全滅

悽愴！最後の姿

殘敵なほ死物狂ひ

和平門占領

紫金山を火攻

（『東京朝日新聞』1937年12月13日）

資料3　南京陥落を祝う行列

資料4　日本兵におびえる中国農民

資料5　南京虐殺のようす

（資料4・5とも村瀬守保『私の従軍中国戦線』日本機関紙出版センター）

資料6　南京事件生存者　夏淑琴さんの証言

　母は日本兵が家の中まで侵入してくるとは思わなかったので、1歳の妹を抱きかかえてテーブルの下に隠れていました。私もびっくりして震えながらテーブルの下にもぐりました。が、母は日本兵がくるとわかると私をテーブルの下から引き出して別の部屋に押し出しました。そこで私は妹と祖父母と一緒になって隠れていました。

　やがて母のいた部屋から恐ろしい叫び声と悲鳴が聞こえてきました。後で分かったことは、日本兵は母から1歳の赤ん坊を取り上げ、壁に投げつけて殺してしまったのでした。しばらくすると母の部屋から声がしなくなりました。

　やがて日本兵は私たちの部屋に入ってきました。部屋に侵入してくると祖父母をピストルで撃ち殺しました。それから日本兵は姉2人を引きずり出して乱暴しました。私と妹は怖くて大声でただただ泣き叫びました。その声がうるさかったのか、私は日本兵に三カ所刺され、気を失いました。その傷はいまでも体に残っています。

（笠原十九司『体験者27人が語る南京事件』高文研より。全文はデジタル資料集に収録）

資料7　虐殺を拒否した日本兵

デジタル資料集

この行動を支持しますか」と問い、感想を書き発表させる。

(4)　日中戦争その後――日本は勝てたか？

- 「こうした日本の侵略は成功したと思いますか？」資料8を提示して考えさせる。(「思わない」「死者が増えてる」)「なぜだろう？」

中国は「抗日民族統一戦線」を結成し、徹底抗戦に出た。日本は1938年「国家総動員法」を制定。こうして日本の中国侵略戦争は泥沼化していった。

資料8　日中戦争の日本側戦死者

年次	動員総数	対男子人口比	戦死者数
1937年	1,078,000	3.1%	12,000
1938年	1,289,000	3.7	49,000
1939年	1,419,000	4.0	42,000
1940年	1,683,000	4.8	33,000
1941年	2,391,000	6.9	28,000

（原朗「戦時統制経済の開始」『岩波講座日本歴史20』岩波書店による）

留意点

- このテーマは、時間的な経過を追う授業になりがちだが、『体験者27人が語る南京事件』(高文研）や『華北戦記』(朝日文庫)『南京事件を調査せよ』(文藝春秋）などの実録を使って、日本の侵略と虐殺の事実から、日本が中国で何をしたか考えさせたい。虐殺の厳密な人数の当否ではなく、虐殺のリアルな事実と向きあいながら考えたい。
- 民間人の殺害を拒否した日本兵の記録もある。その事実も提示しながら、平和への希望と生き方について、自分はどう考えるか、自分ならどうするか、当事者意識をもって考えさせたい。　　　　（倉持重男）

▶▶ NHK 戦争証言アーカイブス
www2.nhk.or.jp/archives/sensou/

86 ハンナのかばん
第二次世界大戦

1時間

ねらい

- **ドイツによるポーランド侵略をきっかけにして、第二次世界大戦が始まったことを理解する。**
- **ナチスがおこなったユダヤ人虐殺について、なぜそんなことが起こってしまったのかを考える。**

ワークシート（6-86）

授業の展開

(1) アウシュビッツとはどんなところか

●資料1を提示し、「これは何でしょう」と問う。

「この写真を撮った場所の名前を言うので、地図帳で場所を確かめてください」と言い、「オシフィエンチム」の名を告げる。生徒たちは索引を使って調べる。帝国書院発行の地図帳には、「アウシュビッツ強制収容所跡」との記載がある。アウシュビッツの地名を、『アンネの日記』などで知っている生徒もいる。

「ここはポーランドの領土ですが、強制収容所をつくったのはドイツです。なぜなのか、教科書で確認しよう」

教科書で第二次世界大戦が始まった際の記述を読み、ドイツがポーランドへ侵攻したこと、その後ヨーロッパのかなり広い範囲を支配したことを確認する。ナチスはヨーロッパ各地に強制収容所をつくり、そこに多くのユダヤ人を収容し、虐殺していったことを説明する。強制収容所のなかでも最大のものがアウシュビッツである。

・アウシュビッツの写真（資料2～4）を提示して説明。貨物列車に押し込められて連れてこられた人たちは、強制労働をさせる人と、そのままガス室送りにする人に分けられた。衣服や荷物はすべて没収。

・連れてこられた人たちのなかには子どももいた。13歳のハンナ・ブレイディ（資料5）もその一人である。

(2) ハンナ・ブレイディの生涯

ワークシートを配布し、資料6でナチスのユダヤ人迫害政策を確認する。年表から、かばんの持ち主であるチェコ在住のハンナも家族が次々と連れ去られ、最後は自身もアウシュビッツに送られて殺されたことを確認する。ナチスによって虐殺されたユダヤ人は約600万人、そのうち150万人が子どもだったといわれる。

資料1　アウシュビッツ強制収容所に残された山積みの靴

資料2　ビルケナウの入口

資料3　没収されためがね

資料4　没収されたかばん

ほか写真7枚をデジタル資料集に収録。

資料6　ナチス・ドイツがつくった規則（一部）

- ・ユダヤ人は、決められた時間にしか外出してはいけない。
- ・ユダヤ人は、外出するときは、かならず胸にユダヤ人のマークを縫い付けた服を着なければならない。
- ・ユダヤ人は、決められた店でしか買い物をしてはいけない。
- ・ユダヤ人は旅行をしてはいけない。（自分の住んでいる町から出てはいけない。）
- ・ユダヤ人は、自分がどれくらい財産を持っているかをすべてナチスに報告しなければならない。
- ・ユダヤ人は、映画館に入場してはいけない。
- ・ユダヤ人は、公園に入ってはいけない。
- ・ユダヤ人は、スケート場に入ってはいけない。
- ・ユダヤ人の子どもは、学校に通ってはいけない。

資料5　ハンナ・ブレイディ

（© Kokoro）

・さまざまな迫害政策がとられるなか、クラスで唯一のユダヤ人だったハンナ。以前は仲良く遊んでいた友達が一人また一人とハンナから離れていき、ついに親友のマリアまでもが、「ハンナと遊んではいけない」と母親から言われ、遊びに来なくなったというエピソードに重点を置く。

(3) ハンナを死に追いやったものとは？

●「ハンナはなぜ、このような目にあわなければならなかったのだろうか。ハンナを死に追いやった原因とは、どんなことだろうか」と問い、班で話しあわせる。

「今後の世界で、このようなことが起きないようにするためには、どんなことが必要だろうか」と問い、意見を書かせ、何人かに発表させる。

留意点

●ハンナの生涯については、『ハンナのかばん――アウシュビッツからのメッセージ』（カレン・レビン著、石岡史子訳、ポプラ社）がわかりやすく、詳しい。NPO法人ホロコースト教育資料センター（東京・新宿）では、ハンナのかばんを題材としたパネルやDVDの貸し出しや出前授業もおこなっている。

●ホロコーストという大きな問題だからこそ、特定の個人に焦点を当てて考えさせたい。そうすることによって、より切実な問題としてとらえやすくなる。ハンナは13歳で亡くなっており、中学生にとっては親近感をもってとらえやすい人物だろう。特に、ナチス占領下で、以前は普通に接していた友人たちが親の影響などから離れていくところは、差別とはどんなことかをとらえやすい部分だと思う。　（岩田彦太郎）

カレン・レビン『ハンナのかばん』
（石岡史子訳、ポプラ社）

▶▶**NPO法人ホロコースト教育資料センターKokoro**
www.npokokoro.com

87 マレー半島の日本軍
アジア太平洋戦争

1時間

ねらい

- **真珠湾攻撃と同時に、マレー半島にも日本軍が上陸したことを理解する。**
- **日本軍が東南アジアで中国系住民の虐殺をおこなったことを証言から読み取らせ、その理由を考えする。**

授業の展開

(1) 真珠湾とコタバル

資料1の写真から、1941年12月に日本軍がハワイを奇襲攻撃して、アメリカと開戦したことを確認する。

資料1　真珠湾攻撃

一方で、その約1時間ほど前にマレー半島にも上陸していることに気づかせる。教科書には、アジア太平洋戦争の広がりを示す地図が掲載されているので、それを活用したい（**資料2**）。本文にも「マレー半島に上陸」とあるので、そこに注目させてもよい。

コタバルから上陸した日本軍が短期間のうちにシンガポールまでを占領（**資料3**）したことを、黒板にマレー半島の略図を描きながら説明する。当時イギリス領であったマレー半島だが、イギリス軍は欧州でのドイツとの戦争が熾烈をきわめていたため、十分な兵力を割けなかった。

資料3　シンガポールを占領した日本軍

(2) 鄭来《チャンロイ》さんの証言

- イギリス軍とはあまり大きな戦闘をおこなわずに済んだ日本軍。「では実際には、どんな戦争をしたのだろうか」と問い、プリント（**資料4**）を配って証言を読む。読んだあとで、占領したマレー半島各地やシンガポールで日本軍がこのような住民虐殺をおこなっていたことを確認する。

資料2　アジア太平洋戦争の展開

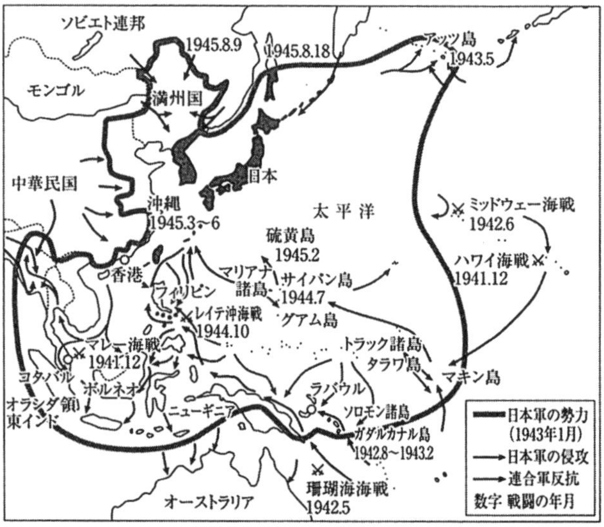

（歴教協編『日本社会の歴史（下）』大月書店）

(3) 日本兵は、なぜ……？

- このとき住民虐殺をおこなった日本兵は、戦争に行く前は、ごく普通の一般市民であった。「では、なぜ日本兵たちは、このような行動をしたのだろうか」と問う。

その場で何人かに意見を述べさせてもよいが、できれば紙に意見を書かせ、そ

資料４　鄭来さんの証言

> それは、1942年の旧暦のお正月の頃のことでした。そのとき私は６歳でした。村に日本兵が来るというので、みんなでかくれることになりました。（中略）すると、その宿舎に、知り合いのおじさんがやってきました。なんと、おじさんは３人の日本兵を連れてきていたのです。おじさんが、「大丈夫ですよ。この人たちは話をすると言っているから。宿舎の方に戻りましょう」と言ったので、みんなそれを信じて、おじさんのあとについて、最初の宿舎へと戻ることになりました。（中略）そして、一列に並べと言われて、横一列に並べられ、正座をさせられました。そのとき母は生後６カ月の弟を抱いていました。一人の日本兵が、母の腕から６カ月の赤ちゃんを奪い取り、空中に放り投げました。もう一人の日本兵が落ちてくる赤ちゃんを下から銃剣で突き刺しました。そして足で赤ちゃんを踏みつけて、銃剣を引き抜きました。あたりは血だらけになりました。それから日本兵は座らせた人たちを背後から次々に銃剣で刺していきました。私は、自分の弟が放り投げられて突き刺されて血だらけになったのを見て、ショック状態になっていました。そのとき、後ろから銃剣で刺された気がしました。私は背中の左上を刺され、銃剣は胸まで貫きました。倒れたところを、左脇あたりを２回刺されました。そこで私は気を失いました。
>
> （聞きとりから構成）

れを教師がいくつかのグループに分けてプリントにして、次時に討論させたい。「それが戦争に勝つためと信じていた」「命令に逆らえずに仕方なく」「出世のため」「戦場でストレスがたまっていた」「教育のせい」「アジアの人びとを見下していた」などの「仮説」が出されるだろう。

資料４は1998年８月13日、「マレー半島南部戦争追体験の旅」参加者による聞き取り（ネグリ・センビラン州レンバウ県ペダスにて）。

留意点

- 鄭来さんの証言を含め、マレーシアにおける華人虐殺については、高嶋伸欣・関口竜一・鈴木晶『旅行ガイドにないアジアを歩く　マレーシア』（梨の木舎）が詳しい。
- 真珠湾攻撃・日米開戦についてはよく知られているが、その約１時間ほど前に、当時イギリス領であったマレー半島のコタバルから日本軍が上陸したことはあまり知られていない。対米戦だけに目を奪われると、この戦争の本質がアジアへの侵略戦争であったことが見えにくくなってしまうので、この事実はきちんとあつかいたい。
- 東南アジアの占領地で日本軍が無差別に住民虐殺をおこなっていたという事実は、当時の軍部が宣伝し、今もなお一部で主張されている「日本の戦争目的は欧米からのアジアの解放であった」とする言説が真実ではないことを裏づけるものである。アジアの人びとと未来をともに切り開いていくうえで、知っておくべき事実である。
- 「日本軍はこんなに残酷なことをした」という事実を中学生に突きつけるだけでは、学習は深まらない。そこで立ち止まって、「なぜ、そんな行動をしたのだろうか」と考えさせることで、戦場や軍隊という組織の中で抑圧されていた一人ひとりの日本兵のありかたに、中学生は思いをはせることになる。それは、人間性を失わせる戦争そのものについて考えることにつながる。

（岩田彦太郎）

88 日本は植民地朝鮮に何をしたか？
皇民化政策・強制連行・日本軍「慰安婦」

1時間

ねらい

- 「皇国臣民の誓詞」から、皇民化政策とは何か考える。
- 強制連行（強制動員、強制労働）の事実を知り、その非人間性について学ぶ。
- 日本軍「慰安婦」(「従軍慰安婦」) の証言から、戦時性暴力とは何かを学ぶ。
- 以上の事柄は、人権問題であり、戦後補償問題につながる現在の問題でもあることを認識する。

授業の展開

(1) 資料1を提示して、「これはどこの国のものでしょう？」と発問する。意見交換しながら、答えが「朝鮮」であることを理解する。

「内鮮一体」のスローガンのもと、朝鮮の普通学校において、毎朝礼時に皇居に向かって遙拝《ようはい》、「皇国臣民の誓詞」を日本語で斉唱させたのである。植民地・占領地の現地住民を強制的に日本人に同化させた皇民化政策（①日本語使用強制＝1938年、②創氏改名＝1939年、③徴兵制実施＝1944年）について、朝鮮人の立場になって考えさせ、意見交換する。

(2) 国家総動員法（1938年）により、朝鮮人強制連行は「募集」(1939.9～1942.1)、「官斡旋」(1942.2～1944.8)、「徴用」(1944.9～1945.8) という国策によって推進された。本土決戦をひかえ労働力が不足すると、朝鮮人は日本全国の鉱山、軍需工場、地下工場・地下壕建設、飛行場建設、疎開工場建設に強制動員され、危険な重労働に低賃金で従事した。

(3) 同じころ、多くの朝鮮人女性が「甘言、強圧による等、本人たちの意思に反して」(1993年「河野談話」) 集められ、日本軍「慰安婦」にさせられた事実に注目する。資料2の石川逸子さんの詩「少女」を読み合わせ、2011年12月にソウルの日本大使館前に設置された「平和の碑」(資料3) からわかることは何か考えさせるために、以下の質問をする。

「『戸外の椅子に すわりつづける少女』は、どこにいるのですか？」(韓国の日本大使館前)

「この少女の出身地はどこですか?」(朝鮮半島。現在の韓

資料1　皇国臣民の誓詞

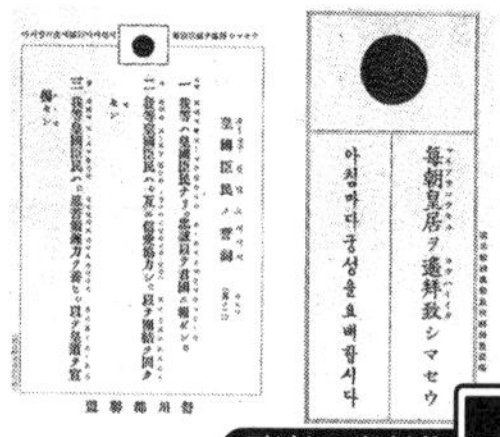
皇國臣民ノ誓詞

一 我等ハ皇國臣民ナリ忠誠以テ君國ニ報ゼン

二 我等皇國臣民ハ互ニ信愛協力シ以テ團結ヲ固クセン

三 我等皇國臣民ハ忍苦鍛錬力ヲ養ヒ以テ皇道ヲ宣揚セン

毎朝皇居ヲ遙拜致シマセウ

아침마다 궁성을 요배합시다

デジタル資料集

資料2　「少女」(部分)

少女　　　石川逸子

戸外の椅子に　すわりつづける少女
秋の日も　真冬にも
さらさらと雪は降り
少女の黒髪に　膝のうえに　降りつもる

あなたは　故郷からはるかに遠い南の地で
爆撃に倒れたのか　飢え死んだのか
あるいは　だまされて連行された
中国の「慰安所」で
日本軍兵士に逆らい　斬られたのか
うつされた性病で病み死んでいったのか

—『慰安婦』ではない　性奴隷でした—
（中略）
なお　地球のあちこちで
起きつづける　あまたの
少女たちへの凌辱に向かって
しっかと目を見開き
雪に濡れながら　すわりつづける
少女の像

(石川逸子『たった一度の物語』花神社)

国または北朝鮮)「この少女のような被害者はどのくらいいるのでしょうか？」(多数だが記録がなく実数不明) 吉見義明『従軍慰安婦』(岩波新書) は、下限は約5万、上限は約20万と推計している。

「詩『少女』と『平和の碑』から、あなたが考えたことをまとめてみましょう」

● 1993年に日本軍「慰安婦」被害者として名乗りをあげた朴永心《パクヨンシム》さん (1921〜2006年) の証言 (**資料4**) に注目し、そのつらい事実に目をむけ、「慰安婦」は朝鮮人女性をはじめ多数の女性の名誉と尊厳を深く傷つけた戦時性暴力であることを理解する。**資料5**を確認して自分の考えをまとめ、意見交換をする。

資料3「平和の碑」の少女像

(韓国挺身隊問題対策協議会提供)

資料5　日本軍「慰安婦」制度とは何か

> 軍「慰安婦」とは、1932年の第一次上海事変から1945年の敗戦までの期間に、戦地・占領地で日本陸海軍がつくった慰安所で軍人・軍属の性の相手をさせられた女性たちのことです。軍慰安所には三種類があります。第一は軍が直営する慰安所、第二は業者に経営させる軍専用の慰安所、第三は民間の遊郭等を軍が一時的に指定して利用する慰安所です。このうち、第一と第二の慰安所については軍の責任は特に重いといえるでしょう。
>
> (吉見義明『日本軍「慰安婦」制度とは何か』岩波書店)

資料4　朴永心さんの証言

● 「日本軍『慰安婦』問題の経過」(**資料6**) を振り返り 、2021年1月、韓国ソウル中央地裁が「慰安婦」被害者への賠償を日本政府に命じる判決を下したことに注目させる。

● 「慰安婦」被害者の生存者15人 (2021年2月現在／韓国政府認定「慰安婦」数238人) の思いに寄り添い、外交の力によってどのようにして被害者の名誉を回復したらよいか意見交換する。

資料6　日本軍「慰安婦」問題の経過

資料7　河野談話

留意点

● 地域に残された朝鮮人強制連行 (強制動員、強制労働) の事実を教材化したい。在日朝鮮人男性は炭鉱や土建業に、在日朝鮮人女性は紡績業に多く従事していたので、その視点から調査するとよい。

● 日本軍「慰安婦」制度をつくった動機は、①強姦の防止、②性病蔓延防止、③防諜 (スパイ防止)、④「性的慰安」の提供である。日本軍の関与に関しては、1993年の「慰安婦関係調査結果発表に関する河野内閣官房長官談話」(「河野談話」、**資料7**) においても、「慰安所は、当時の軍当局の要請により設営されたものであり、慰安所の設置、管理及び慰安婦の移送については、旧日本軍が直接あるいは間接にこれに関与した」とはっきりと記されていることを確認したい。

● 日本軍「慰安婦」問題は教える側の知識や社会認識が問われるので、すべての授業内容をあつかう必要はない。できることから取り組んでほしい。

(中條克俊)

「慰安婦」の呼称について

従来、教科書記述などでは「従軍慰安婦」であったが、「従軍」に自ら志願してという意味合いがあるとして、たんに「慰安婦」、または日本軍「慰安婦」、日本軍性奴隷等々も呼称として使われている。本授業案では、一般化しつつある日本軍「慰安婦」を用いた。

▶▶アクティブ・ミュージアム　女たちの戦争と平和資料 (wam)
https://wam-peace.org/

89 ゾウはなぜ殺されたか
戦時下の国民生活

1 時間

ねらい

- **子どもの大好きな動物園のゾウが戦時下どうなったかを追究する。「殺されてかわいそう」という感想だけでなく、なぜ殺されたかを予想する。**
- **当時の雑誌を使って、敗退を続けながらも、あくまで政府は国民の戦意を高揚させようとし、国民は窮乏生活を強いられたことを学ぶ。「なぜ戦争を続けたのか」という大きな疑問をもたせ、追究のきっかけとする。**

ワークシート（6−89）

デジタル資料集

授業の展開

(1)「かわいそうなぞう」と黒板に書き、「聞いたことがありますか」と聞く。(「小学生のときに読んだ」「動物園のゾウが殺されちゃった」)

・1943 年 7 ～ 8 月、上野動物園の動物たちが殺された、そのときのようすについて、ワークシートを読む。

● 「かわいそうなところに線を引こう」と指示する。(「じゃがいもに毒が入っていた」「いつものように芸をしてもえさがもらえなかった」「水を与えられずに死んだ」など)

・1943 年 8 月 16 日以降、上野動物園のゾウをはじめ 27 頭に及ぶ猛獣が処分されたことを話す。次に、発問する。

「ゾウがそうやって殺されたのは他にも理由が考えられるのではないか。この時代のことを考えて予想してみよう」と、生徒の「常識」に挑戦する。

(2)「ゾウはなぜ殺されたのか」を学習班で話しあい、仮説を立てる。

● 「では、どの予想があたっているか調べよう」と、仮説を検証する形で、資料を見ながら戦時下の国民生活を学ぶ。

「1943 年はどんな年だろう」と問い、戦争の経過（資料 1）を見る。(「最

資料 1　アジア太平洋戦争関連略年表

1941年	12月 8日	真珠湾攻撃
1942年	2月15日	シンガポール占領
	6月 5日	ミッドウェー海戦に敗れる
1943年	2月 7日	ガダルカナル島撤退
	5月29日	アッツ島日本守備隊全滅
	11月25日	マキン、タラワ両島守備隊全滅
1944年	7月 7日	サイパン島日本軍全滅
1945年	3月	このころより空襲激化
	3月10日	B29 による東京大空襲
	3月26日	硫黄島の日本軍全滅

資料 2 『週刊少国民』の表紙

デジタル資料集

初の半年は優勢だったが、あとは負けつづけた」）

ゾウが殺された昭和 18 年（1943 年）の児童雑誌『週刊少国民』を見る。

・昭和 18 年（1943 年）6 月 27 日号（大日本海洋少年団）

・昭和 18 年（1943 年）9 月 26 日号（訓練中の少年防空兵）（**資料 2**）

日本が敗れた年、昭和 20 年の雑誌『主婦之友』（**資料 3**）を見る。

・表紙「勝利の体当たり生活」　・記事「毒獣アメリカ女」・欄外「アメリカ兵をぶち殺せ！」「米鬼一匹も生かすな！」「米兵を生かして帰すな！」

1945 年 3 月 10 日の東京大空襲（死者 9 万人近く、焼失家屋約 27 万戸）直後の『写真週報』（**資料 4**）を見る。

・表紙「早く焼跡を片づけて決戦農園にと意気込む東京都神田区内某隣組の人々」の写真と「焼跡で育つ春まき野菜」の解説

・「のこらず耕せ　くまなく蒔《ま》け　皇土こぞりて　勝利の糧の母たらん」

・空襲の 1 週間後、焼跡を巡幸する天皇の写真（**資料 5**）

●「疑問や感想を出しましょう」

(3) ゾウはなぜ殺されたのか、再び問いかける

殺された動物たちのお葬式（殉難猛獣慰霊法要）がおこなわれ、動物たちは「時局捨身動物」と呼ばれたことや、その意味を話す。「動物の処分を知った当時の子どもの作文」（**資料 6**）を読み、感想を書く。

資料 6　当時の子どもの作文

> 僕は昨夜の夕刊を見て、思わず顔をそむけずにはいられませんでした。物心つく頃から、絵本や雑誌に出ているライオン、トラ、クマ、ゾウなどの動物にどんなに心を引かれたことでしょう。（中略）ところが、昨夜の新聞で見た文章は、見るに忍びなかったのです。僕でさえこの様に淋しい気持ちです。まして何十年と手塩にかけられて来た方々のお心は察して余りあるものです。戦いのためとは言いながら本当にかわいそうです。そしてこれらの動物たちを殺させた米、英を討たねばなりません。軍人を志望している僕です。戦場でこの殉国動物の仇討をしてやりたいと思います。そうすれば、僕を喜ばしてくれた動物も喜んでくれると思います。
> （『上野動物園百年史』より）

留意点

●子どもの作文を参考に、国民に覚悟を迫る手段として動物たちを処分したことに気づかせる。実際に昭和 20（1945）年になると「一億特攻」が叫ばれ、国民は上陸する米兵に立ち向かうことを要求される。

●わら半紙で作られた 16 ページ程度の雑誌など、物資の不足が明らかな現物資料を生徒に見せるなどして、「なぜ戦争を続けたのだろう」という大きな疑問を追究することが大切な課題である。第二次世界大戦で日本の死者数（軍人 230 万人、民間人 80 万人）の半数以上が、戦争末期の 1945 年に死亡している。

（小堀俊夫）

資料 3 『主婦之友』昭和 20 年 1 月号

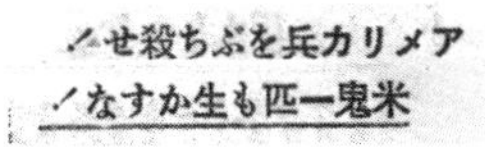

資料 4 『写真週報』昭和 20 年 3 月 28 日号

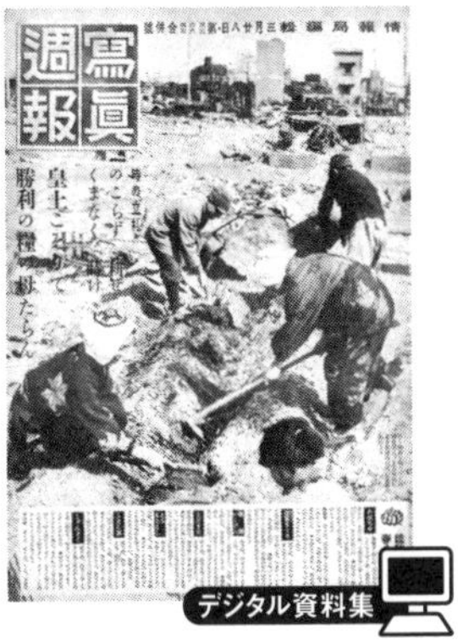

資料 5　焼跡を巡幸する天皇（同上『写真週報』）

「一天万乗の大君が焦土に玉歩を進めさせ給いしことは畏例のことに拝し奉り誠に畏き極みである。我等一億斉しくこの御雄心に威奮し、愈々闘魂を固くして醜敵を撃ち、神州を護持し、誓って聖慮を安んじ奉らねばならぬ。」

90 住民を死に追いやったもの
沖縄戦と強制集団死

1 時間

ねらい

- アジア太平洋戦争では、「国体護持のための捨て石」「軍官民共生共死の一体化」という考えが強制された。沖縄戦において人びとがどのような状況に追いつめられ、亡くなっていったのかを学ぶ。
- 沖縄戦体験者の証言をていねいに読みとり、当時の住民が置かれた状況を探らせ、「軍隊は住民を守らない」という事実について自分の考えをもつ。
- 「集団自決」と「強制集団死」の意味のちがいを考える。

授業の展開

(1) 沖縄戦でもっとも犠牲になったのは？

- 「沖縄では、日本の他の地域とちがって、アメリカ軍が上陸し、地上戦がくり広げられました。資料1を見て、沖縄戦でもっとも犠牲になったのはどのような人びとだったのか考えよう」

(2)「集団自決」を強いられた沖縄県民

「沖縄に米軍が乗りこんできたのは 1945 年 3 月末です。最初にやってきたところは、渡嘉敷《とかしき》島・座間味《ざまみ》島という小さな島でした。ここで大勢の人が『集団自決』と呼ばれることによって亡くなりました。どういう意味かわかりますか」(「自決って、自殺？」)

- 「『集団自決』って、自分で自発的に死んだということだけど、資料2は、その犠牲者の数を年齢別に示したものです。どんなことがわかる？」(「135 人のうち 10 歳以下が 47 人もいる」「小さい子どもが自分で死ぬはずない」)

(3)「集団自決」を体験した人の話から考える

- 「では、渡嘉敷島で集団自決を体験した金城重明さんの文章（資料3）を読んで考えましょう。自決に使うために配られていた武器は何でしょう」(「手榴弾」)「その武器を配った軍隊は、どんな指示を出したのですか」(「敵に遭遇したら 1 個は敵に投げこみ、他の 1 個で自決しなさい」)

「なぜ軍隊は、捕まることを認めなかったのでしょう。当時、アメリカ軍に捕まった沖縄の住民のなかには、その後日本軍に見つかって殺された人もいます。沖縄住民の多くが、飛行場や陣地をつくることに協力していたことをヒントに考えてみましょう」(「沖縄の人は軍の機密を知っているから、捕まればその機密を漏らすかもしれないと思われていた」)

資料 1　沖縄戦の戦没者の内訳

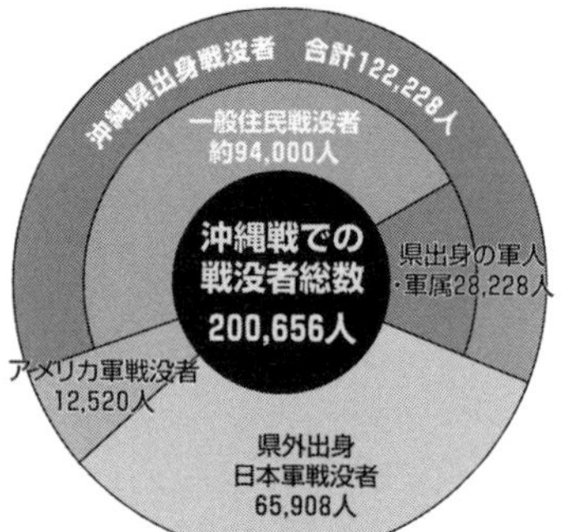

「沖縄では、一般住民がすべての死者の半分近くを占めています。『鉄の雨』と呼ばれるような艦砲射撃（*）や火炎放射器での攻撃のようなアメリカ軍による被害もありましたが、日本軍によって追い詰められて死に至る被害もたくさんありました」

*艦砲射撃とは、アメリカの軍艦から大砲で射撃を行うこと　（沖縄県援護課資料より）

資料 2　年齢別の犠牲者数（座間味島）

・男は 46 人　女は 89 人
・18～50 歳の男は 9 人しかいない

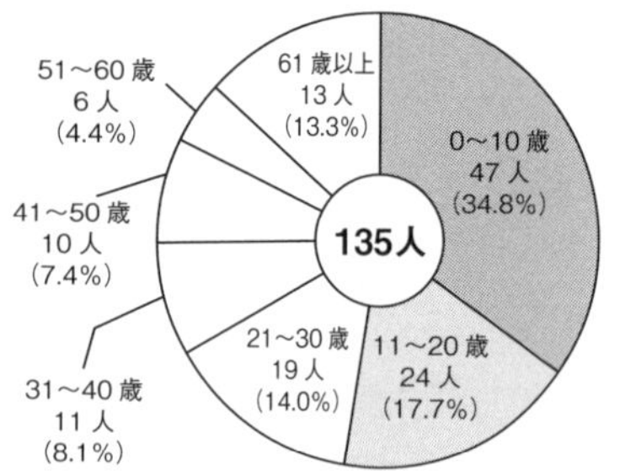

（琉球新報社『沖縄戦新聞』2005 年 3 月 26 日付）

資料3　渡嘉敷島の生存者の証言（金城重明さん、当時16歳）

……いよいよ3月8日の朝を迎えました。村長の指揮のもとに、住民は一カ所に集結しました。重大な出来事、すなわち死が待っているであろう、ということは、だれにも予感されていました。

……村の青壮年と防衛隊員に配られた手榴弾が、1個ずつ手渡され、その周りに家族・親戚が10人、20人とむらがりました。私どもの家族には手榴弾がありませんでした。炸裂音と共に悲鳴が上がります。しかし、手榴弾を抜いて発火させようとしても、操作ミスも手伝って多くが不発に終わりました。従って、手榴弾による死傷者は少数にとどまったのです。そのことが、逆に恐ろしい惨事をまねく結果になろうとは、誰が想像しえたでしょう。

私ども住民は、愛する肉親を手にかけていきました。地獄絵さながらの阿《あ》鼻《び》叫喚《きょうかん》が展開していったのです。カミソリやカマで頸動脈や手首を切ったり、ひもで絞め殺したり、棍棒や石で頭をたたくなど、戦慄すべき様々な方法がとられました。母親に手を貸したとき、私は悲痛のあまり号泣しました。

（金城重明『集団自決を心に刻んで』高文研をもとに一部編集）

●「当時の人びとは、日本軍などからどんなことを言われていたんだろう」（「鬼畜米英」「捕まるのは恥だから、日本人ならいさぎよく死ね」）「『生きて虜囚《りょしゅう》の辱《はずかし》めを受けることなかれ』という「戦陣訓」の言葉（資料4）は、子どもたちにも教えられていました」

「座間味や渡嘉敷で死んだ子どもたちは、どうして死んでいったのかな？」（「捕まるくらいなら、親が楽にさせようと」「自決じゃない、死にたくないのに軍隊に追いつめられたんだ」）

「自分の家族を殺さなければならなかった人たちは、どんな気持ちだっただろう」（「もし、生きて捕虜になるなという命令がなかったら、どれだけの命が助かっただろう」「日本軍がいなければと思うと悲しい」「ふつう教育だけで人びとが集団死するだろうか？　やはり軍隊の命令があったんじゃないか」「自決とは自殺のことだけど、沖縄戦で死んだ人は、ほぼ『殺し』だと思う。強制的に死ねと言われているだけだ」など）

資料4　戦陣訓

留意点

●「生きて虜囚の辱めを受けることなかれ」という戦陣訓や、どのような軍国主義教育がおこなわれたかを提示し、当時の人びとが軍隊と同じような考えをもたざるをえない状況にさせられたことを紹介する。

●日本軍を「友軍」と呼び、自分たちを助けてくれると信じていた沖縄の住民にとって、兵隊から聞く「鬼畜米英」の話や渡された手榴弾は、非常に重い命令と受けとめられたことを想像させたい。「日本国─日本軍─第32軍─各守備隊」というタテの大きな構造や、「軍官民共生共死の一体化」などの方針が、軍の自決命令につながったことに気づかせたい。

●沖縄戦でくり広げられた凄惨なできごとは、住民虐殺・壕追い出し・食料強奪・スパイ視虐殺・強制移住によるマラリア・強制集団死など、枚挙にいとまがない。自分たちの住む場所が戦場になることが何を意味するのかを考えさせるうえで、多くの証言がある。それらを使って教材にふくらみをもたせ、沖縄戦の実相にせまらせたい。　（平井美津子）

参考文献

吉浜忍ほか編『沖縄戦を知る事典』（吉川弘文館）

▶▶沖縄県平和祈念資料館

www.peace-museum.okinawa.jp/syuuzouhin_tosyo/siryou_syoukai2.html

「資料紹介」の「沖縄戦記録写真」のなかには貴重な写真が数多くある。電子黒板に大きく映して見せたり、生徒のタブレットに映して班活動で使いたい。

91 原爆はなぜ落とされたのか

1時間

ねらい

- 被爆者の視点に立って、原爆の被害とはどのようなものなのか、「爆風」「熱線」「放射線」の３点から理解する。
- なぜ原爆は投下されたのか、また、やむをえないことだったのかについて、日本人側・アメリカ人側の両立場から考え、思考を葛藤させながら真理を追究しようとする態度を育てる。

授業の展開

(1) 原爆の被害とはどのようなものか？（日本人側から見た原爆）

●被爆者が当時見た風景を描いた**資料１**を提示する。

「これはどこの何の絵か？」「絵を見て、気づいたことは？」と質問する。

原爆による爆風、熱線、放射線の被害を写真（『組写真ヒロシマ・ナガサキ』広島平和教育研究所出版部）で順番に紹介しながら、原爆被害の規模と非人道性をとらえさせる。

被爆者の視点から被害を考えさせるため、被爆者の証言（教科書や資料集で掲載されているもの）を紹介する。次に、被爆二世の史樹くんについて描かれた絵本『ぼく生きたかった』（**資料２**）の一部を読み聞かせる。史樹くんが亡くなった直後に、お父さんが言った「昨日まで確かに史樹は、生きていた。そして、確かに、私と妻の子であった。しかし今は、もう、ヒロシマの子であり、みんなの子供であった」という言葉にどのような思いが込められているかを想像させ、意見交流させる。平和への思いや、無理やり自分を納得させようとしている悲痛な思いなど、さまざまなとらえ方をさせるなかで、残された家族の思いを想像させる。この意見交流を通して、原爆があの日だけの被害ではなく、今も被爆者やその家族を苦しめつづけていることに気づかせていく。

資料１　被爆者の描いた絵

（上；中野健一作、下：加藤義典作）
（広島平和記念資料館所蔵）

(2) 原爆投下はやむをえなかったのか？（アメリカ人側から見た原爆）

原爆投下に関して、アメリカ人側の認識はどうなっているかについて、生徒に予想させる。トルーマンの言葉（**資料３**）や、アメリカで発行されていた原爆切手の写真（**資料４**）を提示し、アメリカでは、原爆は戦争を早期に終わらせ、戦争が続くことでさらに失われたであろう命を救うために必要であったという考え方があることを紹介する。また、真珠湾攻撃の

資料２　『ぼく生きたかった』

（『ぼく生きたかった』労働教育センター）

写真を提示して既習事項を振り返らせ、アメリカ人の中にリメンバー・パールハーバー（真珠湾を忘れるな）という考えがあったことをとらえさせる。

このようなアメリカ人側の認識についてどう考えるか、生徒どうしで意見交流させ、思考に対立と葛藤を生みださせる。（「確かに真珠湾攻撃を先にしかけたのは日本だ」「アメリカ側の意見にも一理あるが、一般市民の町に原爆という非人道的な大量殺戮兵器を落とす理由にはならない」「原爆を投下しなければ戦争が長引き、さらに犠牲者が両国ともに増えたという意見は無視できない」など）

(3) なぜ二度も原爆を落としたのか？

原爆投下の前後の年表（**資料5**）を提示し、疑問に思うことを出させる。生徒から出た複数の疑問の中で、「なぜ、アメリカは二度も原爆を落としたのか」という疑問をピックアップする。年表や教科書に掲載されている情報を読み取らせ、生徒どうしで話しあわせながら追究させる。

資料5　原爆投下前後の年表

1945年	2月4日	ヤルタ会談（戦後処理、ソ連の対日参戦などを話しあう。～2月11日）
	5月8日	ドイツ降伏
	7月16日	アメリカが原爆実験に成功
	7月17日	ポツダム会談（～8月2日）
	7月26日	ポツダム宣言
	7月30日	鈴木貫太郎首相がポツダム宣言を黙殺
	8月6日	広島に原爆投下
	8月8日	ソ連が中立条約を破棄し日本へ宣誓布告
	8月9日	長崎に原爆投下
	8月15日	日本降伏
1949年	4月4日	北大西洋条約機構（NATO）が成立
1955年	5月5日	ワルシャワ条約機構が成立（以降、冷戦が本格化していく）

戦後、冷戦が起きたことから、アメリカがソ連よりも前に日本を降伏させ、国際的に優位に立とうとしたことに気づかせる。

●最後にあらためて、原爆投下はやむをえなかったのか、意見を書かせる。

資料3　トルーマン大統領の議会での演説（1945年10月3日）

原爆投下が、「戦争の終結を早めた」ことは確かであり、それによって、数千万人のアメリカと連合軍兵士の生命が救われた。

資料4　原爆切手（1994年）

留意点

● (3)の追究学習については、生徒が追究する時間を多く確保したいため、時間的に余裕があれば、次の時間に1時間使ってもよい。また、必要に応じて、冷戦に関する簡単な資料を準備し配るとよい。

●アメリカが原爆を落とした他の理由として、二種類の原爆の実験として広島、長崎に落としたという説を補足できるとよい。

●この後の展開として、「原爆投下はやむをえなかったのか」について、生徒どうしで意見を発表しあったり、「原爆投下は誰の責任が重いのか」について自由に意見を出させ、討論させたりなどすれば、生徒の戦争に対する認識が深まり、対話的で深い学びにつながる。　（高橋勝利）

▶▶広島平和記念資料館　平和データベース
https://hpmm-db.jp/picture/
「市民が描いた原爆の絵」が閲覧できる。

参考文献

河原和之『中学社会科授業成功の極意』（明治図書）
田中龍彦『討論する歴史の授業⑤』（地歴社）
中沢啓治『はだしのゲンはヒロシマを忘れない』（岩波ブックレット）
名越謙蔵・操（文）矢野洋子（絵）『ぼく生きたかった』（労働教育センター）

学習活動

「平和のバトン」を引き継ぐ
戦争体験を聞く、伝える

ねらい

- **身近な人やモノから戦争の実相を知ることによって、自分の生活と歴史の学習を重ねあわせる。**
- **自分が聞いたり、調べたりしたことを「伝える」ことで、戦争体験の継承者となる。**

授業の展開

(1) 夏休みの課題として「戦争体験の聞き取り」をおこなうことを説明する。

「第二次世界大戦が終結して76年が経ちました。戦争を体験した方から直接お話を聞くことができる最後の世代として、体験を聞いたり戦争遺跡を訪ねたりすることで、戦争と平和について考えてみませんか」

(2) 調べ方の提示

①体験者のお話を直接聞く（これが一番望ましい）。

家族や親戚から戦争体験を聞く。戦後すぐの生活体験でもよい。

②地域の戦争展や資料館で、戦争体験者のお話を聞く。前もって地域の戦争展や資料館の紹介をする。

③体験者のお話を間接的に聞く。

・自分の母親から祖母の体験を聞くなど、戦争体験者から聞いた内容を話してもらう。

・テレビ番組を見て内容をまとめる。録画してまとめるとよい。前もってドキュメンタリー番組やドラマ、ニュース番組などの放送予定を紹介する。

④戦争遺跡・戦争遺物を調べる

・地域の戦争遺跡・遺物について、現地に行って調べ、さらに本や地域の方へのインタビューを加えるとよい。近隣の戦争遺跡・遺物を紹介する。

・帰省先、旅行先の資料館（広島平和記念資料館、予科練平和記念館、山口回天記念館、ひめゆり平和祈念資料館など）でも学習できる。

(3) 記録内容、質問例の提示（→右枠参照）

(4) お話を聞く際の心構えの提示

「戦争の経験は、とても過酷な経験です。二度と思い出したくないようなつらい経験をされた方もいます。それでも、『戦争をくりかえさないために』と、若者に期待をかけてお話ししてくださる方もいます。お話を聞くときは、失礼のないようにしっかりと聞きましょう。そして、心で受けとめて、感謝の気持ちを伝えましょ

参考文献・資料

東京都歴史教育者協議会編『新版　東京の戦争と平和を歩く』（平和文化）

▶▶NHK アーカイブス

www.nhk.or.jp/archives/

▶▶NHK スペシャル

www.nhk.jp/p/special/ts/2NY2QQLPM3/

▶▶ETV 特集

www.nhk.jp/p/etv21c/ts/M2ZWLQ6RQP/

〈記録しておくこと〉

・話してくださった方のお名前、自分との関係
・話してくださった方の年齢、終戦時（1945年）の年齢
・お話を聞き終えて考えたこと、印象に残ったこと　など

〈質問の例〉

・終戦のとき、どこで何をしていましたか。
・身近な方のなかに、戦争で亡くなった方はいますか。
・戦争中や終戦直後の記憶を教えてください。
・戦争や平和について学んでいる中学生にメッセージをください。

う」と話す。

(5) まとめ方の提示

新聞形式、書式自由など、生徒の状況に合わせて指示を出す。

(6) 活用方法

授業で発表会をおこなう、校内の作品展で掲示するなど、発表の場をつくる。2年生の夏の課題であれば、3年生の1学期の歴史学習で、生徒が聞いたこと、見たもの、調べたことにふれながら授業ができる。生徒が作成した新聞をそのまま印刷して、資料として使用することができる。

(7) 活動を振り返って

「おじいちゃんが人間魚雷『回天』で出撃する予定の前日に戦争が終わった。1日ずれていたら自分はこの世にいない」というクラスメイトの話、おばあちゃんから聞いた「戦争に行けば死ぬ、残っていても死ぬ、戦争すれば死ぬ」という言葉、友達の祖父母が体験したこと、通学路にある建物に戦争の跡があることなどを知り、生徒たちは戦争が身近にあることを感じた。そして、それぞれ異なる体験であるはずなのに、体験者が中学生にくださるメッセージのほとんどが「戦争は絶対にしてはいけない」という言葉だった。

ある生徒は、「僕は、この聞き取りの学習をやって、とても達成感がありました。これから戦争の記憶は薄れてしまいますが、僕たちが調べたり聞いたりすることがあとあと役に立つと思ったからです」と、この学習を振り返った。たくさんの人の思いや言葉を受けとめて、生徒たちは人間的にひとまわり大きくなったのではないか。

作品展での展示例

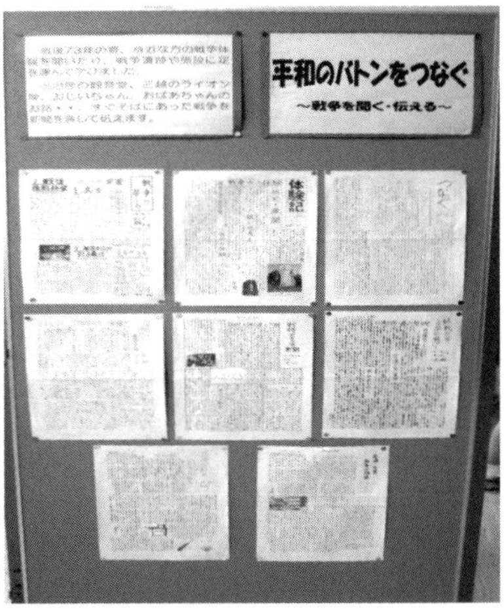

生徒作品の例（新聞）

留意点

- ●単に「原爆について」「日中戦争」などをテーマに本やインターネットで調べてまとめるのではなく、直接・間接的に戦争体験者のお話を聞くことや、戦争遺跡にふれることを重視して課題をおこなう。
- ●すべての生徒が体験者からお話を聞くというのは難しい。どんな形であれ、戦争の実相を知れるように、多様なパターンを提示できるとよい。
- ●直接・間接にかかわらず、身近な方の体験を聞くのは本当に貴重な体験である。「子どもには話せなかったが、孫には話せる（話さなくてはいけない）」と思ってお話をしてくださる方もいる。体験者が少なくなっているものの、「今だからこそできる」という一面もある。
- ●間接体験の聞き取りも含めると、加害の事実も学習できる。直接体験、しかも身近な人から聞くとなると、多くは被害の体験を聞くことになる。そのなかで加害の事実を知ることができるのは、資料館の展示や各地の戦争展で聞くお話、ドキュメンタリー番組からである。

（池本恭代）

VII

現代

92 敗戦と引き揚げ
中国に取り残された人びと(中国残留日本人)

1時間

ねらい

● 日本の敗戦によって、「満州国」にいた約27万人の「満蒙開拓団」のうち8万人以上が命を落としたこと、その背景にソ連軍の侵攻、関東軍による棄民、現地人の襲撃、引き揚げの遅れによる厳寒の収容所での栄養失調、伝染病などがあったことを理解する。

● 過酷な逃避行のなかで、中国人のもとに身を寄せたり、預けられたりした日本人女性や子ども（中国残留日本人）が数千人にも及ぶという事実を理解する。

授業の展開

(1) 長野県埴科《はにしな》郡雨宮県《あめのみやがた》村の戦没者グラフからわかることを出しあう。

・1944年から一気に増え45年8月が突出している。

・8月の突出は、満蒙開拓団・埴科郷の死者が多いことを説明する。

資料1　雨宮県村の戦没者グラフ（1943～46年）

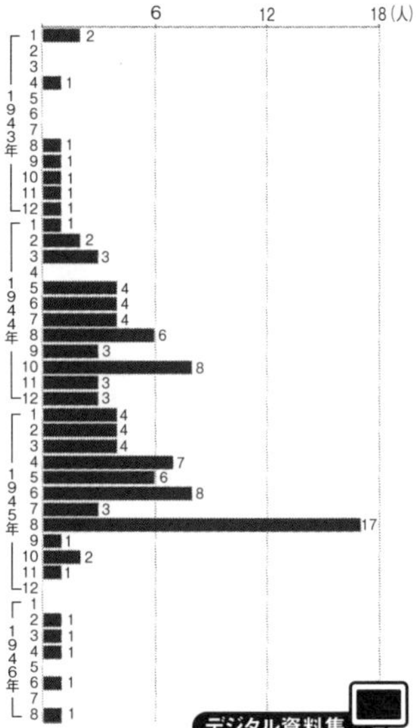

デジタル資料集

(2) そもそも満蒙開拓団とは何だったのか説明。

・世界恐慌の波は日本にも及び、繭価が大暴落。農村は空前の打撃を受けた。1932年の「満州国」建国以来、「満州へ行けば20町歩の地主になれる」と喧伝され、「満蒙開拓団」の募集が進められた。学校では教師が「満蒙開拓青少年義勇軍」への志願を呼びかけ、1945年8月の敗戦時「満州」には約27万人の開拓団員（義勇軍も含む）がいた。

● もし当時の若者だったら「開拓団」に志願するだろうか。意見を問う。

・義勇軍に志願した人の言葉を紹介する。「次男、三男は猫のしっぽ。予科練に行く、義勇軍に志願する、徴用工に行く、それしか選択肢はなかった」

・開拓団の土地はどのように用意されていたのか。分村移民「大日向郷」の例（資料2）を紹介。証言からわかることはどんなことか問う。

・中国人や朝鮮人の土地を満州拓殖公社が安く買い、開拓団に与えた。

・現地農民は、他の土地に追いやられるか、日本人の小作、苦力《クーリー》（雇人）になった。

● 現地の農民はどんな思いで日本人を見ていたかを考える。

(3) 埴科郷開拓団、宝泉開拓団の犠牲者数グラフ

資料2　開拓団の証言

> 満人《(ママ)》をうんと使ったですね。小作人として、満人を自分の家のそばに住まわせて、小作人とするものもあったし、よその満人部落からお手伝いに来させるという形の者もあった。そういうことを言っていいか悪いかわからないが、向こうから安い価格で強制的に買った。お前たちにはもっと奥をただでくれてやるから。…それで「いやだ、俺は昔から住んでいるのだから動かないぞ」と言っても駄目だったようです。だからもっと奥地へ行けばなお寒いというので日本の移民に使われて生活した人もいます。
>
> （山田昭次編『近代民衆の記録6 満州移民』新人物往来社）

資料3　埴科郷開拓団（生死の別・死亡地、死亡月日・死者の年齢別グラフ）

デジタル資料集

（資料3）からわかることや疑問点を出しあう。

・埴科郷は敗戦時在団者の8割以上が死亡。

・女性と子どもが圧倒的に多い。成人男性が異常に少ない。

・宝泉開拓団は埴科郷より割合は少ないが、やはり死亡者が多い。

・11月から死者が急増し、4月までに半数近くが死亡している。

埴科郷の最終的な数字を確認。8月9日時点の在団者229名（男18、女性・子ども211）引き揚げ17　死亡199　未帰還・不明13

●なぜこのような結果になったのか考えあう。

・成人男性はソ連の参戦直前に「根こそぎ動員」されていた。女性、子ども、老人のみになった開拓団が、関東軍に置き去りにされ、敗戦を信じないまま逃避行。佐渡開拓団跡に約3000人が集結。他団の若者たちが不時着したソ連機を襲撃し、結果、攻撃された。同様に避難していた高社郷開拓団は集団自死したことを説明。

●「脱出した人たちは付近の中国人の村で襲撃にあった。それはなぜ？」前記の証言から推測。

・宝泉開拓団の特徴は11月から死者が増えていること。どんな理由が考えられるか、団員の手記（資料4）から理由を考える。

資料4　団員の手記

> 11月3日無蓋車《むがいしゃ》で奉天（現・瀋陽）に向かい、5日午後、加茂国民学校ほか5か所の収容所に収容された。4、5日経てば家らしい家に落ち着けるか内地送還が実現するものと思っていたのに、10日経ち、半月経っても、ここから出られそうにもなかった。風は雪を交え、いよいよ窮地《きゅうち》に落ち込んでいった。わずかに衣服や布団が供給されたが、焼け石に水だった。その頃から急激に増加した発疹《はっしん》チフスは、虱《しらみ》の媒介によって日増しに増えだし、寒さと病魔のダブルパンチを浴びる羽目になった。元気だった人たちも“奉天まで来たんだ”“もうすぐ日本に帰れるぞ”という安ど感と長い逃避行の疲れとが重なり、もうひと頑張りの気力を失い、病魔に襲われていった。（『宝泉開拓史』より）

●わかったことを出しあう。

・宝泉開拓団は瀋陽まで来たが、収容所で冬を越せなかった。理由として、厳しい寒さ、栄養失調、伝染病（発疹チフス、はしかなど）

・避難民第一陣が葫蘆島《ころとう》を出港したのは1946年5月14日。引き揚げの遅れが死者の急増を招いたことを説明。

・ソ連侵攻当時、満州全体で約155万人いた日本人のうち二十数万人が死亡。開拓団員約27万人のうち8万人が命を落としたこと、うち約1万人は「集団自死」であったことを確認する。

(4) そうしたなかで、中国人に助けられた人びとがいた。中国残留日本人孤児、残留婦人等（敗戦時13歳以上）と呼ばれ、数十年も日本政府から放置されてきたこと、1972年の日中国交回復と1981年からの「残留孤児」肉親捜しまで待たねばならなかったことを説明。資料から具体例を紹介し、その人たちの戦後の人生を想像させる。

留意点

●グラフを読み取らせながら、単なる数字ではなく、そのなかの人びとの状態、思いを想像させたい。

（飯島春光）

参考文献

飯島春光『ひいばあちゃんは中国にお墓をつくった』（かもがわ出版）
沢地久枝『14歳』（集英社新書）
井出孫六『中国残留邦人』（岩波新書）
井出孫六『終わりなき旅』（岩波書店）
大久保真紀『中国残留日本人』（高文研）
飯山達雄『小さな引揚者』（草土文化）
川恵実・NHK ETV特集取材班『告白』（かもがわ出版）
シンポジウム実行委員会編『義勇軍シンポジウム報告集』

博物館

満蒙開拓平和記念館（長野県阿智村）
舞鶴引揚記念館（京都府舞鶴市）

93 敗戦直後の人びとの暮らし

1時間

ねらい

- 敗戦後の混乱した日本の各地で、力強く生きる民衆のすがたを理解する。
- 朝鮮や中国、沖縄にも目をむけ、敗戦後の混乱や問題を幅広く理解する。

授業の展開

(1) 進駐軍がやってくる

資料1　上陸する米兵

● 「**資料1**は、1945年8月30日ごろの写真です。何をしているのでしょうか」(「まだ戦争が終わったことを知らないから、戦っている」「敗戦を認めない日本の兵士たちと戦っている」)

これは千葉県館山市で撮られた写真で、進駐軍（連合軍）の上陸のようすである。日本軍が武装を解除したあと、全国各地に進駐した。その数は40万以上。

「日本の人びとは、どんな反応をしただろうか」話しあったことをノートに書き出し、挙手して発表させる。

・東条英機（未遂）ほか軍上層部には自殺する者が多かった（その数600人以上）。

・滋賀県では「女は米兵の妾《めかけ》にされる。男はアフリカや東南アジアへ連れて行かれて奴隷にされる」というデマが流れたと記録されている（当時の特高警察の記録）。

「なぜこんなデマが流れたのでしょうか」

・「日本軍がやってきたことだから」……「大東亜共栄圏」の建設を唱え、アジアの人びとを戦争に協力させていたことを確認する。

・「アメリカは恐ろしい国だと教えられていたから」……「鬼畜米英」など反米キャンペーンがおこなわれていたことにふれる。

各地で女性が不安を訴えたため、政府は、各地に米兵のための慰安所や酒場を設置した。日本軍「慰安婦」問題ともむすびつけることができる。

(2) 敗戦直後の子どもたち

● 「敗戦直後、小学生が書いた作文（**資料2**）を読み、意外だなと思った部分にアンダーラインを引いてください」

敗戦直後の人びとの反応について、わかったことや感じたことを書かせる。「**資料3**を読み、資料2とくらべてわかったことを発表してください」

すぐに変化があったことを理解させる。さらに**資料4**を読み、平和の訪れにより子どもたちが得たものは何かを問う。

資料2　敗戦直後の小学生の作文
資料3　進駐軍と子どもたち
資料4　夢がかなう時代に

デジタル資料集

(3)「リンゴの唄」がはやった時代

敗戦直後にはやった「リンゴの唄」を聴かせ、明るいムードに気づかせる。この歌を歌った並木路子は父と兄を潜水艦の攻撃で、母を東京大空襲で、恋人の大学生を特攻隊で亡くしている。

● 「戦争が終わった。日本の人びとを待っていたのはどんな暮らしだろうか」(「空襲もないし、戦場にももう行かなくていい」)「しかし、困ることは何ですか？」敗戦直後の焼け野原、バラックなどの写真を見せる。

・「家がない」　←なぜですか？（空襲が激しかった）

・「仕事がない」←なぜですか？（軍隊の解散、軍需産業の停止などで失業者が激増。およそ780万人）

・「食料がない」←なぜですか？（配給されなくなった）

「当時の暮らしに関する写真です。何を写したものでしょうか」ヤミ市、買い出し列車、戦争孤児など、多くの写真（**資料5、6**）を見せるとよい。

資料5　ヤミ市

資料6　買い出し列車

(4) 引き揚げ

● 「戦争が終わったとき、海外にいた日本人は約660万人。どこにたくさんいたでしょうか。なぜそれほどたくさんいたのでしょうか」(「兵士だった人」「植民地にいた日本人」「満州に移民した人」)

それらの人びとが、どんどん引き揚げてきた (**資料7、8**)。真っ先に引き揚げた軍人もいれば、長くシベリアに抑留された人もいた。なかには、敗戦を認めず、ずっと戦場で隠れていた人もいた。横井庄一さん (1972年帰国)、小野田寛郎さん (1974年帰国) など。さらに、日本の占領地や植民地などから一般の人びとも帰ってきた。満州からの引き揚げは特に大変だった (抑留や残留孤児については前時参照)。

「逆に、日本から母国に帰国した人びともいました。どこの国の人でしょうか」(「朝鮮人」) 中国人 (台湾) についてもふれる。朝鮮は日本の敗戦で独立・解放された。しかし日本にいた朝鮮人の中には、やむをえず日本に残った人がたくさんいたことも押さえたい。

資料7　引き揚げ者

資料8　地域別引揚者数

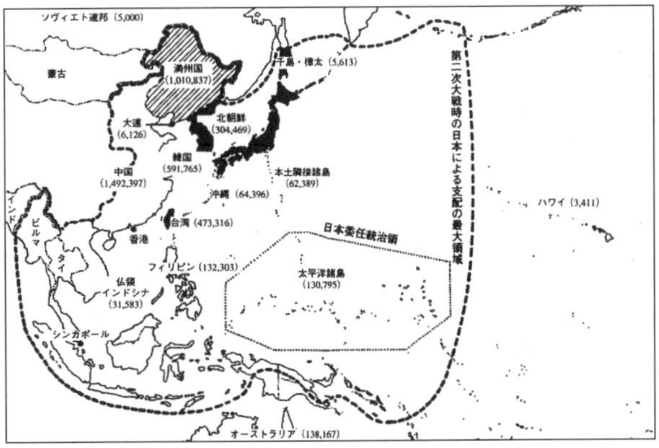

(歴教協編『わかってたのしい中学社会科歴史の授業』大月書店)

留意点

●世の中のしくみや考え方が180度変わったころなので、子どもからは疑問がたくさん出てくる。事前に知りたいことを書かせたり、地域のお年寄りに聞き取らせておく方法もよい。

●映像が豊富な時期なので、映像や画像も織りまぜたい。東久邇宮《ひがしくにのみや》首相の「一億総懺《ざん》悔《げ》」という発言をとりあげ、戦争責任は誰にあるのかを論述させて、戦後史学習に入る方法もある。

(長屋勝彦)

94 占領と民主化政策

1時間

ねらい

- **軍国日本はどのような改革によって民主化されていったかを、社会のしくみのちがいに注目しながら理解する。**
- **日本が民主化される過程で、憲法は、アメリカなどの影響を強く受けながらも、国民の圧倒的な期待と支持のもとに成立したことを理解する。**

ワークシート（7-94）

デジタル資料集

授業の展開

(1) 民主化政策――マッカーサーがやってきた

動画または写真（**資料1**）で、厚木飛行場に降りたマッカーサーのすがたを見せ、「この人物は誰でしょうか」と問いかける。マッカーサーの任務（GHQ最高司令官）を問い、GHQとは何かを調べさせる。

1945年10月11日、マッカーサーは、就任のあいさつに来た幣原《しではら》首相に、次の2つの要求を出した。

①人権を確保するための五大改革（婦人の解放、労働三権の保障、教育の自由主義化、専制政治からの解放、経済の民主化）をおこなう。

②ポツダム宣言にそって憲法を制定する。

- 「①について、GHQがおこなった民主化政策は、どんなことだろうか」項目にそって班ごとにひとつずつ調べる（教科書・資料集から）。

(2) 憲法をつくれない日本政府

「1945年10月、GHQは日本政府に憲法の改正を指示しました。改正前の憲法は、何といいましたか」（「大日本帝国憲法」）

「1946年2月1日、政府の憲法案が新聞（**資料2**）にスクープされました。その案は**資料3**のAからCのどれでしょう」

ヒントとして、まず大日本帝国憲法を選ばせると特色を確認しやすい。「BとCの条文を読んで、気づいたことを発表してください」（「Bは明治憲法に似ている」「Cは天皇でなくて皇帝になっている」）

- 「新しくつくられた改正案はどれでしょうか。なぜそう思うか、理由も答えてください」

「GHQの指令を受けて、政府がつくった憲法の原案はBです。なぜ明治憲法と同じような内容になったのだろうか」（「できるだけ今までの政治を続けたかった」「天皇の地位を守ることを中心に考えた」「古い考え方しかできず、民主主義の知識がない」）天皇主権と軍国主義を極力維持し、主権在民をあいまいにしようとしていたことなどを補足するとよい。

資料1　マッカーサー

デジタル資料集

資料2　1946年2月1日付『毎日新聞』

毎日新聞

憲法改正政府試案

天皇の統治權不變

内閣は議會に責任

國民に勤労權利義務

條約締結に議會の協贊

議會に憲法改正の發議權

デジタル資料集

(3) 国民の支持を得た憲法案

●「この日本政府の原案をマッカーサーが読んだら、どう思うだろうか」(「怒る」「あきれる」「ポツダム宣言を受けいれる気がないと判断する」)

「ではCは何でしょうか。教科書にヒントがあります」「あまりのひどさに、マッカーサーがつくらせたGHQ案です。前年末に発表された憲法研究会の案や、世界各国の優れた憲法を取り入れて作成されました。これを受けて政府案をつくり直し、数か月かけて国会で議論しました」

GHQが参考にした日本の憲法研究会の案や、24条の原案をつくったベアテ・シロタ・ゴードンについてもふれられると公民につながる。

●新しい選挙制度で選ばれた国会。「ところで、このときの国会（衆議院）は戦前の国会と大きなちがいがあります。教科書で見つけましょう」(「女性議員」「女も選挙権をもった」)(資料4)

「それまでの憲法とまったくちがう憲法に、当時の国民は賛成したでしょうか」(資料5)。賛成・反対のいずれかに挙手を求め、理由も聞く。

「政治家たちは？　国会での採決の結果を予想してみよう」。「圧倒的多数で可決」か、「多くが賛成で可決」か、「僅差で可決」かを考えさせる。衆議院では賛成421・反対8（うち5票は天皇制廃止を求めた日本共産党）で可決。

「こうして成立した憲法は、1946年11月3日（明治天皇の誕生日＝明治節）に公布されました。ところで、憲法記念日は何月何日でしたか」(「5月3日」半年後が施行のため)

「新しい憲法を見た国民は、どう感じただろうか」(資料6)「なぜ多くの国民が、それまでとまったくちがう憲法を受けいれたのでしょうか」(「二度と戦争を起こさないようになったから」「天皇の地位が、いちおう保たれたから」)

時間があれば、公民学習につながるよう明治憲法とのちがいをまとめる。

資料3　憲法をつくれ　　（いずれも口語訳）

A〔　　　　　〕
1条　大日本帝国は、万世一系の天皇これを統治する。
3条　天皇は、神聖にして侵すべからず。
11条　天皇は陸海軍を統帥（統率、指揮）する。
22条　日本臣民は法律の範囲内において居住、移転の自由を有する。
29条　日本臣民は法律の範囲内において言論、著作、印刷、集会、結社の自由を有する。

B〔　　　　　〕
3条　天皇は至尊（とても尊い）にして侵すべからず。
11条　天皇は軍を統帥（統率、指揮）する。
21条　日本臣民はすべて法律によることなく、自由及び権利を侵されることなきとする。
57条　司法権（裁判）は天皇の名において裁判所で行う。

C〔　　　　　〕
1条　皇帝（天皇）は国家の象徴であって、人民統合の象徴であること。
3条　皇帝（天皇）は政治上の権限を持たない。またこれを把握し、または与えられることはあってはならない。
8条　他の国民との紛争解決手段としての武力の威嚇（おどし）または使用は永久にこれを廃棄する。陸軍、海軍、空軍又はその他の戦力は、決して許されることはない。
9条　日本国人民は何らの干渉を受けることなく、一切の基本的人権を享有する権利を有する。

資料4　女性も投票

資料5　当時の新聞の世論調査

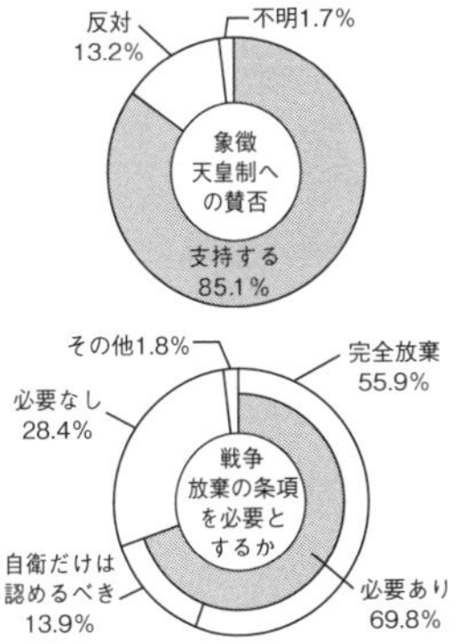

（『毎日新聞』1946年5月27日）

資料6　国民に歓迎された憲法（ワークシート）

留意点

●できれば、2時間かけて詳しくあつかいたい単元である。

●当時の日本政府の旧態依然の憲法観と、民衆の側にとっての平和憲法の誕生とを重ねあわせながら、事実に基づいて学ばせたい。

●『あたらしい憲法のはなし』の復刻版があれば、当時の子どもたちが憲法についてどのように学んだかを理解させることで、より具体的に、当時の国民の気持ちにせまることができる。　　（長屋勝彦）

95 2つの世界の対立と核兵器開発競争
冷戦と熱戦、そして第五福竜丸事件

1時間

ねらい

- **西側諸国（資本主義）と東側諸国（社会主義）との対立について学ぶ。**
- **原爆投下が、米ソ対立＝冷戦の始まりであり、核兵器開発競争の始まりであることを理解する。**
- **冷戦の延長線上に、“熱戦”としての朝鮮戦争が起きたことを理解する。**
- **第五福竜丸事件が何を意味するか、また核廃絶にむけて唯一の戦争被爆国である日本は何ができるかを考える。**

ワークシート（7−95）

授業の展開

(1) アメリカはなぜ原爆を投下したのか

- **資料1**を見せて、生徒の意見を聞く。

「アメリカは原子爆弾をなぜ投下したのでしょうか？」と発問し、意見交換する。その後に**資料2、3**を読む。アメリカの原爆投下が冷戦と核開発競争の始まりとなったことについて、自分の考えを書かせて意見交換する。

〈板書例〉

> なぜか① 原爆の威力を知りたかったから。つまり人体実験であった。
> なぜか② 原爆投下が日本を降伏させたというかたちにしたかったから。
> なぜか③ アメリカ中心で日本を占領したかったから。

資料1 久間防衛相の「原爆しょうがない」発言（2007年）

「原爆投下 しょうがない」
久間防衛相が発言

久間防衛相

久間防衛相（衆院長崎2区）は30日、千葉県柏市の麗澤大学で講演し、1945年8月に米軍が日本に原爆を投下したことについて「原爆を落とされて長崎は本当に無数の人が悲惨な目にあったが、あれで戦争が終わったんだという頭の整理で今、しょうがないなと思っている」と述べた。原爆投下を正当化する発言とも受け取られかねず、野党が久間氏の罷免を求める動きを見せるなど波紋が広がっている。＝38面に発言要旨など

久間氏は「我が国の防衛について」と題した講演で、東西冷戦下で米国と安全保障条約締結を選択した日本の防衛政策の正当性を説明する際、原爆投下に言及した。

久間氏は「米国を恨むつもりはないが、勝ち戦と分かっていながら、原爆まで使う必要があったのかという思いが今でもしている」としつつ、「国際情勢とか戦後の占領状態からいくと、そういうことも（原爆投下）も選択肢としてはありうる」と語った。

久間氏は講演後、朝日新聞の取材に対し、「核兵器の使用は許せないし、米国の原爆投下は今でも残念だということが発言の大前提だ。為政者がいかに賢明な判断をすることが大切かということを強調したかった」と発言の意図を説明した。

安倍首相は同日夜、遊説先の香川県丸亀市での会見で「自分としては忸怩たるものがあるとの被爆地としての考え方も披瀝されたと聞いている。核を廃絶することが日本の使命だ」と述べた。

（『朝日新聞』2007年7月1日）

(2) なぜ朝鮮戦争が起きたのか

- 「イムジン河」（ザ・フォーク・クルセダーズの歌）を聴かせ、歌詞の「だれが祖国を二つにわけてしまったの」に注目させる。そして「日本の植民地支配から解放された朝鮮半島で、なぜ戦争（朝鮮戦争）が起きたのでしょうか？」と投げかける。朝鮮の独立問題に米ソが介入したことにより冷戦が熱戦となり、多くの朝鮮民衆が犠牲となったことを理解させる。
- 在日米軍基地から多くの米兵を送り出したという日本の戦争加担の側面と、その一方で「朝鮮特需」によって日本の戦後復興が躍進したことについて理解させる。勃発から70年以上経つ朝鮮戦争がいまだ終結しておらず休戦状態であることを説明し、朝鮮戦争に深くかかわった日本の果たすべき役割について考えさせ、意見交換する。

資料2 なぜ原爆は投下されたのか（ワークシート）

資料3 京都は原子爆弾投下の第一目標だった（ワークシート）

(3) 核廃絶について日本は何ができるか

- 「ビキニという言葉から、何が思い浮かびますか？」と投げかける。多

くの生徒が「水着」と答えるであろう。さらに「アメリカ合衆国は、1954年3月1日に世界初の水爆実験をビキニ環礁でおこなった。この悲劇に着想して生まれた架空の大怪獣は？」と発問する。（「ゴジラ」）

資料4を読み、ビキニ事件と第五福竜丸事件について理解する。以下の2人の人物の言葉から、水爆実験と第五福竜丸との関連性、同年に怪獣映画『ゴジラ』がつくられた意味について意見交換させたい。

> 「原水爆の被害者はわたしを最後にしてほしい」
> （1954年9月、「死の灰」をあび40歳で亡くなった第五福竜丸無線長の久保山愛吉さんの言葉）
>
> 「水爆で生まれたゴジラが東京を破壊していく場面は、核兵器の恐ろしさと愚かさを伝えるために最も重要な場面になる」
> （1954年11月公開の怪獣映画「ゴジラ」の特殊技術担当、円谷英二の言葉）

- 「2021年1月に発効した核兵器禁止条約に日本は参加していないのはなぜか」と投げかける。日本政府は「国際安全保障上の理由」から、アメリカをはじめとする核保有国およびその同盟国とともに参加していない。「日米同盟の下で核兵器を有する米国の抑止力を維持すること」が必要だとして、非保有国と保有国との「橋渡し役」を果たす（「日本政府の考え」**資料5**）としている。アメリカの「核の傘」に依存せず、唯一の戦争被爆国である日本が核廃絶に向けて何ができるか、「核抑止」「核の傘」に代わるものは何か考えさせ、意見交換する。

資料4　ビキニ事件と第五福竜丸（ワークシート）

セパレート型の水着をビキニと呼ぶことは、水爆実験に先立つ1946年7月、ビキニ環礁での原爆実験をうけて、フランス人デザイナーのルイ・レアールによって始められた。

資料5　核兵器禁止条約（概要）と日本政府の考え

デジタル資料集

留意点

- 久間防衛相（当時）の発言は、「米国はソ連が日本を占領しないよう原爆を落とした。無数の人が悲惨な目にあったが、あれで戦争が終わったという頭の整理で、今はしょうがないなと思っている」と記事で紹介されている。どんな理由があっても、絶対にあってはならないのが原爆投下であることを確認したい。
- 1950年に朝鮮戦争が起き、その後同じ民族でありながら長く分断国家が続いている原因は、日本の植民地支配にあったことを理解させたい。
- 朝鮮戦争当時、日本全国各地にたくさんの米軍基地があった。市史・県史などから、地域の朝鮮戦争とのかかわりを教材化したい。
- 第五福竜丸事件の直後に、「核の平和利用」として日本の原子力産業が産声をあげている。東日本大震災による福島第一原子力発電所の事故とも結びつけて考えさせたい（第103時も参照）。

（中條克俊）

▶▶都立第五福竜丸展示館
http://d5f.org/

96 独立の回復と日米安保条約

1時間

ねらい

- **東西冷戦体制が定着するなかで、アメリカ主導により、どのようにサンフランシスコ平和条約がむすばれ、日本の独立が確立されたかを理解する。**
- **平和条約を機に日米安保条約もむすばれ、日本はアメリカの世界戦略の枠に組みこまれ、現在にいたっていることを理解する。**

授業の展開

(1) 連合国軍による占領からの独立

敗戦後の日本は、どこの国に占領されていたかを確認して授業に入る。

沖縄はアメリカだが、本土は連合国（実質はアメリカ軍）＝GHQ。

現在の日本について、「今もまだ占領されていますか？」「独立記念日はいつですか」などを導入の質問とする。（「そんな記念日はありません」）

「では、いつ日本は占領から解放されて、独立したのでしょうか」と発問し、教科書で説明が書かれている箇所や、調印の写真を探させる。

〈板書〉 1951年9月4日　講和会議　→　サンフランシスコ平和条約

「しかし、この会議には問題点がありました。教科書で調べましょう」（「ソ連などの反対、インド・ビルマの出席拒否、中国の不参加〔排除〕などがあり、アジア太平洋戦争のすべての相手国とは講和ができていない」）

資料1で条約の内容を確認する。日本周辺の白地図を用意して、条約によって定められた日本の範囲に線引きさせてもよい。沖縄だけでなく小笠原や奄美諸島も日本の主権の範囲外である。

(2) アメリカ中心の講和会議

植民地以外の領土をも放棄（千島列島など）したこと、アメリカが日本の領土の一部を支配することについて、意見を出させる。（「この条約は問題だ」「独立のためにはしょうがない」「アメリカは自己中心的だ」）

沖縄は以後20年もアメリカに統治され、いまも米軍基地の島になっていること、「北方領土」の国後《くなしり》島・択捉《えとろふ》島も、千島の一部としてこのとき日本が放棄していることを補足する。侵略を受けた東南アジア諸国は賠償の不十分さに反発したこともふれられるとよい。

戦後賠償など細かい裏事情は詳しくあつかわず、必要に応じてレポートなど別課題としたほうがよい。

- 「**資料2**の、講和会議に参加しなかったインドの主張に目をむけましょう。この主張の中で、もっともだと思う部分に下線を引きましょう」

インドの言いたいことは何か、インドの主張に対して賛成か反対かを問う。

資料1　サンフランシスコ平和条約（要旨）

- 日本は主権を回復し、独立国となる。
- 日本はすべての植民地と、千島列島を放棄する。
- 南西諸島（おもに沖縄県の島々）、小笠原諸島はアメリカが統治する。
- 占領軍は日本から撤退する。ただし、日本との協定があれば、外国軍が日本の領域にとどまることができる。

資料2　インドの講和会議不参加の理由（要旨）

日本国が友好国と防衛取り決めをする権利を持つことは当然だが、それは、日本が真実の主権国家となったとき日本政府によって行使されるのである。現在の占領軍が、日本に引き続き駐屯しうることを示す条約の規定は正しくない。これが日本国民のみならず、アジア諸国民の大部分に与える影響は、最も不幸なものとならざるをえない。

（1951 年 8 月 25 日　インドからアメリカへの書簡）

資料3　日米安全保障条約（要旨）

第１条　アメリカが陸軍、海軍、空軍を日本国内とその付近におくことを日本国は許す。この軍隊は極東の平和と安全に寄与し、外部の国の示唆によって起こされた日本国内における大規模の内乱及び騒じょうを鎮圧するためと、外からの攻撃に対する日本の安全のため使用することができる。

資料4　アメリカ国務省顧問ダレス氏の言葉（要旨）

アメリカは、ソビエトをはじめとする東ヨーロッパの社会主義の国をおさえるために、西ヨーロッパの国々と同盟を結んでいます。日本もわたしたちの味方になってもらわねば困ります。講和ができて、占領軍が引き上げ、日本の守り手がからっぽになったすきに、社会主義の国が手を出すといけませんから、アメリカ軍は引き続き日本に残りましょう。

（『おはなし日本歴史 22』岩崎書店）

●「ところで、平和条約をむすばなかったソ連（ロシア）と中国とは、その後どうなったでしょうか」

日ソ共同宣言（1956 年）、日中平和友好条約（1978 年）

(3) 日米がむすんだもうひとつの条約

日米安全保障条約（「日本国とアメリカ合衆国との間の安全保障条約」資料３）を説明しながら読む。具体的にどんな内容の条約か、教科書や資料集から探す。（「アメリカが日本に基地を置くことができる」「日本を外国の攻撃から守る」）「日本の政治家や国民は反対しなかったのだろうか」全面講和、日本の中立を望む国民も多かったが国会は日米安保条約を承認した。

●「なぜアメリカは、反対する国ぐにを無視して日本と２つの条約をむすんだのだろうか。資料４から考えてみよう」

大戦後の世界の動きを、班ごとに教科書や資料集で調べてまとめる。

・ヨーロッパでは？（ソ連と東ヨーロッパ、東西ドイツ、ベルリン封鎖）

・中国、朝鮮半島では？（中華人民共和国の成立、朝鮮戦争）

・東南アジアでは？（各国の独立、南北ベトナムの分断）

現在の沖縄の基地問題の原点がどこにあったかを確認して終える。

日本とロシアの間の国境線

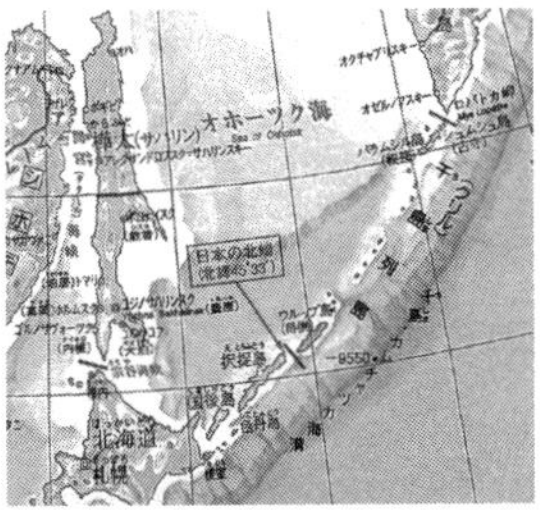

地図帳で北海道とロシアの間には国境線が何本も見られる。平和条約締結による国境の確定がなされていないことがわかる。

留意点

●20 世紀末に冷戦が終結したが、サンフランシスコ平和条約と日米安保条約は、今日の国際関係の重要な出発点となった。なぜ９条があるのに自衛隊があるのか、なぜ国内に米軍基地があるのか、とりわけなぜ沖縄に多いのか、集団的自衛権など、公民につなげられる問題が多い。公民学習で再度、1951 年の日本の選択を考えさせるとよい。　（長屋勝彦）

97 新日米安保条約

1時間

ねらい

- **日本が高度成長を遂げる一方で、アメリカの戦略に組みこまれていった過程を理解する。**
- **多くの国民が恒久の平和を望み、国民的運動で安保改定に反対して行動したことを理解する。**

授業の展開

(1) 立ちあがった日本国民

〈導入〉安倍元首相の写真を提示し、「安倍さんの父も有名な政治家でした。どの人でしょうか」(安倍晋太郎、小泉純一郎、河野洋平の写真を提示)。「さらに祖父も有名な政治家でした。どの人でしょうか」(吉田茂、岸信介、佐藤栄作の写真を提示)。本時の学習は岸信介が総理大臣のときのできごとであることにふれてから授業に入る。

●資料1を提示し、場所はどこかを問う。(「国会議事堂」)

「写真を見て、気づくことはなんですか」(「人が多い」「お祭りみたいだ」)「この写真について何か質問はありますか」(「何人くらいいるのですか？」「なぜこんなに集まったのですか？」「何をしているのですか？」)

1960年6月18日、およそ33万人の人びとが集まった。

「なぜ、こんなにたくさんの人が集まったのでしょうか」年表・教科書で調べさせる。(「安保闘争！」「安保条約の改定に反対するため」)

資料1　安保闘争

(2) 新安保条約はどんな条約か

最初に、日米安保条約はいつむすばれた、どんな条約かを復習する。サンフランシスコ平和条約と同じときにむすばれた条約であることを確認する。

●新安保条約を説明する(資料2)。「岸信介首相がアメリカとむすんだ条約は『日本国とアメリカ合衆国との間の相互協力及び安全保障条約』(板書)に変わりました。どこがちがいますか？」(下線の部分が名称に追加された)

「『相互協力』とは、どういうことでしょうか」

改定により、戦争に協力する軍事同盟となったことを確認する。安保改定の中心人物、岸信介首相の紹介(東条英機内閣の閣僚)もするとよい。

資料2　新安保条約（要旨）

> 第5条　各締結国（日本とアメリカ）は、日本国の施政の下にある領域における、いずれか一方に対する武力攻撃が、自国の平和及び安全を危うくするものであることを認め、自国の憲法上の規程及び手続きに従って共通の危険に対処するように行動することを宣言する。
>
> 第6条　日本国の安全に寄与し、ならびに極東における国際の平和及び安全の維持に寄与するために、アメリカ合衆国は、その陸軍、海軍が、日本において施設及び区域を使用することを許される。

改定された安保条約の中身について、プラス・マイナス両面から考えさせる。

〈日本にとってよいと思うこと〉

「アメリカの戦争に協力し、国際社会での地位が高くなる」「アメリカについていれば外国は恐れる」

〈日本にとってよくないと思うこと〉

「二度と戦争はしないと決めた憲法に反する」「アメリカに利用されて、戦わされる」

● 「多くの国民の賛否はどちらだったろうか？」と問う。

「一部の人が激しく反対したが、多くの国民は賛成だったと思う人」「多くの国民が反対していたと思う人」（それぞれ挙手させる）

33 万人のデモは相当な数であることを説明。全国各地でも集会が開かれ、600 万人もの人びとが集まったことにふれる。

(3) 民主主義の危機と運動の盛りあがり

● 「多くの反対の声が出るなか、国会では大変な事態が起きていました（**資料 3、4**）。この記事について何か質問はありますか」（「強行採決ってどういう意味ですか？」）

強行採決について説明し、生徒にその是非を問う。

「『日本の平和が危ない』ということと、『民主主義が危ない』ということから、全国の人びとが一致団結して行動したのです」

「国会で十分話しあわれず、参議院では採決されませんでした。結果的に、この条約は成立したのでしょうか」（**資料 5** で調べる）

国会で十分話しあわれず、参議院では採決せず成立（自然承認）。安保改定は阻止できなかったが、岸内閣は民衆の力で退陣に追いこまれたことを付け加える。なぜこれほど大きな運動に発展したかについて、民衆の間に憲法が定着してきたこと、1950 年代の原水爆禁止運動の広がりや、世界の冷戦の状況などにふれ補足できるとよい。

資料 3　1960 年 5 月 20 日の新聞

毎日新聞

衆院で新安保条約を強行可決

警官五百人を入れ

深夜、自民が単独で

会期五十日延長も

一切の審議を拒否

周辺でデモ、座り込む

反主流派、欠席

きょう十万人動員

（『毎日新聞』1960 年 5 月 20 日）

資料 4　国会での強行採決

資料 5　安保条約改定のあゆみ

留意点

● 新日米安保条約には多くの国民が強く反対した。近年、北朝鮮や中国の脅威をとりあげ、安保条約と米軍の存在を自明視した論調が強まっている。歴史の授業らしく、出発点に立ち返って評価することが重要である。成立過程をしっかりと押さえ、今でも米軍基地をめぐり、さまざまな問題が発生していることも確認しておきたい。公民の学習にどうつなげていくかなど、のちのちの学習も想定に入れて、この時点の生徒の意見や感想を残す工夫も大切である。　（長屋勝彦）

98 高度経済成長の光と影

1時間

ねらい

- **家電製品の変遷を切り口に、高度経済成長が国民の生活を変化させ、現代の社会生活にもつながっていることを理解する。**
- **高度経済成長の「影」にも注目させ、生産第一主義がもたらした負の側面に注目する。**

授業の展開

(1) 世界の国からこんにちは

●三波春夫の「世界の国からこんにちは」(1970年の大阪万博のテーマ曲)を聴かせる。「この曲、知っていますか？　大阪万博のテーマ曲です」

1967年にGNPが西ドイツを抜いて世界2位となった日本。戦後の焦土から立ちなおり、経済大国へと成長し、その存在を世界にむけてアピールしたのが、東京オリンピック（1964年）であり万国博覧会（1970年）であった。

「当時のもので、万博記念公園にこれだけは残っています。見たことがある人はいますか？」と言いながら、「太陽の塔」の写真を見せる。大阪万博は1970年3月開幕。76か国と国内32の企業やグループがつくったパビリオンが林立し、会期中の総入場者数は約6421万人だった。

「一番人気のパビリオンはどこだったでしょう？」アメリカ館であった。アポロ宇宙船の持ち帰った月の石を見たさに、長い行列ができた。日本のパビリオンでは、サンヨー館の「人間洗濯機」が話題を集めた。といっても人間を丸ごと洗うわけではなく、浴槽につかるとシャワーで体を洗ってくれるもの。電気通信館にはワイヤレスフォンが展示されていた。今でいう携帯電話だ。

「最近話題の電気自動車も、会場内を走っていました。未来の生活をかいま見せてくれていたんですね」

(2) 三種の神器と3C

●家電製品の普及率のグラフ（資料1）を見せる。

「万博の開かれた1970年における『三種の神器』（電気冷蔵庫・洗濯機・白黒テレビ）の普及率は？」(「すべてが70%以上になっている」)「白黒テレビだけは、なぜ急に普及率が下がったので

資料1　乗用車と家庭電化製品の普及（人口5万人以上の都市）

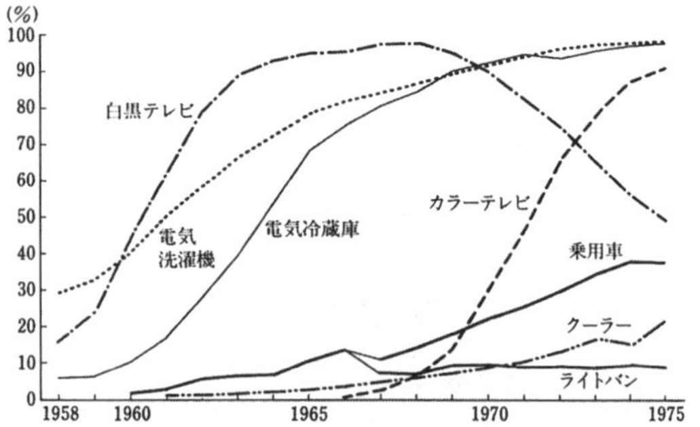

（経済企画庁「消費と貯蓄の動向」1969年・77年度版による）

しょうか？」（「カラーテレビに買い換える人が増えたから」）

70年代に入ると、3Cのうちのカラーテレビが急速に普及するが、車とクーラーが普及するのは80年代に入ってからだということがわかる。家電製品の普及により、主婦の家事時間が減り、テレビがお茶の間の中心となった。

(3) 公害の“高度成長”

- 四日市の小学生がマスクをしている写真（**資料2**）を見せる。「なぜマスクをしているのでしょう?」（「風邪」「花粉症」「工場の排気ガスを吸わないように」）

資料2　四日市市の小学生

（樋口健二撮影）

資料3　三波春夫の略歴

1923	新潟県に生まれる。本名は北詰文司
1939	日本浪曲学校入校
	南篠文若として初舞台を踏む
1944	陸軍歩兵として入隊
	終戦とともにソ連に4年間抑留
1949	復員後、浪曲師として活躍
1957	歌手に転向。「チャンチキおけさ」でデビュー。「東京五輪音頭」(1963)「世界の国からこんにちは」(1970)などが大ヒットし国民的歌手に
2001	前立腺がんのため死亡。享年77歳

四日市には日本有数の石油化学コンビナートがあり、工場から排出される亜硫酸ガスなどにより、ぜんそく患者が発生し、社会問題となった。四大公害病のひとつである。

- 「なぜ資源のない日本が工業大国となり、高度成長が実現したのでしょうか」むずかしいので、発言がなければ教師から説明する。

「戦争をしなかった」「植民地を放棄したことにより、植民地経営コストが不要になった（“小日本国”）」「まじめで勤勉な国民性」「農家の次男三男といった豊富な労働力があった」「教育水準の高さ」「石油などの資源を安く輸入することができた」……これらの要因が重なりあったと考えられる。

三波春夫は満面の笑顔をふりまき、「世界の国からこんにちは」を歌った（映像を流すか、歌っている写真を掲示）。しかし彼は、日中戦争が泥沼化する1944年に召集され満州へ。声がよいことから伝令兵となる。1945年8月8日、ソ連軍が国境を突破、10日には三波のいた富錦《フーチン》に侵入。九死に一生を得たものの、シベリアに抑留され、ようやく日本に帰還したのは4年後であった（**資料3**）。

▶▶四日市公害と環境未来館
四日市公害の歴史的経緯を学ぶ場として2015年3月21日に四日市市に開館した。
www.city.yokkaichi.mie.jp/yokkaichikougai-kankyoumiraikan/

「このような悲惨な戦争体験をもつ彼は、どんな思いで、この歌を歌っていたのだろう？」と問いかける。

留意点

- できるだけ生の話をとり入れたい。教師自身が高度成長期の思い出を語るとよい。わが家には1970年にカラーテレビがやってきたが、それは三洋電機に勤めていた父が強制的に購入させられたものだった。若い教師の場合は、生徒に聞きとり課題を出して（父母ではむずかしいので祖父母から）授業中に紹介するとよい。

（森口洋一）

99 ベトナム戦争の前線基地となった沖縄

1時間

ねらい

●ベトナム戦争が、アジアにおける共産主義化を押さえつけ、アメリカが覇権をにぎるためのものだったことを理解する。

●ベトナム戦争下で、被害者でありながら加害者にもさせられた沖縄の状況と県民の願いを理解する。

授業の展開

(1) ベトナム戦争の実態

●ベトちゃん・ドクちゃんの写真（**資料1**）を見せて、「どうしてこんな子どもが生まれてきたの？」と問う。（「遺伝？」「病気？」）

「1960年代に起きたベトナム戦争でアメリカがまいた枯れ葉剤がもとで、上半身は2つで下半身がひとつの状態で生まれた、ベトちゃんとドクちゃん。ベトナム中部高原で生まれた彼らは、母親の失踪によって孤児となった。ベトナム戦争でのアメリカ軍の残虐さを象徴する存在なんだ。彼らの名前は、収容された病院がベトナム・東ドイツ病院だったところから名づけられた。彼らはその後分離手術をしたが、2007年ベトちゃんは亡くなった。ベトナムでは、今なお2世3世への枯れ葉剤の影響が指摘され、がんなどに苦しむ人びとがいます」

●「なぜアメリカはこんな軍事介入をおこなったんだろう」と問い、教科書にある「占領政策の転換」を読んで考えさせる。（「ベトナムが共産主義になるのを防ぐため」「アメリカの言うことを聞かせたかった」）

「アメリカに対して、世界の人びとはどのような行動をとったのだろう」（「反対した」「アメリカを批判した」）

たくさんの反戦映画や反戦の歌がつくられたことや、世界中でベトナム戦争反対の声がわきおこり、反戦運動が広がったことを紹介する。できればジョン・レノンの「イマジン」を聴かせるといいだろう。

(2) ベトナム戦争と沖縄

●「**資料2、3**を見て。何が起きてるの？」（「戦闘機が墜落する事故が起きた」「毒ガスを運んでいる」）

資料1　ベトちゃんとドクちゃん

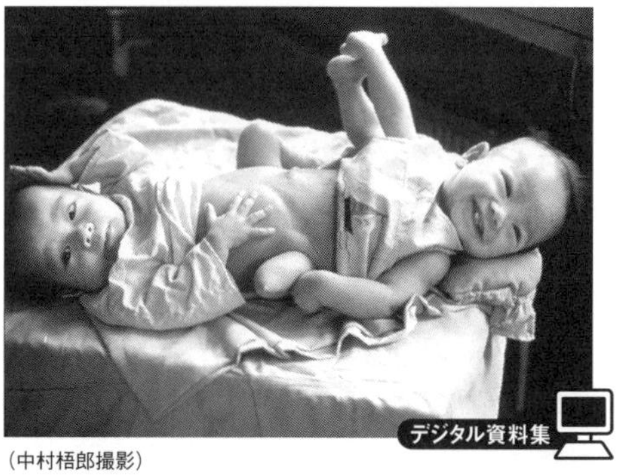

（中村梧郎撮影）

資料2　嘉手納基地に墜落したB52爆撃機

（『琉球新報』1968年11月19日）

資料3　毒ガスを運ぶトラック

（沖縄県公文書館）

「この戦闘機は沖縄を出発して、どこへむかっていたの？」（「ベトナム」）

「この毒ガスは非常に有害なもので、ガス漏れが起きたため移送しています」

「沖縄の人たちは、こういうことにどんな気持ちを抱いただろう。もし私たちが暮らす場所でこんなことが起きたら、米軍のことをどう思ったかな？」

「沖縄の人のなかには、米軍基地で働いていた人もいます。そんな人たちはどんな思いを持っただろう」

基地はいらないという声も、生活を成り立たせるためには必要だという声もあったことを紹介する。ベトナムの人びとへの加害者であるアメリカの共犯に、意図せずさせられてしまったことも理解させたい。ここで、今に至るまで沖縄でくりかえされる住民の分断を考えさせるといいだろう。

● 「当時、沖縄の北部にある東村《ひがしそん》でベトナム戦争の戦闘訓練がおこなわれたことがわかっています。資料４を読んでみよう」

資料４　東村でおこなわれた戦闘訓練

> ベトナム戦争にアメリカが本格的介入する60年代、ヤンバルクイナ生息で知られる沖縄本島北部の森の中に、米軍は、質素な小屋を建てました。ベトナムの集落に見立てた「ベトナム村」です。そこで戦闘訓練をするのですが、ベトナム人役をさせられたのは、沖縄の住民でした。
>
> （木村司『知る沖縄』朝日新聞出版）

「自分たちの村に勝手に米軍の訓練場がつくられ、そこでベトナム人の役を住民がさせられる状況をどう思いますか？　これが、沖縄が日本に復帰する前のすがたです。米軍の事故のほかにも、ベトナムにむかう兵や帰還兵による暴力事件などもあいつぎました。このような状況のなかで、沖縄県民がめざしたことは何？」（「基地をなくすこと」「米軍が出ていくこと」「日本に復帰すること」など）

「沖縄だけでなく、本土でも沖縄の復帰への運動と連帯する声が高まっていきました。沖縄の本土復帰の機運が高まってきたのです」

当時の沖縄の人たちがどんな沖縄にしたいと考えたのか、班で話しあわせたい。

留意点

● B52墜落の写真からは、沖縄が米軍の後方基地になったことがわかるだろう。また、県民生活に不安が広がったようすは、毒ガス移送の写真からもわかるだろう。ほかに、毒ガス漏れ、那覇港や那覇空港に米兵の柩《ひつぎ》が山積みされたこと、昼夜を分かたぬ軍事演習、米兵のあいつぐ犯罪、またベトナム村をつくっての訓練がおこなわれていたことも紹介したい。

● 沖縄では戦後、アメリカの施政下で土地の強制とりあげがおこなわれ、それに抵抗する島ぐるみ闘争がおこなわれた。そのたたかいのエネルギーが復帰運動へとつながっていく。日本政府は復帰後の沖縄に対して、意図的に大きな犠牲を強いる政策をとりつづけてきた。今も続く基地問題を、沖縄だけの問題としてではなく、日本全体の問題として考える授業にしたい。

（平井美津子）

参考文献

写真資料として、『写真記録　沖縄戦後史1945―1998』（沖縄タイムス社）、『戦後沖縄写真集　ゼロからの時代』（那覇出版社）などが授業で使える。

100 沖縄復帰と米軍基地

1 時間

ねらい

- 沖縄の本土復帰までの経過と、復帰が沖縄県民が望んだ内容だったのか否かを理解する。
- 沖縄に基地があることで、どのようなことが起きたのかを知り、現在の沖縄を考える視点を確かなものにする。

授業の展開

(1) 沖縄の本土復帰

- 「1972 年に沖縄返還が実現しました。アメリカはなぜ沖縄を返還したのだろう。アメリカにとって沖縄はどんなところ？」(「ベトナム戦争のために重要な場所」)「それなのに、なぜ返還しようと考えたの？」

むずかしい質問だが、当時の沖縄県民のアメリカへの感情などを、実際に 1970 年に起きたコザ騒動をヒントに考えさせる。(「県民の米軍への反発が強まっていることを心配した」「このままだと基地が置けなくなる」)

ほかにも、沖縄の統治や基地の維持にお金がかかり、ベトナム戦争も長期化して出費がかさんでいたことを示し、アメリカが今まで通り基地を使えるようにしながら、沖縄にかかってきたコストは日本に負担してもらうことをめざして、日米政府が沖縄返還に合意したことを説明する。

＊コザ騒動とは、1970年12月20日、コザ市（今の沖縄市）で沖縄県民をアメリカ兵が車ではねた事件をきっかけに、数千人もの群衆が６時間にわたって米軍関係車両を次つぎと横転させ、火を放ち、基地内に押し入った事件。

- 「沖縄では、沖縄返還の基本方針として、『核抜き本土並み』が決められました。核抜きとは、『核兵器を持たず、作らず、持ち込ませず』という日本の基本方針『非核三原則』を尊重して核兵器を沖縄に持ち込まないというもので、本土並みとは基地の負担を本土と同じようにする、というものでした。さて、これは本当に実現したのかな?」

参考資料
沖縄県知事公室基地対策課作成の『沖縄から伝えたい。米軍基地の話。Q & A Book』は、歴史や公民の授業で活用したい。
www.pref.okinawa.jp/site/chijiko/kichitai/tyosa/qanda_r2.html

「資料１を見てみよう。これを見て、本土の基地と沖縄の基地の面積はどのように変化しているだろう」

重要なところなので、班で話しあわせてみる。(「本土が減ってるのに、沖縄はほとんど変わらない」「沖縄に圧倒的に集中している」「本土並みになっていない」)

資料1　日本の米軍専用施設面積と沖縄県が占める割合の推移

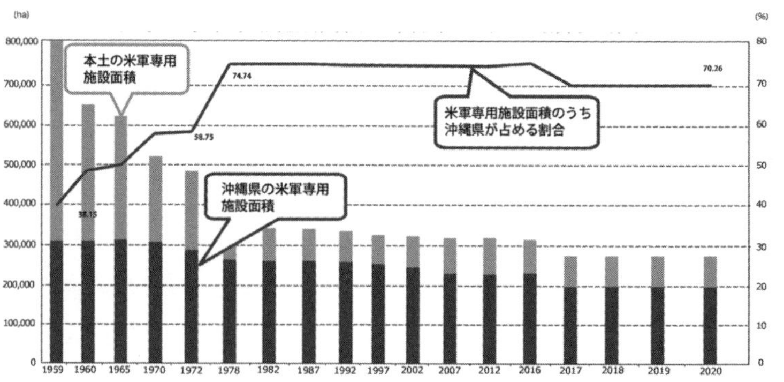

(『沖縄から伝えたい。米軍基地の話。Q & A Book』)

「核兵器についても、アメリカが必要とする場合には、核兵器を再び持ち込むことを認める密約を日米政府がむすんでいたことが、2007年にアメリカの公文書公開でわかりました」

「沖縄の人たちは復帰のときにどんな思いを抱いただろう。次の**資料2**から考えてみよう」

資料2　沖縄県知事（当時）屋良朝苗の談話

> 沖縄県民の強い要望と心情に照らして復帰の内容を見るとき、そこには軍事基地の問題をはじめ、実際には多くの問題が未解決のまま残されており、県民の立場からすると決して満足できるものではない。

(2) 基地の中の沖縄

●「**資料3**からどんなことがわかりますか」

「1995年に小学生の少女が3人の米兵に暴行された事件では、これに抗議する県民8万5000人が総決起集会を開きました。高校生代表の訴え（**資料4**）で読んでみてください。この高校生はどんなことを訴えているのでしょう」

資料3　米軍・米兵による事件・事故

1995	米兵による小学生の少女暴行事件
1996	北谷で米兵乗用車に母子3人がはねられ死亡
1998	海兵隊員が女子高校生をひき逃げ
2004	普天間飛行場を飛びたったヘリが沖縄国際大学に墜落炎上
2006	嘉手納基地を飛びたった戦闘機が伊計島沖に墜落
2008	米軍小型飛行機が名護市のサトウキビ畑に墜落炎上
2009	読谷村で米兵による日本人男性ひき逃げ死亡事件
2013	米軍救難ヘリが宜野座村のキャンプ・ハンセン内に墜落
2015	沖縄県東方沖で米軍ヘリが海上に墜落
2016	20歳の女性が遺体で発見され、元海兵隊員を死体遺棄容疑で逮捕 輸送機オスプレイが名護市の集落付近に墜落
2017	米軍の大型ヘリから重さ8キロの窓枠が普天間第二小学校に落下
2023	オスプレイが屋久島沖で墜落、乗員8人死亡
2024	16歳未満の少女への暴行など米兵による性暴力事件が相次ぎ判明

(3) 新しい基地はいらない

●「1995年に、世界一危険といわれる普天間飛行場の返還が決まりました。しかし、これは新たな基地建設と引き換えが条件でした。2004年に普天間基地を飛びたったヘリが沖縄国際大学に墜落炎上。もし夏休みでなかったら多くの死傷者が出たでしょう。普天間基地の返還を住民は一刻も早くと強く求めています」

資料4　沖縄県民総決起集会での高校生の言葉

デジタル資料集

写真（**資料5**）などを使い、普天間基地の危険性を具体的に感じさせたい。

「しかし、新しい基地の候補地とされている名護市辺野古はジュゴンをはじめとする絶滅危惧種が多く生息する海域です。沖縄県民は新たな基地を容認できないと、何度も県民投票をおこない、2013年の投票では52.48%の投票率で71.7%の人が辺野古移設反対の意思を示しました。しかし、今も埋め立ての工事が続いています」

資料5　普天間基地周辺の航空写真

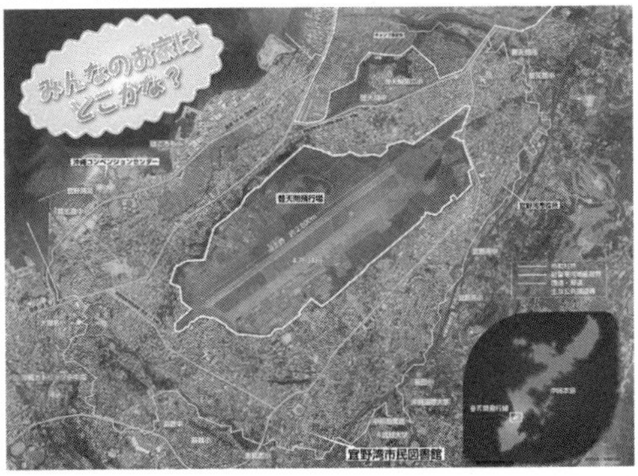

（沖縄県ホームページより）

留意点

●沖縄の米軍基地が、どのような経過をたどって沖縄に置かれたのかを、地政学な説明ではなく政治的な問題からとらえさせたい。

●復帰への県民の願い、基地被害に苦しむ県民の思いを具体的な事例から理解させたい。公民の平和主義とも関係させ、今の沖縄をとらえさせたい。

（平井美津子）

▶▶**ブログ「その時、沖縄は」**
https://okinawa1945.hatenablog.com/entry/2004/08/13/000000
沖縄国際大学構内ヘリ墜落事故の写真が見られる。

101 問われる日本の戦争責任
現代の日本と東アジア

1時間

ねらい

- **アジア太平洋戦争から75年以上がたった現在も、日本が被害をあたえた近隣諸国との間に未解決の問題があることを認識する。**
- **近隣諸国の人びとが何を求めているのかを知り、解決のために何が必要かを考える。**

授業の展開

(1) 日中の国交正常化

- 「次の写真に写っている動物は何？」(「パンダ」)「パンダが初めて日本に来たのはいつ？」「1972年に中国からプレゼントされました。日本はアジア太平洋戦争で中国にどんなことをおこなったか、思い出してみよう」(「南京大虐殺」「侵略」など)

パンダ

(CC by 松岡明芳)

1972年にアメリカのニクソン大統領が中華人民共和国との関係を改善し国交を回復したことを受け、日本も国交正常化に動いた結果、1972年に中国と日本の間で日中共同声明が出されたことを説明する。

「日中共同声明にはどんなことが書かれているか、資料1で読んでみよう」(「戦争の責任を認めて反省すると書いてある」「賠償は放棄するとある」)

資料1　日中共同声明（要約）

> 日本は、過去に戦争で中国国民に大きな損害を与えた責任を痛感し、深く反省する。
> 一　日中間の不正常な状態を終了する。
> 二　日本は中華人民共和国政府が唯一の合法的な政府と認める。
> 五　中国は、日本への戦争賠償の請求を放棄する。

(2) 日韓の国交正常化

「日本は韓国とも1965年に日韓基本条約をむすんで国交を正常化させました。日韓基本条約と日韓請求権協定（資料2、3）を読んでみよう」(「日中共同声明には反省とあるのに、韓国にはない」「賠償ではなく経済協力支援としてお金を出している」「これで完全に解決したと書いてある」)

資料2　日韓基本条約（要約）

> 第一条　日本は韓国と国交をむすぶ。
> 第二条　日韓併合条約以前に日本と韓国がむすんだ条約は無効である。
> 第三条　韓国は朝鮮半島で唯一の合法的な政府である。

資料3　日韓請求権協定（要約）

> 第一条　日本は韓国に対し5億ドルの経済協力支援を行う。
> 第二条　日韓両国の請求権に関する問題が完全に解決したことを確認する。

- 「なぜ、日本は中国に対してのように、韓国を植民地化したことに反省を表さないのか。次の資料4を読んでみよう。日本政府は植民地支配についてどう考えていたんだろう？」(「良かった面もあると思っている」「反省していない」)

「それに対して、韓国側はどう思っているのだろう」(「韓国の人間の苦しみを理解していない」「反発している」)

韓国に対しては賠償金ではなく経済協力の支援金とされ

たことを確認する。

(3) 取り残された人権問題

「1990年代に、アジア諸国から日本政府に対して個人への謝罪と賠償を求める裁判があいついで起きました。中国人の強制連行被害者の裁判では、2007年の最高裁判決で請求は棄却されましたが、判決は被害者らの被った精神的・肉体的苦痛の大きさを認め、日本側から被害の救済にむけた努力をすることが期待されると付言しました。これをふまえて、被告企業と被害者との間で和解が成立し、企業は和解金を支払い、中国人が連行された広島の安野に『安野　中国人受難之碑』を建て、360人の名前が刻まれました」

資料4　日韓会談をめぐるやりとり

> 1963年、第三次日韓会談の席上で、日本側代表者は、戦前の植民地支配は「例えばはげ山が緑の山に変わった、鉄道がしかれた、港が築かれた、また、米を作る水田が非常に増えた」など、「良かった面」もあったことを強調して、韓国側を怒らせ、会談は決裂した。これに対し、ある在日韓国人作家は、「飢え、貧窮しても、真の自由がほしかった韓国人の気持ちを理解しないもはなはだしい。」と批判した。日本の朝鮮統治は、朝鮮の近代化に貢献したとする、こうした一面的な発言は、その後も現在まで、日本政府を代表する人によってくり返されている。
>
> （1997年度版教育出版歴史教科書）

「中国の被害者とはこのように和解がなされている一方、韓国の被害者とはどうなっているか。次の新聞記事（資料5）を読んでみよう。この記事は、戦時中に日本企業に強制的に労働させられた韓国の元徴用工たちが日本企業への賠償を求めた裁判の、韓国大法院（最高裁）判決を報道しています。どんな判決が出たのですか」(「徴用工たちの請求を認めた」)

「それに対して日本政府はどういう立場をとっているのでしょう」(「ありえない。毅然と対応と言っている」)「どうするということだろう」(「賠償しない」)「中国に対する態度とちがうね。なぜだろう？　そのことをどう思いますか」

ここで、班で話しあわせてみる。むずかしいが、中国に対しては戦争責任だが、韓国に対しては植民地支配の責任があることや、それを認めてこなかったことを示して考えさせる。ダーバン宣言や、世界で戦時下の暴力や人権侵害の責任が問い直されていることを紹介し、どうしたらいいのかを考えさせたい。

資料5　元徴用工をめぐる判決

元徴用工への賠償 命令

韓国最高裁、日本企業に

安倍首相「あり得ない」

視点　日韓関係の前提覆す

（『朝日新聞』2018年10月31日）

留意点

- 東アジアと日本との間にある戦争や植民地支配の責任を、過去の問題ではなく、現在の問題としてとらえることができるようにしたい。
- 中国における強制労働や日本軍が遺棄した毒ガスによる被害などの問題はすべて解決されたわけではなく、今も引き続き政治的な解決を求める努力がおこなわれている。
- これからの東アジアの和解と平和を考える重要な時間なので、生徒たちの意見を出させるように工夫したい。

（平井美津子）

ダーバン宣言（2001年）
植民地支配下での人権侵害を問い直す動きのなか、2001年に南アフリカのダーバンで開かれた国際会議で、奴隷貿易や奴隷制度、植民地支配を人道に対する罪とし、その責任を問い、人種差別に反対する宣言。

参考文献

内海愛子ほか『戦後責任　アジアのまなざしに応えて』（岩波書店）
内海愛子ほか『日韓の歴史問題をどう読み解くか』（新日本出版社）

102 冷戦の終結と「新しい戦争」

1 時間

ねらい

- **ソ連の崩壊によって、冷戦体制は終わり、平和共存への気運が高まったことを理解する。**
- **9.11 事件を受けたアフガニスタンやイラクの戦争が、なぜ始まったのか、またこの戦争に世界はどう関わったのか、その経過を事実に基づいて理解する。そして、戦争による被害者はいつも一般市民・弱者であることを学ぶ。**

ワークシート（7−102）

デジタル資料集

授業の展開

(1) 東ヨーロッパ諸国の民主化を求める自主的な運動によって、冷戦が終結したことを理解する。

資料 1　東西ドイツ統一

デジタル資料集

（CC by Lear21）

- 資料 1 を示し、「どこの国のどこの都市のできごとですか。また、気がつくことを発表してください」と問い、小集団で意見を出させる。（「ドイツのベルリン」「ベルリンの壁だ」「壁の上にたくさんの人が上っている」「むこう側からこちら側へ人びとがやってきた」「東の人が西に移動しようとしている」「むこう側に大きな門があって、旗があがっている」「ドイツの旗かな？」「服装が冬服だから、けっこう寒そうだ」「プラカードがある」「West & East, LOVE & PEACE と書いてある」）

「ここに集まった人は、どんなことを訴えようとしていますか。また、この写真に題をつけてください」と指示し、小集団で意見を出させる。（「東西に分かれたドイツをひとつにしたい」「もう戦争はいやだ。愛と平和がほしい」「東ドイツの人たちと早く会いたい」「東西ドイツに愛と平和を」「ドイツはひとつ！」など）

資料 2　マルタ首脳会談

（AFP ＝時事）

- 「資料 2 の人物はどこの誰だろう。なぜこの 2 人は笑っているのでしょう」と問いかける。（「冷戦が終結したから」）

ベルリンの壁崩壊後の激動する世界の歴史を教科書で調べさせ、ワークシートの年表に適切な語句を記入させる。東西ドイツ統一からソ連の崩壊、アメリカの単独行動主義（ユニラテラリズム）、そして現在にいたる歴史を概観させよう。

(2) アフガニスタンやイラクへの戦争がなぜ始まったのかを考えさせる。

資料3　9.11テロ事件

デジタル資料集

(CC by Robert)

● 9.11事件の写真（**資料3**）や映像を見せて、どんなことが起こったのか確認させる。(「飛行機がアメリカの世界貿易センタービルに突入して、爆発している」「ビルは崩れて、たくさんの人たち（約3000人）が亡くなった」「犯人はビンラディンらアルカイダだとされている」など)

ワークシートの年表を完成させて、9.11事件からアフガニスタン戦争へ、そしてイラク戦争への経過を確認させる。

「どのような理由で、ブッシュ大統領はイラク戦争を始めましたか」(「イラクが大量破壊兵器を開発して持っていて、世界の平和を乱している」)

「大量破壊兵器とは何ですか」(「核兵器」「毒ガス兵器」「生物化学兵器」)

「大量破壊兵器は本当にあったのですか。資料を読んで、答えましょう」(「なかった」)

資料4　大やけどを負った少女

(西谷文和撮影)

「国際連合はこの戦争に対して、どういう態度をとりましたか」(「国際連合憲章からも違法である」)

「日本政府はこの戦争に対して、どういう態度をとりましたか」(「大量破壊兵器がないとは言えないといって、この戦争に賛成した」「自衛隊を派遣した」など)

「イラク戦争開戦当時、世界の国ぐにはアメリカを支持したのでしょうか。支持した国としなかった国と、どちらが多いと思いますか」と、挙手を求める。支持した国は49か国、支持しなかった国は圧倒的に多く142か国であることを、解答欄に記入させる。

ワークシートから、アフガニスタン戦争の際、アメリカの空爆で大やけどをおった少女（**資料4**）の家族の被害を読みとり、何の罪もない人たちが戦争の犠牲者になっていることを理解させる。

資料4の少女に関しては、西谷文和『オバマの戦争――アフガン最前線から平和の仮面を剝ぐ』（せせらぎ出版）に詳しい。

留意点

● 冷戦の終結により、平和共存の気運が高まったが、反面アメリカの単独行動主義も強まり、アフガニスタンやイラクの戦争につながったことに留意させよう。

● イラク戦争の大義名分は崩れていて、イギリスなどでは参戦の是非を問う声が強いことなどを紹介する。日本では開戦支持について問い返す声はまだまだ小さいが、2008年4月17日に自衛隊のイラク派遣は憲法違反であるとの判決が出て確定したことも付け加えたい。

● アフガニスタン戦争やイラク戦争については、ジャーナリスト西谷文和さんのホームページに詳しい。戦争の実相は弱者の目から見なければ見えてこない。歴史を弱者の目から見ること、子どもたちの目から見ることを大切にしたい。

▶▶イラクの子どもを救う会（西谷文和さんのホームページ）
www.nowiraq.com/

● ひとつひとつの歴史事象に多くの時間を費やせないが、公民的分野の学習と関連させて学ばせたい。　（岩本賢治）

103 東日本大震災と福島原発事故

1時間

ねらい

●**福島原発事故はなぜ起きたのか考える。**

●**福島原発事故の現状を知り、原発をどうすべきか考える。**

授業の展開

(1) 東日本大震災とは何か

●黒板に、「2011年3月11日午後2時46分、三陸沖を震源にM(①) の (②) が発生。最大震度 (③) を記録。その30分～1時間後に高さ (④) メートルの (⑤) が太平洋沿岸に襲来」と書いた模造紙を貼り、( ) に入る言葉を出しあう。確認後、東日本大震災の写真を見せる。被害状況を表す**資料1**を示して、「気づいたことや疑問を出してみよう」と問う。

①9.0
②地震
③7
④7.6m（石巻市）～14.8m（女川漁港）
⑤津波

●「なぜ、福島の避難者がこんなに多いの？」(「自分の家に帰れないから」「放射能で汚染されているから」) そこで、「今日は10年経過しても終わりの見えない福島原発事故について考えます」と課題を提示する。

(2) 福島原発事故とは何か

資料1　東日本大震災での主な被害状況

	死者	震災関連死	行方不明者	避難者	建物被害（全・半壊）
岩手県	4,675人	470人	1,111人	1,888人	26,079棟
宮城県	9,639人	929人	1,216人	4,952人	238,135棟
福島県	1,605人	2,330人	226人	35,725人	98,218棟

（避難者数は復興庁2021年2月8日現在、その他の数字は各県のホームページより。岩手県は2021年2月22日、宮城県は3月31日、福島県は8月5日現在の数字）

2011年の震災前は日本に54基の原発があった。現在稼働しているのは7基。**資料2**を提示して、「日本ではどんなところに原発が建設されたのか」と問う。さらに、「海沿いにつくられているのは、原子炉を冷却するのに大量の水が必要だから。電力は大都市でこそ必要なのに、どうして地方に原発がつくられたのか」と問う。(「大都市はもし事故が起きたら被害が大きいから」「地方には働く場所がないから」) かつては出稼ぎをしていた町の人も、原発関係の仕事で働けるようになったことを説明。さらに、**資料3**を示して、電源三法による膨大な交付金などを補足する。

資料2　原子力発電所の現状

日本の原子力政策は、中曽根康弘議員（当時）が原子力関連予算を初めて国会に提出・成立させた1954年に始まる。翌年、原子力基本法が成立し、1960年代には電力会社があいついで立地を計画。高度経済成長を背景に、1970年、通産省（当時）はパンフレット「原子力発電とその必要性と安全性」を発行。その中で「今後は原子力発電所の建設を進める必要がますます大きくなってきました」と書いた。

●「つまり、原発を建設し進めていったのは誰？」（「電力会社」「日本の国」「政府」）

国策として原発が進められたことを確認する。そして、福島第一原発では1971年に1号機が運転開始。74年から79年までに6基が揃った。1984年には総発電量が2000億kWhを超え、当時世界一の原発になった。

資料3　電源三法による福島県および原発立地4自治体への交付金

原発立地自治体	1974～2014年（*）	2010年度
大熊町（福島第一原発）	65億円	17億円
双葉町（福島第一原発）	56億円	20億円
楢葉町（福島第二原発）	135億円	9億円
富岡町（福島第二原発）	163億円	9億円
福島県	3,602億円	64億円

*電源立地促進対策交付金及び電源立地特別交付金（1981年～）の合計。この他に、電力会社の納める固定資産税などもあり、たとえば大熊町では、原発関係納付額が1990年に28億円、2000年に37億円、2007年に26億円であった。

（福島県のホームページより作成）

電源三法とは、電源開発促進税法、電源開発促進対策特別会計法、発電用施設周辺地域整備法の総称。

●「でも、1979年にはアメリカのスリーマイル島原発事故、1986年にはソ連でチェルノブイリ原発事故が起きている。日本でも原発事故を心配する声はなかったのかな」（「あったと思う」「日本の技術を信用していた」「お金には代えられなかった」「まさか事故が起きるとは思わなかった」）

「**資料4**は2010年に文科省と資源エネルギー庁が発行した冊子の一部。全国の小中学校に配られた。これを見て、どんなことがわかる？」と問う。（「大きな事故は絶対に起きないと信じると思う」）これが安全神話だ。

「では、国も絶対安全と宣伝した原発が、大量の放射能を放出する事故をなぜ起こしたのかな」（「大きな津波は想定外だったから」）

刑事裁判で事故の責任を問われた東電の最高幹部は「現状でも安全性は保たれていた」「不確実な事柄（津波）への対応は難しい」との態度。一方、福島の住民が起こした裁判では「巨大地震予測が出されていたのに、東電は経済的負担の大きさを恐れ対策を回避し、先送りしようとした」と、東電と国の事故責任を認めた（2020年9月30日、仙台高裁判決）。

資料4　五重のかべ

(3) 福島の今と私たちのこれから

●「原発事故から11年後の福島は、どんな問題に直面しているのか。**資料5**から疑問点を出しあおう」と4人班での話し合いを指示。

「**資料5**は、福島で除染した土1400万㎥（東京ドーム11個分）を1か所に集めた場所で、16㎢の広さの中間貯蔵施設であると補足する。

資料5　中間貯蔵施設など

●「汚染された土地（帰還困難区域）に今も帰れない人びとは、裁判で何を訴えているのか。人びとはどんなものを奪われ、どうしてほしいと訴えているのか考えよう」と、**資料6**を読む。

「福島原発事故と私たちのこれから」というテーマで感想をまとめる。

資料6「ふるさとを返せ　津島原発訴訟」の「原告意見陳述集」より

留意点

●地理分野での「東北地方・東日本大震災と福島原発事故」などの既習知識のうえで学習を深めたい。（佐々木孝夫）

学習活動　ピースメッセージを発信しよう

ねらい

●**歴史学習で学んだことを生かして、自分の生き方を考え、意見を発信する。**

●**他者とピースメッセージを交換することで、自分の考えを深める。**

授業の展開

(1) 出会いから学ぶ体験学習

写真１　国語科と連携した授業（新聞への投書を書く）

近現代史は、自分たちの生き方を考えるヒントにあふれた単元である。その時代を生きた人と出会い、直接話を聴く体験は、自分たちの行動につながる。真剣に経験を語る人との出会いは、自分たちが歴史を語り継ぎ、平和を守る主役であることを感じさせる。

〈出会いから学ぶ体験学習の例〉

・日本に暮らす難民の人びと　　・公害とたたかう人びと

・女性の権利を訴える人びと　　・国際機関などで平和を守る活動をしている人びと

近現代史で取り組むことのできる体験学習は多い。だからこそ、生徒が暮らす地域とむすびつけたテーマがよい。戦争体験の聴き取りは、どの地域でも取り組みやすい長所がある。

(2) 自分の意見を発信する学習（戦争体験の聴き取りを例に）

写真２　修学旅行で海外からの観光客とメッセージを交換

①戦争体験を語ってくれた方から中学生へのメッセージ

　→クラス発表会および学校内掲示による語り継ぎ

②自分の意見をまとめたメッセージ

　→学校内掲示および学校外への発信

・国語科と連携し、新聞社への投書を作成し、発信する。

・英語科と連携して、英文で作成したピースメッセージ（しおりの形にしたもの）を、修学旅行先で出会った外国人観光客にプレゼントする。

③外国人観光客からのピースメッセージ

・ピースメッセージの目的を説明し、メッセージ交換をお願いする。

　→修学旅行後、クラス発表会および学校内掲示による発信。

写真３　いただいたピースメッセージの掲示

留意点

●メッセージ交換は、自分たちの想いに応えてもらえたという達成感をもたらす。平和を守る一歩を踏み出した実感が、公民学習への一歩にもなる。

●学習した歴史的事象とむすびつけて学ぶことが大切である。平和を願う想いとともに、どの場面でどのような行動が必要かを考える学習につなげたい。

（井村花子）

編者　一般社団法人 歴史教育者協議会（略称 歴教協）

戦前の教育への反省の中から1949年に結成され、以来一貫して日本国憲法の理念をふまえた科学的な歴史教育・社会科教育の確立をめざし、その実践と研究・普及活動を積み重ね続けてきた。2011年4月より一般社団法人に移行し、全国に会員と支部組織をもち、授業づくりの研究をはじめ、地域の歴史の掘りおこしやさまざまな歴史教育運動にもとりくむ。機関誌『歴史地理教育』（月刊）を発行し、毎年夏には全国大会を開催している。

本シリーズ編集委員　大野一夫、石戸谷浩美、岩田彦太郎、平井敦子

事務所　〒170-0005　東京都豊島区南大塚2-13-8　千成ビル
TEL03-3947-5701　FAX03-3947-5790
http://www.rekkyo.org
メールアドレス　jimukyoku@rekkyo.org

執筆者一覧（50音順・＊は担当編集委員）

天野洋平（あまの・ようへい）	京都府公立中学校
飯島春光（いいじま・はるみつ）	長野県歴教協所属
池本恭代（いけもと・やすよ）	東京都公立中学校
石上徳千代（いしかみ・とくちよ）	牛久市立神谷小学校
井村花子（いむら・はなこ）	埼玉県公立中学校
＊岩田彦太郎（いわた・ひこたろう）	三郷市立南中学校
岩本賢治（いわもと・けんじ）	大阪市立大学
河原和之（かわはら・かずゆき）	立命館大学
倉持紗月（くらもち・さつき）	さいたま市立大谷中学校
倉持重男（くらもち・しげお）	元東洋大学・青山女子短期大学
小林 朗（こばやし・あきら）	新潟市立石山中学校
小林優香（こばやし・ゆうか）	法政大学中学高等学校
小堀俊夫（こぼり・としお）	東洋大学
斎藤英樹（さいとう・ひでき）	文教大学
佐々木孝夫（ささき・たかお）	上尾市立大石中学校
新福悦郎（しんぷく・えつろう）	石巻専修大学
高橋勝利（たかはし・かつとし）	弥富市立十四山中学校
武田 章（たけだ・あきら）	奈良県歴教協所属
中條克俊（ちゅうじょう・かつとし）	中央大学
長屋勝彦（ながや・かつひこ）	千葉県歴教協、歴教協事務局長
平井敦子（ひらい・あつこ）	札幌市立真駒内中学校
平井美津子（ひらい・みつこ）	吹田市立南千里中学校
本庄 豊（ほんじょう・ゆたか）	立命館大学
持田早苗（もちだ・さなえ）	神奈川県歴教協所属
森口洋一（もりぐち・ひろかず）	同志社大学
山田麗子（やまだ・れいこ）	埼玉県歴教協所属
山本悦生（やまもと・えつお）	津和野町立津和野中学校
山元研二（やまもと・けんじ）	薩摩川内市立樋脇学校

カバーイラスト　日野浦剛
カバーデザイン　ネオプラン
本文DTP　編集工房一生社

明日の授業に使える
中学校社会科 歴史　第2版

2022年3月18日　第1刷発行
2024年10月5日　第2刷発行

定価はカバーに表示してあります

編者　歴史教育者協議会
発行者　中川 進
発行所　株式会社大月書店
〒113-0033　東京都文京区本郷2-27-16
電話　03-3813-4651（代表）
FAX　03-3813-4656
振替　00130-7-16387
http://www.otsukishoten.co.jp/
印刷　三晃印刷
製本　中永製本

ISBN978-4-272-40868-9 C0337 Printed in Japan

デジタル資料集　登録用シリアル ID

「デジタル資料集」のユーザー登録には下記の ID 番号が必要です。このIDは初回登録時のみ使用します。次回からはご自身で設定した ID とパスワードでログインしてください。ID およびパスワードは大切に保管し、第三者に知らせないようにしてください。

デジタル資料集トップページ　https://data.otsukishoten.co.jp/jugyo/

500012000000